Klaus Hillenbrand
Nicht mit uns
Das Leben von Leonie und Walter Frankenstein

Mit 25 Fotos

Jüdischer Verlag im Suhrkamp Verlag

© Jüdischer Verlag im Suhrkamp Verlag
Frankfurt am Main 2008
Alle Rechte vorbehalten,
insbesondere das der Übersetzung,
des öffentlichen Vortrags sowie der Übertragung
durch Rundfunk und Fernsehen, auch einzelner Teile.
Kein Teil des Werkes darf in irgendeiner Form
(durch Fotografie, Mikrofilm oder andere Verfahren)
ohne schriftliche Genehmigung des Verlages reproduziert
oder unter Verwendung elektronischer Systeme
verarbeitet, vervielfältigt oder verbreitet werden.
Druck: CPI – Ebner & Spiegel, Ulm
Printed in Germany
Erste Auflage 2008
ISBN 978-3-633-54232-1

1 2 3 4 5 6 – 13 12 11 10 09 08

Gewidmet den Kindern des Auerbach'schen Waisenhauses

Inhalt

1 Eine Liebe im Waisenhaus 9
2 In der Falle der Nazis 19
3 Entscheidung zum Widerstand 37
4 Kindheit 45
5 Bleiben oder Gehen 57
6 Auf der Flucht 73
7 Von Versteck zu Versteck 90
8 Die letzten Monate bis zur Befreiung 121
9 Spurensuche: Die Menschen 131
10 Nur fort aus Deutschland 154
11 Illegal ins Gelobte Land 174
12 Neubeginn in Israel 191
13 Keine Heimat Schweden 210
14 Eine Liebe in Stockholm 217
Anmerkungen 227
Quellen- und Literaturverzeichnis 239
Dank 250
Bildnachweis 252

1 Eine Liebe im Waisenhaus

Die erste Begegnung im Herbst 1941 ist unerfreulich. Leonie Rosner wird von einer Tür unsanft am Kopf getroffen. Was denkt sich dieser Flegel namens Walter Frankenstein eigentlich? Kann er nicht aufpassen? Gehört nicht wechselseitige Rücksichtnahme im Waisenhaus zu den obersten Geboten? »Da habe ich mich bei der Heimleitung beschwert«, erinnert sie sich. »Schließlich war ich die Praktikantin Fräulein Rosner.« Die Antwort ist ernüchternd: »Der ist bei allen Mädchen so, machen Sie sich nichts daraus«, heißt es.
Die gerade zwanzigjährige Leonie Rosner ist erst kurz zuvor ins Waisenhaus gekommen. Die Nazis haben ihre bisherige Arbeitsstätte, die Israelitische Taubstummen-Anstalt in Berlin-Weißensee, geschlossen. Mit einigen der Kinder wird sie als Betreuerin ins jüdische Auerbach'sche Waisenhaus in Berlin, Prenzlauer Berg, Schönhauser Allee 162, geschickt. Das Zimmer von Leonie Rosner wird zum Treffpunkt der im Waisenhaus lebenden Lehrlinge. »Bei mir im Zimmer waren meist vier, fünf Jungs. Es ging fröhlich zu.« Man spricht über Religion, über Palästina, das Judentum, den Alltag.
Beim nächsten Zusammentreffen mit dem siebzehnjährigen Walter Frankenstein ist sein gleichaltriger Freund Gerd Puncher dabei. »Der war an mir interessiert«, berichtet Leonie Frankenstein. »Da hat sich der Walter einfach angehängt. Aber dann waren wir plötzlich nur noch zu zweit auf meinem Zimmer.«
Einmal hat sie Nachtwache bei den Kranken im Kellerge-

schoß. Da gibt es ein Fenster, vor dem sich Walter draußen hinsetzt. Sie unterhalten sich. Walter Frankenstein: »Mit Diskussionen über Religion fing es an. Damals wußten wir noch gut mit der Bibel Bescheid. Wir hatten viel zu diskutieren.« So beginnt eine Liebe im Herbst 1941. »Es hat gleich gefunkt«, sagt Leonie Frankenstein. »Die anderen haben sich sehr amüsiert.«
Walter überredet Leonie dazu, den Judenstern, den im Deutschen Reich seit September 1941 alle Juden ab 6 Jahren tragen müssen, abzunehmen. Das ist streng verboten. Sie gehen auf einen Rummelplatz in der Nähe, trinken Berliner Weiße mit Schuß. Auch das ist verboten. »Da stand eine Schießbude«, erzählt Walter Frankenstein. »Es gab Blumen mit Porzellanhülsen, die schoß man ab. Ich war ein guter Schütze. Und da habe ich Leonie ein ganzes Bouquet abgeschossen. Auf einmal merkten wir, daß um uns herum ein ganzer Kreis von Wehrmachtsoldaten auf Urlaub stand. Die meinten, ich könne mit meinen Künsten doch Scharfschütze werden. Ich murmelte etwas von einem Lungenfehler und daß ich freigestellt sei. Wir waren ein bißchen frech. Und so jung!«
Sie treffen sich mitten in der Nacht in der Küche des Waisenhauses. Und Leonie und Walter tanzen auf dem großen kalten Herd in der Mitte des Raums, ganz ohne Musik.
Walter Frankenstein lebt seit 1936 bei den Auerbachern, wie sich die Bewohner des Waisenhauses selbst nennen. Er ist Halbwaise: Sein Vater Max Frankenstein ist schon 1929 mit 55 Jahren gestorben. Seine Mutter Martha führt in der westpreußischen Kleinstadt Flatow einen Landhandel mit angeschlossener Gastwirtschaft. 1936 muß Walter dort die Volksschule verlassen, weil er Jude ist. Sein Onkel und Vormund Selmar Frankenstein, ein renommierter Arzt mit eigener Praxis in Berlin, bringt ihn bei den Auerbachern unter.
Walter Frankenstein besucht in Berlin zunächst die nahe gele-

gene jüdische Schule in der Rykestraße. Die Klassenräume liegen im Vorderhaus des Backsteinkomplexes, dahinter, durch einen breiten Hof getrennt, steht die über 1000 Sitzplätze fassende Synagoge.

Nach Abschluß der Volksschule 1938 lernt Walter Frankenstein zwei Jahre Maurer in einem Umschulungslehrgang für Bau- und Siedlungsarbeiten der Jüdischen Gemeinde im Berliner Osten, wohnt aber weiter im Waisenhaus. Als er Leonie kennenlernt, arbeitet er bereits als Handwerker für die Jüdische Gemeinde, die ihn nach der von den Nazis verfügten Schließung der jüdischen Bauschule übernommen hat. »Wir erledigten Reparaturarbeiten in jüdischen Häusern, in Altersheimen, Schulen und Verwaltungsgebäuden«, sagt Walter Frankenstein. Ursprünglich wollte Walter Frankenstein Architekt werden. Doch das ist unter den Nationalsozialisten unmöglich.

Inmitten der feindlichen Außenwelt ist das Auerbach'sche Waisenhaus mit seiner Synagoge des Nordens in den ersten Jahren des Naziregimes ein Refugium für die dort lebenden etwa 200 jüdischen Kinder und Jugendlichen. Walter Frankenstein: »Wir wohnten dort wie auf einer geschützten kleinen Insel. Wir haben die Verfolgungen bis zur Pogromnacht 1938 gar nicht so richtig mitbekommen.«

Baruch Auerbach hat das Institut im Jahre 1832 als erstes jüdisches Waisenhaus in Berlin unabhängig von der Jüdischen Gemeinde gegründet. 1897 wird der großzügige Neubau in der Schonhauser Allee mit der Turnhalle und dem weiten Hof, der zum Spielen einlädt, bezogen.[1] Die Kinder sind in einem Mädchen- und einem Jungenhaus untergebracht. Geschlafen wird in großen Sälen. Die Kinder erhalten viele kleine Aufgaben, damit sie sich daran gewöhnen, Verantwortung zu übernehmen. Der Tag war genau organisiert, berichtet Walter Frankenstein: »Wecken zwischen halb sieben und sieben. Dann in den Waschraum. Ein oder zwei Jungen mußten danach das Bad kontrollieren, andere die Betten. Das wechselte wöchentlich. Danach gab es Frühstück, dann gingen wir in die Schule. Nach dem Mittagessen wurden Schularbeiten im Arbeitssaal gemacht. Vier Schüler teilten sich einen Tisch. Da saß ein Erzieher vorne im Zimmer, und wenn du Fragen hattest, dann gingst du zu ihm. Wenn man dann endlich fertig war, konnte man hinaus auf den Hof gehen. Dort spielten wir unter den großen Ahornbäumen oft Fußball. Man traf die Mädchen. Bei schlechtem Wetter habe ich im Arbeitssaal gesessen und gelesen. Am Abend mußten dann noch die Schuhputzer ran. Wieder ein oder zwei von uns waren für die Sauberkeit aller Schuhe der Jungen verantwortlich.«

Theaterstücke werden aufgeführt. »Die Kleinen haben Märchen gespielt. Ich habe die Regie für die *Minna von Barnhelm* von Lessing übernommen«, berichtet Walter Frankenstein. Am Abend, wenn die Kinder schon im Bett liegen, liest der Erzieher ihnen eine halbe Stunde lang aus Romanen vor. Einmal in der Woche findet im Arbeitssaal ein Musikabend statt. Auf einem Grammophon werden klassische Schallplatten abgespielt. Die Bibliothek des Waisenhauses bietet den Kanon deutscher Klassiker.

Die Zöglinge werden im Auerbach'schen Waisenhaus so weit gefördert, wie es unter den Einschränkungen des Naziregimes noch möglich ist. »Das Institut sorgt demnach dafür, daß sämmtliche Zöglinge zunächst eine gründliche elementarische Schulausbildung in einer hiesigen Schule, ferner aber auch, daß die durch vorzügliche Anlagen dazu berufenen Zöglinge, welche sich zugleich durch Fleiß und Sittlichkeit fortdauernder Wohlthaten Werth bewiesen, die ihnen angemessene weitere Ausbildung auf einer höheren Bürgerschule oder einem Gymnasio erhalten, und gewährt ihnen alle zu ihren Schulstudien erforderlichen Hülfsmittel, bis sie in das bürgerliche Leben oder zur Universität übergehen«, bestimmt das Statut des Waisenhauses aus dem Jahr 1839.[2] Es sind Erklärungen aus einer untergegangenen Welt. Gymnasium und Universität sind Juden in Nazideutschland versperrt, der Erwerb des Doktortitels seit 1937 verboten. Ende Juni 1942 müssen auch sämtliche jüdischen Schulen geschlossen werden. Weil jüdischen Kindern zu diesem Zeitpunkt der Besuch öffentlicher Schulen schon lange nicht mehr erlaubt ist, bedeutet das faktisch ein Bildungsverbot.

Als Walter Frankenstein und einige Freunde sich von einem neu eingestellten Erzieher schikaniert fühlen, wechseln sie kurzerhand in ein anderes Waisenhaus in Berlin-Pankow. Nach einigen Monaten kehren sie jedoch zu den Auerbachern zurück. Der umstrittene Erzieher arbeitet nicht mehr dort.

Walter Frankenstein ist begeisterter Fußballspieler bei Makkabi, spielt Rechtsaußen. Sie treten gegen andere Mannschaften jüdischer Jungen an – Juden und Nichtjuden sind sportliche Begegnungen verboten. Gespielt wird auf jüdischen Sportplätzen in Berlin-Wedding und in Grunewald. Walter Frankenstein: »Ich habe sehr viel Sport getrieben, Handball und Fußball gespielt. Ich war aktiver Leichtathlet und habe geboxt. Und im Hochsprung war ich top.« Er ist ein großer Fan des Fußballklubs Hertha BSC, kann alle Spieler und ihre Positionen auswendig hersagen. Der junge Walter Frankenstein beginnt zu fotografieren, mit seiner einfachen Agfa-Box macht er Bilder von Berlin, fotografiert das Waisenhaus und seine dort lebenden Freunde.

Am Sonntag, dem einzigen freien Tag in der Woche, besucht er seinen Onkel Selmar und seine Tante Ottilie in Berlin-Wilmersdorf. »Das war ganz streng geregelt. Es gab zuerst Brot und Tee, und dann gingen wir gemeinsam in den Zoo. Danach wurde Mittag gegessen, und anschließend mußte ich in einem Zimmer, das mit japanischen Möbeln ausgestattet war, min-

destens eine Stunde lang schlafen. Das war eine Katastrophe! Am Sonntagnachmittag schlafen! Aber ich kam nicht darum herum. Danach gab es Kaffee und Kuchen, vielleicht noch einen kleinen Spaziergang und dann Abendbrot, eine Tafel Schokolade, 20 Pfennige für die U-Bahn und zurück ins Auerbach. Um acht mußten wir wieder zu Hause sein. Später, als ich älter geworden war, durfte ich bis halb neun Uhr abends draußen bleiben.«
Bei Onkel Selmar feiert die Familie auch Walter Frankensteins Bar Mizwa, die Aufnahme männlicher Juden im Alter von 13 Jahren mit allen Rechten und Pflichten in die Gemeinde. Walter Frankenstein: »Das war am 14. August 1937. Meine Mutter war gekommen und die engsten Freunde aus dem Auerbach, insgesamt etwa 15 Personen. Auch mein Bruder Manfred mit seiner zukünftigen Frau ließen sich den Besuch nicht nehmen. Sie sind kurz darauf nach Palästina ausgewandert.« Er weiß noch, daß er eine Armbanduhr geschenkt bekommen hat. Es ist seine erste Uhr.
Ilse Löwenstern, damals Erzieherin im Waisenhaus, kann sich noch gut an den jungen Frankenstein erinnern: »Der Walter war nicht schwierig. Er war nicht sehr lebhaft, er war auch nicht sehr ungezogen. Walter hat sich manchmal auch um die jüngeren Kinder gekümmert.« Walter Frankenstein sagt: »An mich haben sich die Kleinen geklammert, ich war ihr Beschützer. Wahrscheinlich hatte ich eine Art, die den Kleinen gefallen hat.« Unter ihnen ist auch der 1932 geborene Gert Rosenthal, Bruder des späteren Quizmasters Hans Rosenthal.
Die Erziehung unter Direktor Jonas Plaut ist streng. Schläge sind zwar verpönt, doch auf Ordnung und Disziplin wird größten Wert gelegt. Die schärfste Strafe bei den Auerbachern ist es, wenn wegen Disziplinlosigkeiten in der Woche der Ausgang am Sonntag gestrichen wird. Bei den Mädchen ist ein Kontrollbuch in Gebrauch, es trägt den Titel »Heilige Ord-

nung, segensreiche Himmelstochter«. Für die Jungen notiert Erzieher Heinz Frank die Vergehen in seinem Notizbuch. Entsprechend seiner Einträge wird die Ausgangszeit am Sonntag um ein oder zwei Stunden gekürzt. Summieren sich die Übertretungen allzusehr, muß der Zögling den ganzen Sonntag im Auerbach'schen Waisenhaus verbringen.

Walter Frankenstein trifft das häufig. Der Junge provoziert das Ausgehverbot, weil er seinen kratzenden Sonntagsanzug mit den kurzen Hosen haßt, den er bei den Besuchen bei seinem Onkel tragen muß: »Ich wollte nicht mit diesem Anzug zu Onkel Selmar. Da habe ich zum Beispiel eine Wasserschlacht im Badezimmer veranstaltet. Ich blieb also sonntags im Waisenhaus. Das war aber nicht weiter schlimm: Wenn Fräulein Löwenstern Dienst hatte, holte sie vom Bäcker auf eigene Kosten Kuchen für uns alle. Zu der Zeit, als Juden noch ins Kino gehen durften, hat sie uns ab und zu Geld gegeben, damit wir einen Film anschauen konnten.« An den Wochentagen dürfen die Kinder – außer den Lehrlingen – das Waisenhaus nur zum Besuch der Schule verlassen. »Daran haben wir uns auch gehalten«, sagt Walter Frankenstein.

Im Auerbach'schen Waisenhaus findet Walter Frankenstein noch vor seiner großen Liebe Freunde. Hier lernt er Rolf Rothschild kennen, der ihm Jahrzehnte später den Weg nach Schweden weist. Unter den hohen Ahornbäumen spielt er Fußball mit Alfred Rosenkranz, den er nach dem Krieg in Palästina wiedersieht, und mit Gerd Puncher, der 1942 ermordet wird. Er trifft den neun Jahre älteren Rudi Cohn, der als Elektriker im Auftrag der Jüdischen Gemeinde arbeitet und ihm später hilft, sich vor den Nazis zu verbergen.

Religion spielt im Waisenhaus keine überragende Rolle. »Es ging liberal zu«, sagt Ilse Löwenstern. »Im Haus gab es eine Synagoge. Da gingen die Jungen am Freitagabend und am Schabbat hin. Ich mußte aufpassen, daß sie sich während des

Gottesdienstes nicht unterhielten.« Die Synagoge des Nordens fungiert auch für die in der Umgebung lebenden Juden als Bethaus.

Ende der 1930er Jahre werden auch im Auerbach'schen Waisenhaus die Auswirkungen der antijüdischen Politik immer schärfer spürbar. Viele Kinder verlassen es überstürzt auf dem Weg ins rettende Exil. Auch mehr und mehr Erzieher gehen ins Ausland. »Man merkte es in der Schulklasse«, sagt Walter Frankenstein. »Einer nach dem anderen verschwand. Aber viel geredet wurde darüber nicht.« In der Schule Rykestraße sinkt die Zahl der Kinder von 742 im Jahre 1937 auf nur noch 353 Schüler 1940. Ein normaler Unterricht ist kaum mehr möglich. »Das jüdische Kind muß für die Auswanderung, insbesondere nach Palästina, vorbereitet und fähig gemacht werden, den seiner wartenden schweren Lebenskampf aufzunehmen«, heißt es in den Richtlinien zur Aufstellung der Lehrpläne für jüdische Volksschulen 1937.[3]

Vor der Pogromnacht am 9./10. November 1938 wird Direktor Jonas Plaut gewarnt – offenbar von antifaschistisch gesinnten Polizisten der benachbarten Wache. Er verbirgt sich in der Nachbarschaft. Die ehemalige Erzieherin Ilse Löwenstern erinnert sich: »Die Nazis haben die Männer ins KZ gebracht. Wenn Herr Plaut bei uns geblieben wäre, dann hätte das für uns alle ganz schlimm ausgehen können. Dann aber verlor seine Frau Selma Plaut die Nerven. Sie gab mir den Schlüsselbund des Hauses in die Hand und sagte: Ich weiß ja, Sie werden die Kinder nicht verlassen. Und verschwand.« Die junge Erzieherin ist plötzlich für das ganze große Waisenhaus verantwortlich. »Ich war 27 Jahre alt. Es blieb mir doch nichts anderes übrig«, sagt sie. Ilse Löwenstern bereitet die Kinder auf eine mögliche Flucht vor. »Die Synagogen in Berlin brannten. Jedes Kind hatte neben seinem Bett seine Kleidung, damit es schnell da rauskommen konnte. Ich habe die Größeren verantwortlich für die Jüngeren gemacht. Plötzlich kamen Leute durch den Vorgarten und fragten nach der Synagoge. Sie erkundigten sich nach den Kindern: Können die alle laufen? Dann sind zwei in unsere Synagoge des Nordens gegangen. Aber sie haben nichts zerstört und auch die Kinder nicht angegriffen.« Die Nazis löschen in der Synagoge die Flamme des ewigen Lichts vor dem Toravorhang. Gas strömt aus. In letzter Minute wird der Gasgeruch bemerkt, man reißt alle Fenster auf. »Sonst wäre alles in die Luft geflogen«, sagt Walter Frankenstein.

Der Novemberpogrom, verniedlicht »Reichskristallnacht« genannt, macht endgültig deutlich, daß die Nazis den Weg zum uneingeschränkten Terror gegen Juden eingeschlagen haben. Als »spontaner Volkszorn« getarnt, werden überall in Deutschland Synagogen abgebrannt, jüdische Geschäfte und Privatwohnungen demoliert und geplündert, Juden mißhandelt und Hunderte ermordet oder in den Tod getrieben. Etwa 30 000 jüdische Männer werden in Konzentrationslager verschleppt. Die Täter vom 9./10. November 1938 gehen straffrei aus. Den Opfern dagegen wird eine als »Sühneleistung« bezeichnete Sondersteuer in Höhe von mehr als einer Milliarde Reichsmark auferlegt. Als Vorwand für den Pogrom dient das Attentat auf den deutschen Legationssekretär Ernst vom Rath in Paris. Der Attentäter, der siebzehnjährige Herschel Grynszpan, wollte damit ein Zeichen setzen, nachdem die Nazis seine Familie ebenso wie Tausende andere in Deutschland lebende Juden polnischer Staatsangehörigkeit zur polnischen Grenze deportiert hatten.

Im Auerbach'schen Waisenhaus haben die Kinder großes Glück. Möglicherweise unterbleibt eine Brandschatzung des Gebäudes nur deshalb, weil an der eng bebauten Schönhauser Allee dann Nachbargebäude gefährdet gewesen wären. Walter Frankenstein erinnert sich: »Die SA wollte das Gebäude anzünden. Dann wurde diskutiert: Es wäre doch zu gefährlich für die Nachbarhäuser, und hier seien kleine Kinder.« Nachdem die Nazis abgerückt sind, besteigt Walter zusammen mit anderen Kindern das Dach des Waisenhauses: »Es brannte überall«, erinnert er sich. »Ich ging hinunter. Die Synagoge in der Rykestraße war nicht zerstört, auch die Schule nicht. Aber in den Quartieren des Scheunenviertels, wo arme Juden lebten, war viel demoliert worden. Aber wenn man 14 Jahre alt ist – man nimmt Sachen nicht so ernst.«

Die Nazis verfolgen mit den organisierten Ausschreitungen der Pogromnacht auch das Ziel, die deutschen Juden zur Flucht aus Deutschland zu zwingen. Tatsächlich suchen jetzt viele Juden, die bis dahin glaubten, in Deutschland trotz allem noch eine Zukunft zu haben, verzweifelt nach Mitteln und Wegen, um ihre Heimat schnellstmöglich zu verlassen. Doch nun verschließen fast alle Staaten ihre Grenzen vor den Flüchtlingen. Mit »Kindertransporten« gelangen noch Tausende jüdische Kinder und Jugendliche nach Großbritannien, Frankreich und in die Niederlande. Auch für manche der Auerbacher werden diese »Kindertransporte« zur Rettung. Walter Frankensteins Freund Alfred Rosenkranz erreicht 1939 England. Rolf Rothschild kommt zu entfernten Verwandten nach Schweden. Walter Frankenstein hätte eigentlich mit ihm fahren sollen. »Aber meine Papiere gingen irgendwie verloren. Bis sie wieder beschafft worden waren, hatte der Krieg begonnen«, sagt Walter Frankenstein. So bleibt er in Berlin – in der Falle.

2 In der Falle der Nazis

Zwei Jahre später, im Herbst 1941, ist an Auswanderung faktisch nicht mehr zu denken. Am 23. Oktober 1941 schreibt SS-Brigadeführer Heinrich Müller, der Vorgesetzte Adolf Eichmanns und Chef der Gestapo, einen Erlaß. Der Kernsatz lautet: »Geheim! Reichsführer-SS und Chef der Deutschen Polizei hat angeordnet, daß die Auswanderung von Juden mit sofortiger Wirkung zu verhindern ist.«[4]
Die frisch Verliebten Leonie Rosner und Walter Frankenstein können nicht mehr aus Deutschland heraus.
Walter Frankenstein verläßt im Spätherbst 1941 das Auerbach'sche Waisenhaus. Er quartiert sich ein paar Straßen weiter zur Untermiete in einem Zimmer ein. Auch Leonie Rosner bricht ihr Praktikum ab und sucht sich eine eigene Bleibe. Doch sie sehen sich fast jeden Tag.
Leonie Rosner ist, abgesehen von Walter, alleine in Berlin. Ihre Mutter Beate lebt zusammen mit Stiefvater Theodor Kranz in Leipzig. Von Walters Familie dagegen ziehen einige Ende der 1930er Jahre in die Hauptstadt. In den kleinen Städten und Dörfern sind Juden leichter und direkter den Verfolgungen ausgesetzt. Dort kennt sie jeder. Berlin dagegen bietet Anonymität und damit vermeintlichen Schutz. So kommt es, daß 1941 etwa 40 Prozent aller verbliebenen deutschen Juden – rund 75 000 Menschen – in Berlin leben. Ein Großteil von ihnen hat ihren Beruf aufgeben müssen. Sie sind verarmt und überaltert: 1933 waren 10,6 Prozent aller deutschen Juden über 65 Jahre alt. Im Mai 1939 sind es 21,3 Prozent.[5]

Vielen Jüngeren ist die Emigration aus Deutschland rechtzeitig gelungen. Wer geblieben ist, gleich ob Rechtsanwalt, Arzt oder ehemaliger Direktor, muß nun häufig als Hilfsarbeiter die Familie über Wasser halten, wenn er überhaupt eine Arbeit findet.

Walters Mutter Martha Frankenstein trifft 1938 in der Stadt ein. Ihr Geschäft in Flatow war lange boykottiert worden, zuletzt wurde sie zum Verkauf gezwungen. Dr. Kurt Hirschfeld, ein Stiefsohn der Schwester der ersten Ehefrau von Walters verstorbenem Vater Max, muß schon 1936 seine orthopädische Praxis in Königsberg in Ostpreußen aufgeben. Sein Bruder Fritz, ursprünglich Redakteur in Danzig, zieht ebenfalls in die Reichshauptstadt. Auch Flora Hirschfeld, die Schwester der ersten Frau des Vaters, kommt Ende der 1930er Jahre nach Berlin. Sie zieht mit Martha Frankenstein in eine gemeinsame Wohnung.

Walter Frankenstein trifft die Familie dort häufig. Fritz Hirschfeld kommt nur selten, häufiger ist dessen Bruder Kurt zu Besuch, der ebenso wie Selmar Frankenstein nun als »Judenbehandler« arbeiten muß. Kurt Hirschfeld, 1898 geboren, bringt zu den Treffen bisweilen seine Freundin mit. Die Sekretärin Edith Berlow ist nicht jüdisch, daher ist ihr Verhältnis mit Kurt nach den Nürnberger Rassengesetzen »zum Schutz des deutschen Blutes und der deutschen Ehre« von 1935 streng verboten, eine Heirat völlig ausgeschlossen. Aber die 1903 geborene Edith Berlow schert sich nicht um Rassenwahn und Nazi-Gesetze.

Im Herbst 1941 bereiten die Nazis die Deportation der deutschen Juden in den Osten vor. Der systematische Massenmord beginnt. In der Sowjetunion werden Juden schon seit dem Einmarsch der Wehrmacht im Juni von »Einsatzgruppen« ermordet. Im besetzten Polen beginnen im Herbst 1941 die Arbeiten zur Errichtung der Vernichtungslager Bełżec und

Chełmno. Im Frühjahr 1942 werden die Vernichtungslager Sobibór und Treblinka erbaut. Im Frühjahr 1942 beginnen auch die Massendeportationen von Juden in das Vernichtungslager Auschwitz.

Am 18. Oktober 1941 fährt der erste Zug mit deportierten Juden von Berlin ab. Das Ziel ist das jüdische Ghetto von Lodz, von den Deutschen in Litzmannstadt umbenannt. Unter den 1013 Menschen, die vom Bahnhof Grunewald abtransportiert werden, ist der neununddreißigjährige Fritz Hirschfeld. Das Entsetzen ist groß, doch man weiß nicht, was das wirklich zu bedeuten hat. »Das war eine große Aufregung in der Familie«, erinnert sich Walter Frankenstein. »Man war empört. Aber wir glaubten nicht, daß Fritz ins Ghetto kam. Es hieß, die Menschen werden nach Osten transportiert, um zu arbeiten.« Von den Zuständen im Ghetto Lodz haben die Hirschfelds und Frankensteins keine Ahnung. Dort leben am 1. Dezember 1941 auf engstem Raum mehr als 160 000 Menschen, die meisten polnische Juden, die Zwangsarbeit für die deutsche Wehrmacht leisten müssen. Insgesamt werden bis Anfang November 1941 fast 20 000 Juden aus Deutschland, Österreich und der Tschechoslowakei in das ohnehin schon völlig überfüllte Ghetto deportiert. Es ist ein mit Stacheldraht abgesperrter und von Polizeiposten bewachter Stadtbezirk. Wer zu flüchten versucht, wird erschossen. Die chronische Unterernährung bedeutet für viele Menschen den Tod. Seuchen grassieren. Ende April 1942 sind von den 20 000 aus dem »Großdeutschen Reich« verschleppten Juden bereits 2730 gestorben, bis zum Juni 1942 sind es 10 993. Wer nicht arbeitsfähig ist, wird nach Chełmno gebracht, wo die Menschen in Gaswagen ermordet werden. Allein im Jahr 1942 werden 70 849 Bewohner des Ghettos Lodz dort getötet. Insgesamt werden bis zum Juli 1944 über 150 000 Juden des Ghettos ermordet. Die letzten 60 000 Menschen deportieren die Nazis im August des gleichen Jahres nach Auschwitz, wo man sie fast alle vergast.[6]

Es ist zweifelhaft, ob Fritz Hirschfeld nur aus Zufall zu den ersten deutschen Deportierten zählt. Fritz Hirschfeld ist nicht nur Jude, sondern auch ein scharfer politischer Gegner der Nazis von Beginn an. Als leitender Redakteur der sozialdemokratischen Tageszeitung *Danziger Volksstimme* kämpfte er in der dem Völkerbund unterstellten Freien Stadt gegen die Nationalsozialisten, die dort seit 1933 durch Wahlfälschung eine Mehrheit im Parlament besaßen. Am 9. November 1934 durchsuchte die Kriminalpolizei seine Wohnung. Er habe Verbindungen »zu einer jüdisch-marxistischen Emigrantenzentrale in London«, hieß es danach.[7] Fritz Hirschfeld wurde als Reichsdeutscher ausgewiesen und kam zunächst in das Gefängnis von Elbing in Ostpreußen. Mit ihm in Haft saß seine Freundin, die ebenfalls in der SPD organisierte Schauspielerin Lona Berlow. Sie ist die Schwester von Edith Berlow, die 1936 Fritz' Bruder Kurt Hirschfeld kennenlernt. Die Nazis bereiteten eine Anklage wegen Hoch- und Landesverrat gegen Lona Berlow und Fritz Hirschfeld vor.[8]

Damit beginnt 1934 Edith Berlows Kampf für die Menschlichkeit. Sie wird ihn bis zur Befreiung fortsetzen – immer engagierter, furchtloser und risikoreicher. 1934 reist sie zunächst für drei Monate nach Elbing und unterstützt ihre Schwester Lona und deren Freund. Lona Berlow kommt im Oktober 1935 frei, und Edith Berlow kann sie mit nach Berlin nehmen. Doch Fritz Hirschfeld wird in das Konzentrationslager Oranienburg bei Berlin verschleppt. Edith Berlow wendet sich an den Völkerbund. Tatsächlich wird der Sozialdemokrat Hirschfeld auf Intervention des Hochkommissars des Völkerbunds für Danzig, des Iren Sean Lester, aus dem Konzentrationslager entlassen. Er kommt zunächst in Edith Berlows Wohnung am Kurfürstendamm unter. Später zieht er zu Georg Zoch. Der

Drehbuchautor Zoch war erst ein Jahr zuvor von Edith Berlow geschieden worden. Kurz darauf flüchtet Fritz Hirschfeld mit seiner neuen Freundin Lore nach Großbritannien. Doch die Nazis sperren sein Konto, und ohne das ersparte Geld findet er keine Existenzmöglichkeit. Er kehrt nach Berlin zurück und schließt sich dort offenbar dem Widerstandskreis um den Gewerkschafter Wilhelm Leuschner an.[9]

Nach der Deportation von Fritz Hirschfeld im Oktober 1941 wird Edith Berlow sofort wieder aktiv. Im Jahre 1992 erinnert sie sich: »Einen Monat später bin ich nach Lodz gefahren. Das Ghetto war abgeschlossen. Und dann kam da die Gestapo, es war tatsächlich der örtliche Gestapo-Chef. Ich dachte einen höheren Beamten zu treffen, aber doch nicht den Chef von Litzmannstadt. Es war sehr schwer mit ihm zu reden. Er sagte, er würde mir gerne helfen, aber das Ghetto sei autonom. Er könne da nichts machen.«[10]

Verzweifelt versucht die Familie den Kontakt zu Fritz Hirschfeld zu halten. Die Mutter Flora und Bruder Kurt schicken Geld ins Ghetto Lodz. Am 6. Januar 1942 schreibt Flora Hirschfeld eine Postkarte an Fritz Hirschfeld, Litzmannstadt, Talweg 10/13: »Mein lieber Fritz, heute möchte ich Dir nur ein gesundes, neues Jahr wünschen. Hoffentlich höre ich recht bald von Dir, nächstens schreibe ich einen Brief, nochmals alles Gute, viele herzl. Grüße Deine immer an Dich denkende Mutter. Gruß von Martha + Walter.« Die Karte kommt mit dem Vermerk »In der Straße des Empfängers findet z.Zt. keine Postzustellung statt« zurück. Die letzten Kontakte datieren aus dem Frühjahr 1942. Mit Datum 21. April ist eine Karte vom »Ältestenrat der Juden in Litzmannstadt« abgestempelt, die gegenüber dem Bruder Kurt den Erhalt von 50 Reichsmark bestätigt. Dabei: die Unterschrift von Fritz Hirschfeld.[11] Seine frühere Freundin Lona Berlow erhält letztmals am 8. Mai eine Nachricht von ihm.[12]

Der systematische Massenmord an den deutschen Juden hat begonnen, die Todeszüge deportieren die Menschen zu den Vernichtungsstätten im Osten. Bis zum Herbst 1942 läuft das Procedere immer gleich ab. Die Berliner Jüdische Gemeinde wird von der Gestapo gezwungen, Listen zu erstellen, aus denen die Gestapo die Menschen auswählt. Einige Tage vor ihrer Deportation erhalten diese ein Schreiben: »Ihre Abwanderung ist für Dienstag, den 2. Juni 1942, behördlich angeordnet worden«, so beginnt etwa ein Brief vom 29. Mai 1942. Beigefügt ist ein umfangreiches Merkblatt über mitzunehmende Kleidung (darunter »Puls- und Kniewärmer, Anzug, Ohrenschützer, Strickweste oder Pullover«) und verbotene Gegenstände (so »Zahlungsmittel, Sparkassenbücher, Wert- und Schmucksachen«).[13] Mit ihren Vorschriften zur Mitnahme von warmer Kleidung gaukeln die Nazis den Opfern vor, sie würden im Osten zur Zwangsarbeit eingesetzt. Bisweilen werden sie sogar aufgefordert, Werkzeuge mitzunehmen. Die in der Pogromnacht beschädigte Synagoge in der Levetzowstraße wird von der Gestapo zum Sammellager umfunktioniert. Kurz darauf geschieht gleiches mit dem jüdischen Altersheim in der Großen Hamburger Straße in Berlin-Mitte. Der damals dort amtierende Rabbiner Martin Riesenburger erinnert sich: »Das Gebäude wurde gefängnisartig mit Gittern und Posten auf der Straße und am Portal versehen, und an der Vorder- und Hinterfront brachte man große Scheinwerfer an, um jedes Entfliehen in der Nacht zu verhindern. Zusammengepfercht wie Vieh, liegend auf dem Fußboden, mußten dort Alte und Junge, Männer, Frauen, Kinder und auch Säuglinge dem Augenblick ihres endgültigen barbarischen Abtransports entgegensehen.«[14] Die Jüdische Gemeinde muß die Ordner in den Sammelunterkünften stellen und sorgt für die Verpflegung. Gestapo-Männer durchsuchen das Gepäck und nehmen Leibesvisitationen vor. Sie nehmen den Juden nicht nur »verbotene« Gegenstände ab, sondern berauben sie auch. Manchmal müssen die Opfer in langen Kolonnen quer durch Berlin zu den Bahnhöfen marschieren. Passanten und die Bewohner der Straßen, die sie durchqueren, sind Zuschauer der Deportation. Später werden mehr und mehr Lastkraftwagen für den Transport eingesetzt.

Die Züge der Reichsbahn verlassen Berlin ab dem Bahnhof Grunewald und dem Güterbahnhof Moabit. Zu Beginn sind es noch ältere Personenwaggons, mit denen die Menschen zu ihrer Vernichtung transportiert werden. Später kommen Viehwaggons zum Einsatz, die häufig so eng belegt werden, daß die Menschen dort nur noch stehen können. Es gibt keine Toiletten, Waschgelegenheiten und Heizung, und es fehlt an Trinkwasser. Viele Menschen sterben schon auf der tagelangen Fahrt. Die Deutsche Reichsbahn berechnet dem SS-Reichssicherheitshauptamt den Personentarif 3. Klasse von vier Pfennigen pro Kilometer für jeden Verschleppten, bei Transporten von über 400 Menschen gibt es 50 Prozent Ermäßigung. Kinder unter zehn Jahren zahlen die Hälfte, Kleinkinder unter vier fahren umsonst in den Tod.

Am 20. Februar 1942 heiraten Leonie Rosner und Walter Frankenstein. »Heiraten wollten wir unbedingt, weil die Transporte schon begonnen hatten«, sagt Leonie Frankenstein trocken. »Man glaubte damals, wenn man verheiratet wäre, bliebe man zusammen.«

Leonie und Walter Frankenstein müssen mittlerweile, wie alle arbeitsfähigen Juden, Zwangsarbeit leisten. Wer in der Kriegsindustrie beschäftigt ist, wird vorläufig von der Deportation verschont. Leonie kommt in eine Fesselballonfabrik in Berlin-Tempelhof. Der Leim, mit dem die Ballonstreifen verklebt werden, sondert giftige Dämpfe ab. Walter wird spätestens im April 1942 mit zehn weiteren Arbeitern vom SS-Reichs-

sicherheitshauptamt angefordert. Darunter sind auch seine beiden ehemaligen Lehrer von der jüdischen Bauschule Willy Holz und Arthur Michelsohn. »Die Gemeinde teilte mir mit, daß wir zur Arbeit bei der Gestapo müßten. Melde dich morgen in der Emser Straße, Reichssicherheitshauptamt, sagte man mir. Da stand der Polier draußen und hat uns eingesammelt, und dann kam ein SS-Scharführer oder Oberscharführer mit drei Mann und hat uns reingeholt. Dann wurden die Keller zu Luftschutzräumen umgebaut«, erinnert sich Walter Frankenstein. Die Nazis haben zuvor alle Logenhäuser der ihnen verhaßten Freimaurer beschlagnahmt. Auch das Gebäude in der Emser Straße 14 in Berlin-Wilmersdorf ist ein Logenhaus. Sie arbeiten neun Stunden täglich, es gibt kein Mittagessen. Sie werden angebrüllt und schikaniert. Aber Walter Frankenstein läßt sich seine Würde nicht einfach so von der SS nehmen: »Der Untersturmführer Hahn war hinter mir her. Wahrscheinlich, weil ich nicht unterwürfig war. Das war der Chef der Wachgruppe. Frankenstein, mehr arbeiten oder ab ins KZ! brüllte er mich an. Das wurde mir zuviel, und ich bin zum Sturmbannführer Burmeister gegangen, habe stramm gestanden und gesagt: Herr Sturmbannführer, der Sturmführer Hahn droht mir andauernd mit dem Konzentrationslager, da werde ich so nervös, daß ich überhaupt nicht mehr arbeiten kann. Daraufhin ist der Hahn vom Sturmbannführer ausgeschimpft worden. Und er hat mich fortan in Ruhe gelassen.«
Der kleine Trupp jüdischer Zwangsarbeiter wird bei verschiedenen SS-Ämtern in Berlin zu Reparaturarbeiten eingesetzt. Und so kommt Walter Frankenstein eines Tages auch in die Kurfürstenstraße. Und trifft dort Adolf Eichmann, Referat IV B 4 Judenangelegenheiten, den Organisator der Vernichtung: »In Eichmanns Zimmer habe ich die Telefonleitung verputzt. Er saß an seinem Schreibtisch. Damals wußte ich nicht, wer Eichmann war. Keinen Fleck auf die Veloursmatte, hat er gesagt.«

Die Lohnabrechnungen der Gruppe jüdischer Zwangsarbeiter um Walter Frankenstein sind erhalten geblieben. Sein Tageslohn beträgt danach fünf Reichsmark und vier Pfennige. Im Oktober 1942 kommt er so bei 28 Arbeitstagen auf 141,12 Reichsmark. Doch ob er diesen Lohn auch vollständig ausgezahlt erhielt, bleibt zweifelhaft.[15]

Leonie und Walter Frankenstein müssen hungern. Das Einkaufen ist Juden nur von 16 bis 17 Uhr in ganz bestimmten Geschäften erlaubt. Ihre Lebensmittelkarten sind mit einem großen »J« gekennzeichnet und deutlich gekürzt. Es gibt kein Fleisch, keine Fleischprodukte, keine Milch und keine Eier, zeitweise nicht einmal Gemüse. Verboten ist die Abgabe von Kaffee, Schokolade, Zigaretten, Obst und Kondensmilch. »Es gab auch nicht alles, was auf den Tafeln vor den Läden stand. Ich besaß eine Schwerarbeiterzulage oder so etwas Ähnliches. Da bekam man eine Kohlrübe mehr«, sagt Walter Frankenstein. Der unermüdlichen Edith Berlow gelingt es ab und zu, Lebensmittel für das Ehepaar zu besorgen.

Im Frühjahr 1942 wird Leonie Frankenstein schwanger. Im Sommer verträgt sie die Dämpfe des Leims in der Fesselballonfabrik nicht länger, wird immer wieder ohnmächtig. »Die Aufpasserin sagte: Ich kann Sie nicht länger hier behalten. Da antwortete ich: Wenn Sie mich hier wegschicken, bin ich übermorgen im Konzentrationslager. Da überlegte sie und sagte: Ich schreibe Ihnen einen Brief. Damit gehen Sie zum Arbeitsamt. Ich schreibe, daß Sie hier aufgrund Ihrer Schwangerschaft nicht arbeiten können. Man soll Ihnen eine andere Arbeit geben.« Leonie Frankenstein kommt zu einer Transformatorenfabrik in Berlin-Mitte. Der Mutterschutz ist für Jüdinnen seit Mai 1942 abgeschafft, nur für Arbeiterinnen gilt er noch in eng beschränktem Umfang. Aber Leonie Frankenstein wird nicht deportiert, ihr Widerspruch hat sie gerettet – und das Verständnis ihrer deutschen Bewacherin.

Leonie und Walter Frankenstein dürfen mit öffentlichen Verkehrsmitteln zur Arbeit fahren – ein »Privileg« für Zwangsarbeiter mit weit vom Wohnort entfernten Arbeitsstätten, denn ansonsten ist Juden auch dies verboten. Doch die Einnahme eines Sitzplatzes ist ihnen untersagt. Sie müssen stehen, mit ihrem großen gelben Stern auf der Brust. Leonie Frankenstein berichtet: »Ich war hochschwanger und bin mit der U-Bahn zur Arbeit gefahren. Ich bin ohnmächtig geworden. Im Wagen saßen zwei Nonnen und fragten: Wohin wollen Sie denn? Sie haben mich unter den Arm genommen. Meinen Judenstern haben sie nicht gesehen. Ich bedankte mich. Sie sagten, daß das doch selbstverständlich sei. Dann sagte ich ihnen, daß ich Jüdin sei. Und da sagten sie: Ach so, Jüdin. Ja, dann dürfen wir Ihnen nicht helfen.« Leonie Frankenstein ist noch heute, mehr als sechzig Jahre später, empört. Ihre Stimme bebt: »Das waren Nonnen!«

Tatsächlich haben nicht alle Deutschen entsprechend der Nazi-Propaganda gehandelt. Überlebende berichten davon, daß ihnen nichtjüdische Deutsche geholfen haben, und sei es mit Kleinigkeiten. Ein aufmunternder Blick, ein paar ermutigende Worte, zugesteckte Lebensmittel – es gab viele Möglichkeiten, Menschlichkeit zu zeigen, ohne deswegen in Gefahr zu geraten, gleich in ein Konzentrationslager eingeliefert zu werden. Doch die meisten sehen weg. Und nicht wenige beteiligen sich begeistert an der Ausgrenzung und Hetze.

Die Deportationen gehen weiter. Fast täglich verlassen Züge aus dem Deutschen Reich mit Waggons voller Juden das Land in Richtung Osten. Ältere und gebrechliche Menschen schickt man nach Theresienstadt im »Protektorat Böhmen und Mähren«. Ursprünglich war die etwa 60 Kilometer nördlich von Prag gelegene ehemalige Festungsstadt aus dem 18. Jahrhundert als Durchgangslager für die tschechischen Juden auf dem Weg in die Vernichtungsstätten im Osten eingerichtet worden.

Auf der Wannseekonferenz am 20. Januar 1942, bei der die Nazis die organisatorische Durchführung des Massenmords an den Juden besprechen, wird jedoch angeregt, Theresienstadt zu einem »Altersghetto« zu machen. Deutsche Juden über 65 Jahre, Prominente und Träger hoher Auszeichnungen aus dem Ersten Weltkrieg sowie Kriegsinvaliden werden künftig nach Theresienstadt deportiert. Den Juden wird vorgegaukelt, es handele sich um eine Art Altersheim. Tatsächlich sterben die entkräfteten Menschen dort zu Tausenden. Es gibt keine ausreichende medizinische Versorgung und viel zu geringe Lebensmittelrationen. Die Menschen leben zusammengepfercht, teilweise auf ungeheizten Dachböden und in feuchten Kellern, unter völlig unzureichenden hygienischen Bedingungen. Wer noch arbeitsfähig ist, muß Zwangsarbeit leisten. Regelmäßig fahren von Theresienstadt Züge ab, mit denen Menschen in die Todeslager im Osten deportiert werden.

Bis zur Befreiung 1945 erreichen insgesamt etwa 141 000 Menschen das Ghetto. Von ihnen werden rund 88 000 in die Todeslager im Osten weiter transportiert. Über 33 000 sterben in Theresienstadt.

Walters Onkel Dr. Selmar Frankenstein ist im Sommer 1942 71 Jahre alt, seine Frau Ottilie 66. Selmar Frankenstein zählt zu denjenigen deutschen Juden, die sich schon immer einhundertprozentig mit ihrem Vaterland identifiziert haben. Im Ersten Weltkrieg hat der Sanitätsrat für seinen Einsatz das Eiserne Kreuz erster und zweiter Klasse erhalten. Zur Geburt von Walters Bruder Martin am 18. September 1914 schickte er ein Telegramm von der Ostfront an die Familie: »Herzliche Glückwünsche. Tüchtige Soldaten kann unser Vaterland immer brauchen. Gutes Gedeihen wünscht Selmar.«[16]

Über Politik ist mit Onkel Selmar nur schwer zu sprechen. Walter Frankenstein erinnert sich: »Er war deutschnational. Ein deutscher Jude verläßt Deutschland nicht, sagte er. Und:

Hitler, das ist kein Deutscher. Über die Pogromnacht fiel kein Wort. Seine Methode war, über all das nicht zu sprechen. Das existierte für ihn nicht.« Selmar Frankenstein reagiert wie viele deutsche Juden, die sich vollständig integriert gefühlt haben. Deutschland ist ihr Vaterland. Gerade die Älteren unter ihnen können sich überhaupt nicht vorstellen, daß Deutschland ihr Feind geworden ist, ja, daß die Nazis die Juden ermorden würden. Den ständig sich verschärfenden antijüdischen Gesetzen und Verordnungen stehen sie hilflos gegenüber. Auch Dr. Selmar Frankenstein wird zum 25. Juli 1938 die ärztliche Zulassung entzogen. Er darf keine »arischen« Patienten mehr behandeln, sondern als »Judenbehandler« nur noch »Rassegenossen« ärztlich versorgen. Gegenüber Walter Frankenstein hat Onkel Selmar über diese Demütigung niemals gesprochen.

Für deutschnationale Juden wie Selmar Frankenstein ist Auswanderung Verrat am Vaterland und kommt deshalb überhaupt nicht in Frage. Die Idee eines Judenstaats in Palästina mag eine gute Idee für die unterdrückten Ostjuden in Polen sein, heißt es unter ihnen. Für deutsche Juden sei sie vollkommener Unsinn. Manchen gilt sie gar als Gefahr, weil durch die zionistischen Bestrebungen unter der christlichen Bevölkerung Zweifel am Patriotismus der jüdischen Deutschen geweckt werden könnten.

Mit der Machtübernahme durch die Nationalsozialisten 1933 erhalten die zionistischen Organisationen einen deutlichen Schub. Für viele Menschen, für die eine Auswanderung nach Palästina bisher keine Option ist, wird die Alija (hebr.: Aufstieg), die Einwanderung in Palästina, zur Rettung. Besonders die jüdische Jugend, die in Deutschland weniger zu verlieren hat als Eltern und Großeltern, strebt nach Palästina.

Dr. Selmar Frankenstein aber enterbt seine Neffen Martin und Manfred, Walters Brüder, weil sie nach Palästina ausgewandert sind, und droht Walter und seiner Mutter für den Fall ihrer Emigration dasselbe an. Im gemeinsamen Testament mit seiner Frau, geschrieben am 2. Januar 1942, legt er fest: »Sollte Walter Israel Frankenstein beim Tode des Letztlebenden von uns sich nicht mehr im Reichsgebiet des Deutschen Reiches aufhalten, so soll er nicht Erbe sein, sein Erbteil sollte seiner vorbezeichneten Mutter und wenn diese nicht mehr am Leben sein sollte oder sich nicht mehr im Reichsgebiet des Deutschen Reiches aufhält, vielmehr Frau Gerda Sara Weygoldt zufallen, so daß diese dann Alleinerbin des Überlebenden von uns ist.«[17]

Acht Monate später, im September 1942, erreicht Dr. Selmar Frankenstein und seine Frau Ottilie der Deportationsbefehl ins Ghetto Theresienstadt. Zugleich werden sie entschädigungslos enteignet und zu »Reichsfeinden« erklärt.

Letzteres geschieht formal streng nach Recht und Gesetz. So liest sich das Formular der Einziehungsverfügung der Gestapo, Staatspolizeileitstelle Berlin, das Selmar Frankenstein mit Datum vom 1. September 1942 erhalten hat: »Auf Grund des § 1 des Gesetzes über die Einziehung kommunistischen Vermögens vom 26. Mai 1933 – RGBl. I S. 293 – in Verbindung mit dem Gesetz über die Einziehung volks- und staatsfeindlichen Vermögens vom 14. Juni 1933 – RGBl. I S. 479 –, der Verordnung über die Einziehung volks- und staatsfeindlichen Vermögens im Lande Österreich vom 18. November 1938 – RGBl. I S. 1620 –, der Verordnung über die Einziehung volks- und staatsfeindlichen Vermögens in den sudetendeutschen Gebieten vom 12. Mai 1939 – RGBl. I S. 911 – und der Verordnung über die Einziehung von Vermögen im Protektorat Böhmen und Mähren vom 4. Oktober 1939 – RGBl. I S. 1998 – wird in Verbindung mit dem Erlaß des Führers und Reichskanzlers über die Verwertung des eingezogenen Vermögens von Reichsfeinden vom 29. Mai 1941 – RGBl. I S. 303 – das gesamte Ver-

mögen des Selmar Israel Frankenstein geboren am 28.2.71 in Bischofsburg zuletzt wohnhaft in Berlin W 15 Meierottostr. 6 zugunsten des Deutschen Reiches eingezogen.«[18]
Dr. Selmar Frankenstein war einmal ein angesehener Arzt und gut situierter Bürger. Sechs große Zimmer hat die Wohnung im ersten Stock des herrschaftlichen Hauses in der ruhigen Meierottostraße 6. Walter Frankenstein: »Wenn man hereinkam, dann war links das Sprechstunden- und Behandlungszimmer. Daneben befand sich das Wartezimmer, das gleichzeitig als Bibliothek fungierte. Dann betrat man das Wohnzimmer. Auf der anderen Seite ging es eine Treppe hinauf, dann kam das Zimmer, das mit japanischen Möbeln eingerichtet war. Dann ging es weiter um die Ecke einen langen Korridor entlang. Da gab es noch ein Zimmer, dann kam das Schlafzimmer, die Mädchenkammer und die Küche mit dem Küchenausgang.«
Sorgfältig füllen Dr. Selmar Frankenstein und seine Frau Ottilie die Vermögenserklärung aus, in der penibel aufgeführt werden muß, was Nazideutschland umstandslos zufallen wird. Man kann sich vorstellen, daß beide das umfangreiche Formular vielleicht in ihrem Wohnzimmer studiert haben, durch die Wohnung gelaufen sind, um ihren Besitz zu zählen, einzuschätzen und danach in den entsprechenden Spalten einzutragen. Selmar und Ottilie Frankenstein notieren für das Schlafzimmer: 4 Kleiderschränke, 2 Bettstellen, 2 Nachttische, 3 Stühle, 1 Frisiertoilette, 1 Teppich, 2 Federbetten, 2 Nachttischlampen, 1 Deckenlampe, 1 Wäschetruhe, Kopfkissen. Für das Wohnzimmer: 1 Schreibtisch und Sessel, 2 Bücherschränke, 1 Tisch, klein, 2 Stühle, 1 Sofa, 1 Lampe, 1 Schreibtischlampe, 1 Teppich, 1 Brücke, 1 Schreibgarnitur, 1 Papierkorb, Bücher, 1 Lexikon, 1 Atlas. Und so geht es weiter durch die anderen Zimmer, setzt sich fort mit Tafelgeschirr, Besteck, Wäsche usw. Darüber hinaus muß das Bankguthaben aufgeführt werden, das sich im September 1942 noch auf

300 Reichsmark beläuft. Die Wertpapiere sind zu verzeichnen, deren Wert sich auf 15900 Reichsmark summiert. Ottilie Frankenstein besitzt noch einen Anteil an einem Grundstück in Berlin-Köpenick. Der Wert wird eingetragen, nicht zu vergessen ihre Altersrente in Höhe von monatlich 58,70 Reichsmark. Am Ende des letzten Blatts: »Berlin, den 24.9.42, Dr. Selmar Israel Frankenstein, Ottilie Sara Frankenstein«.[19]
Walter Frankenstein trifft seinen Onkel kurz vor der Deportation: »Wir müssen verreisen, das waren seine Worte.« Am 3. Oktober 1942 wird das Ehepaar deportiert. Wahrscheinlich sind sie kurz zuvor mit einem als Möbelwagen getarnten Lkw in der Meierottostraße abgeholt worden, wie es damals üblich ist, und in das Sammellager in der Großen Hamburger Straße gebracht worden. Der Zug mit der Nummer Da 523 verläßt Berlin ab dem Güterbahnhof Moabit und erreicht Theresienstadt am 4. Oktober 1942. In ihm sind 1021 Menschen. Von diesem Transport haben 72 Menschen überlebt. Selmar und Ottilie Frankenstein sind nicht darunter.
Ihre Wohnung und ihr Besitz aber sind noch Monate danach Grund für umfangreiche Schriftwechsel zwischen dem Vermieter, dem Möbelkäufer, weiteren Beteiligten und dem Oberfinanzpräsidenten Berlin-Brandenburg. Die Wohnungseinrichtung wird zum Preis von 914,20 Reichsmark am 16. Februar 1943 an den Möbelhändler Tenske verkauft. Hingegen zweifelt das Amt die von Hausverwalter Ferdinand Lenz geforderte Höhe der Renovierungskosten an. Zwar ist »ein Bezug durch einen arischen Mieter ohne durchgreifende Schönheitsreparaturen nicht zu vertreten«, schreibt der Oberfinanzpräsident mit Datum vom 5. März 1943. Jedoch »muß das Ablaugen der Türen, Fenster usw. grundsätzlich abgelehnt werden«, und auch andere Posten werden in Frage gestellt. Der Hausverwalter beklagt am 3. Januar 1943 Mietausfälle in Höhe von 646,80 Reichsmark. Die Elektrizitätsgesellschaft

Bewag verlangt für Rest-Stromverbrauch 9,98 Reichsmark. Das Fernsprechrechnungsamt mahnt beim Oberfinanzpräsidenten Schulden für den Anschluß 924 049 in Höhe von 6,54 Reichsmark an.[20] Am 17. Februar 1943 meldet sich Hausverwalter Lenz erneut beim Oberfinanzpräsidenten, um Mietausfälle von inzwischen 1078 Reichsmark anzumelden und um zügige Überweisung zu bitten. Letztmalig schreibt er am 11. April 1943 an das Amt, das die aufgelaufenen 1293,60 Reichsmark schließlich überweist. Drei Tage zuvor erreicht ein Schreiben von einem Oberstleutnant Krag vom Luftgaupostamt Berlin das Amt. Krag verlangt die Herausgabe eines Teppichs und »eine Aufstellung über die von mir aus der Judenwohnung Mayer-Otto-Str. 6 entnommenen Gegenstände«. Daraufhin muß der Oberfinanzpräsident feststellen, daß der Teppich irrtümlich vom Möbelhändler Tenske an einen Oberstleutnant Jentz verkauft worden ist, obwohl das Amt das Stück doch zuvor schon Krag versprochen hat. Man bittet um Weitergabe. Krag hat wohl nicht nur einen Teppich mitgehen lassen, denn er überweist dem Amt 1100 Reichsmark. Mehr als sechs Monate nach der Deportation scheinen sich dann die Beteiligten über den Besitz des Ehepaars Selmar und Ottilie Frankenstein geeinigt zu haben.[21]

Soviel zu der Frage, ob die Deutschen etwas von den Deportationen wissen konnten und ob es Nutznießer unter ihnen gab.

Walter Frankensteins Mutter lebt zusammen mit Flora Hirschfeld in einem »Judenhaus« in der Passauer Straße. Die Nazis zwingen die jüdische Bevölkerung zum Auszug aus ihren Wohnungen und konzentrieren sie in wenigen Gebäuden. Das schafft Platz für »arische« Bombengeschädigte. Und es erleichtert die Kontrolle über die verfolgten Juden. Auch Flora Hirschfeld soll deportiert werden. Beim ersten Versuch gelingt es ihr mit der Hilfe von Edith Berlow, einen Gestapo-

Beamten zu bestechen und so der Deportation zu entkommen. Doch am 2. September 1942 wird Flora Hirschfeld vier Tage vor ihrem 68. Geburtstag zusammen mit 99 weiteren Menschen nach Theresienstadt verschleppt. Walter Frankenstein erinnert sich, daß sie von dort noch Briefe geschickt und um Geldsendungen gebeten hat. Dann reißt der Kontakt zur Familie ab.
Leonie arbeitet trotz ihrer fortgeschrittenen Schwangerschaft weiter in der Transformatorenfabrik, Walter schuftet für die SS. Kurt Hirschfeld muß jetzt in der Deportationssammelstelle in der Großen Hamburger Straße zusammen mit einem weiteren jüdischen Arzt die Opfer betreuen. Auch Walters Mutter wird zur Zwangsarbeit eingezogen. Sie arbeitet in der Berliner Radiofabrik Seibt und muß dort zusammen mit 80 jüdischen Frauen und Männern Rundfunkgeräte montieren.
Edith Berlow weiß durch ihren Besuch in Lodz, daß auf die Deportierten im Osten keineswegs nur einfache Arbeit wartet. Weitere Informationen über Morde im Osten sickern langsam durch. Edith Berlow bietet Martha Frankenstein Hilfe für den Fall ihrer Deportation an. Walter Frankenstein: »Edith sprach meine Mutter an: Frau Frankenstein, wir bringen Sie unter. Sie brauchen nicht deportiert zu werden. Wir werden Sie versorgen. Aber meine Mutter sagte: Solange ich mich selbst ernähren kann und niemandem zur Last fallen muß, will ich keine Hilfe.«
Weil die Nazis in Berlin die Juden vorab über ihre Deportation informieren, bleibt diesen einige Tage Zeit bis zum Abtransport in die Sammellager. Viele Menschen, oft ganze Familien, entschließen sich, sich selbst das Leben zu nehmen. Einige wenige aber entscheiden sich dazu, vor den Nazis zu fliehen und unterzutauchen. Es ist ein waghalsiges Unternehmen. Man benötigt Geld und Lebensmittelkarten, vor allem aber ein Versteck – möglichst bei unverdächtigen »arischen« Deut-

schen. Es sind vor allem junge Juden, die dieses große Risiko eingehen. Die Chancen des Überlebens sind gering. Die Gestapo fahndet nach den »U-Booten«, wie sie sich selbst nennen. Viele werden schon nach wenigen Tagen oder Wochen gefaßt. Aber es ist eine Möglichkeit. Leonie und Walter Frankenstein beginnen über diese Möglichkeit nachzudenken. Vorbereitungen treffen sie nicht. Vorläufig glauben sie sich noch sicher. Auch die so gut informierte Edith Berlow nimmt an, daß die Nazis zunächst die Älteren und Arbeitsunfähigen in den Osten schicken, die für die Kriegswirtschaft so wichtigen jüdischen Zwangsarbeiter aber verschonen werden. »Wir haben für den Augenblick gelebt«, sagt Walter Frankenstein.

Im Oktober 1942 ändert die Gestapo ihre Taktik. Aus Wien ist Alois Brunner, der dort erfolgreich die Stadt »entjudet« hat, in die Reichshauptstadt gekommen. Unter Brunner und seinen Helfern erhalten die Opfer vorab keine Benachrichtigungen mehr. Brunner schickt Gestapo-Männer zusammen mit Ordnern der Jüdischen Gemeinde durch die Stadt und läßt die zur Deportation vorgesehenen Juden auf der Stelle festnehmen und in die Sammelstelle Große Hamburger Straße bringen. Die mit roten Armbinden ausgestatteten Ordner müssen beim Packen helfen. Wer sich dieser Aufgabe entzieht oder Juden zur Flucht verhilft, wird erschossen und seine Familie in den Osten verschickt, lautet die Drohung.

Am 20. Januar 1943 bringt Leonie Frankenstein im Jüdischen Krankenhaus in Berlin-Wedding einen Sohn zur Welt.[22] Er soll Peter heißen, doch jüdische Neugeborene, so die Verordnung der Nazis, dürfen nur »jüdische« Vornamen tragen.[23] Deshalb erhält das Baby den Namen Uri. In der Familie wird es aber dennoch Peter genannt. Im Krankenhaus lassen die Frankensteins ihren Sohn nach jüdischer Sitte beschneiden.

3 Entscheidung zum Widerstand

Im Februar 1943 muß die junge Familie Frankenstein in ein »Judenhaus« in der Linienstraße 7 in Berlin-Mitte ziehen. Sie leben zu dritt in einer möblierten Einzimmerwohnung. Wenige Tage später, gegen Ende des Monats, steht die Gestapo vor dem Haus. Leonie Frankenstein berichtet: »Von dort haben sie mich abgeholt, da war Uri sechs Wochen alt. Walter war bei der Zwangsarbeit bei der Gestapo. Ich sagte den Männern, sie dürften mich wegen des kleinen Kindes nicht mitnehmen. Da ist ein Mann hinuntergegangen und hat seinen Chef gefragt. Aber der lehnte ab. Ich bin mit Uri und dem Kinderwagen in das Lastauto gestiegen, und alle im Wagen sagten: Ach, das arme Kind.« Es geht in die Deportationssammelstelle in der Großen Hamburger Straße. Die Räume sind überfüllt von Menschen, die man aus ihren Wohnungen geholt hat. Leonie Frankenstein läßt sich mit ihrem Kleinkind nicht nach hinten drängen. Sie bleibt in der Nähe des Eingangs, um die Möglichkeit zu einer Flucht auszukundschaften.
»Ich stand mit einigen anderen Frauen zusammen. Die besaßen einen Schein, mit dem sie wieder gehen konnten, weil ihre Männer vorläufig von der Deportation zurückgestellt waren. Ich hatte keinen solchen Schein. Doch ich sagte den Gestapo-Männern, daß ich auch so einen Schein hätte, aber der würde in der Wohnung liegen. Sie wollten wissen, wo mein Mann arbeitet. Als dann ein Ordner sagte, daß die Frauen mit dem Schein entlassen wären, fragte ich: Darf ich jetzt auch nach Hause gehen? Und da sagte einer der Männer: Fragen

Sie nicht so dumm. Und dann bin ich nach Hause gegangen.«
Leonie Frankenstein hat unglaubliches Glück. Aber dieses Glück ist nicht vom Himmel gefallen – sie hat mit allen ihr möglichen Mitteln und großem Mut versucht, der Deportation zu entrinnen. Es ist ihr gelungen.
Inzwischen ist Walter Frankenstein von der Zwangsarbeit nach Hause gekommen und kann seine Frau und sein Kind nicht finden: »Die Wohnung war versiegelt. Und dann hieß es, meine Frau und mein Sohn seien abgeholt worden. Ich hatte Knickerbockerhosen an. Ich bin mit den Lebensmittelkarten in die Bäckerei gegangen und habe alles gekauft, was ich kriegen konnte, habe es in die Hosen gesteckt und bin zur Großen Hamburger Straße gelaufen. Ich klopfte an der Tür und sagte, ich wolle zu meiner Frau. Und da kam die Auskunft, daß sie vor einer halben Stunde nach Hause gegangen sei! Daheim habe ich die Wohnungstür geöffnet, da war Leonie gerade gekommen.« Sie fallen sich in die Arme.
Es sind die Tage der sogenannten Fabrikaktion, Ende Februar, Anfang März 1943. Inzwischen hat die Gestapo nahezu alle nicht Zwangsarbeit leistenden Juden deportiert. Jetzt sollen auch diese in die Todeslager im Osten geschickt werden. Ausländische Zwangsarbeiter stehen inzwischen als Ersatz bereit. Am 27. Februar werden die in Berliner Betrieben arbeitenden Juden an ihren Arbeitsstellen überrascht. Die Gestapo, unterstützt von Einheiten der Waffen-SS, darunter der Leibstandarte Adolf Hitler, sperrt alle Fluchtwege ab. Noch in ihren Arbeitskleidern, ohne Gepäck, Waschzeug und Verpflegung werden die Menschen von den Maschinen weg mit Lastwagen zu den Sammelstellen gebracht. Alte Menschen und Kinder überrascht man in ihren Wohnungen. Die Gestapo läßt ihnen keine Zeit zum Packen oder auch nur dazu, andere Kleidung anzuziehen. Weil die Unterkünfte in der Großen Hamburger Straße und in der Synagoge Levetzowstraße nicht ausreichen,

werden weitere Gebäude kurzfristig zur Aufnahme bereitgestellt. Sogar ein Ballhaus namens »Clou« gehört dazu, daneben Kasernen und das Gebäude Rosenstraße 2–4 der Jüdischen Gemeinde. Die Unterkünfte sind dennoch völlig überfüllt, die hygienischen Verhältnisse katastrophal. Insgesamt werden in den wenigen Tagen Ende Februar, Anfang März 1943 rund 11000 Menschen verhaftet.

Darunter befinden sich auch viele in »Mischehe« lebende jüdische Frauen und Männer. Sie werden in das Gebäude der Jüdischen Gemeinde in der Rosenstraße gebracht. Die christlichen Ehepartner demonstrieren vor dem Gebäude für die Freilassung ihrer Ehefrauen und -männer. Tatsächlich werden diese Menschen nach einigen Tagen entlassen und wieder zur Zwangsarbeit eingeteilt. So mutig die Demonstration der Angehörigen ist: Wahrscheinlich haben die Nazis nie die Absicht gehabt, diese Menschen zu deportieren, sondern wollten sie an anderen Orten in Berlin zur Arbeit einsetzen, um Unruhe unter der christlichen Bevölkerung zu vermeiden.

Für die Juden ohne »arischen« Partner demonstriert niemand. Mehr als 7000 Menschen werden zwischen dem 1. und dem 12. März 1943 von Berlin nach Auschwitz deportiert. Dort werden die jetzt noch als »arbeitsfähig« Eingestuften von den »Arbeitsunfähigen« selektiert. Diese kommen sofort ins Gas. Die anderen müssen Zwangsarbeit leisten, bis sie nicht mehr arbeiten können. Dann ermorden die Nazis auch sie. Kaum einer kehrt zurück.

Auch Walters Mutter Martha wird in diesen Tagen an ihrem Arbeitsplatz in der Radiofabrik verhaftet. Ihr Sohn sucht sie in der Firma und erfährt dort, daß man sie abgeholt hat. Walter Frankenstein berichtet: »Ich hatte ja einen gelben Schein von der Gestapo, mit dem man sich einigermaßen frei bewegen konnte. Ich konnte sie nicht finden. Am Bahnhof Grunewald standen Tausende. Die standen da in Gruppen. Sie hatten kein

Gepäck. Manche waren leicht angezogen, hatten nicht einmal einen Mantel an. Natürlich waren sie bewacht. Da war ein Ring aus SS und Polizei mit Hunden.«

Martha Frankenstein, geborene Fein, wird am 1. März 1943 im Alter von 57 Jahren zusammen mit 1721 weiteren Menschen von Berlin nach Auschwitz deportiert. Nach der Selektion an der Rampe des Vernichtungslagers werden unter ihnen 142 Männer und 385 Frauen zur Zwangsarbeit rekrutiert.

Auf dem letzten Foto von Walters Mutter auf ihrer Kennkarte sieht man eine ernst blickende Frau mit kurzen, immer noch dunklen Haaren.

Kurz nach ihrer Deportation, möglicherweise am nächsten Morgen, kommt Walter Frankenstein zur Zwangsarbeit bei einem der SS-Ämter: »Da stand ich alleine vor dem Gestapo-Gebäude. Da kam der Polier raus, und der sagte: Was willst du denn hier? Ich sagte: Arbeiten. Da sagte er: Siehst du nicht, daß die anderen nicht mehr hier sind? Ich sagte: Ja, ich wundere mich auch. Die sind in der Nacht abgeholt worden, sagte der Polier. Und dann: Ich gehe mal rein, fragen, was wir mit dir anfangen sollen. Er ging hinein, und ich bin abgehauen. Dann bin ich zurück nach Hause und habe zu Leonie gesagt: Jetzt wird es Zeit.«

Leonie und Walter Frankenstein haben sich spontan zur Flucht in den Untergrund entschlossen. »Wir wollten nicht gehen wie unsere Freunde«, sagt Leonie Frankenstein. »Wir hatten eine Bekannte, die war Erzieherin im Auerbach'schen Waisenhaus gewesen und hatte auch ein Kind. Sie wurde zum Auffanglager in der Großen Hamburger bestellt. Wir haben geholfen, ihr Köfferchen zu packen. Wir wollten das nicht. Nicht mit uns!«

Sie besitzen keine falschen Papiere und nur noch wenige Lebensmittelkarten. Sie kennen in Berlin kein geeignetes Versteck. Sie haben mit Uri, der mit Beginn des illegalen Lebens wieder zu Peter wird, ein gerade sechs Wochen altes Baby zu versorgen. Doch Leonie und Walter Frankenstein sind jung und mutig. »Pessimismus, Angst – das sind die schlimmsten Feinde von Menschen, die illegal leben müssen. Angst riecht man. Du kannst bei Menschen an ihren Bewegungen und in ihrem Handeln die Angst erkennen. Ich hatte eine enorme innere Sicherheit, die mich niemals verlassen hat«, meint Walter Frankenstein. »Wir haben uns fürs Untertauchen entschieden, weil wir beide Optimisten waren. Wir wollten uns nicht unterdrücken lassen.«

Sie sind nicht die einzigen Verfolgten, die sich in den Tagen der »Fabrikaktion« für ein Leben im Untergrund entscheiden. Allein aus dem Umfeld des inzwischen geschlossenen Auerbach'schen Waisenhauses tauchen mindestens vier Juden ab. Der zwanzigjährige Hans Rosenthal, der 1942 sechs Monate lang im Waisenhaus lebte, verbirgt sich bei Bekannten in einer Kleingartenkolonie bei Berlin. Die neunzehnjährige Säuglingspflegerin Nanni Tuchler verschwindet mit ihrer Mutter Sidonie. Dem zwanzigjährigen Horst Tichauer und der achtzehnjährigen Gerda Wohlgemuth, ehemaligen Zöglingen wie Walter Frankenstein, gelingt ebenfalls die Flucht. Berlins Gauleiter und Propagandaminister Joseph Goebbels schreibt am 11. März 1943 in sein Tagebuch, daß vermutlich etwa 4000 Juden der »Fabrikaktion« entkommen seien.

Frankensteins einzige Hoffnung sind Leonies Verwandte in Leipzig. Sie hoffen, bei ihrer Mutter Beate untertauchen zu können. Sie ist mit Theodor Kranz verheiratet, einem Nichtjuden. Durch ihre Ehe mit einem »Arier« muß sie zunächst keine Deportation befürchten. In der Logik der Nazis gelten »Mischehen« dann als »privilegiert«, wenn der Ehemann die christliche und die Ehefrau die jüdische Konfession hat. Ist dagegen der Ehemann jüdisch, dann muß aus der Ehe mindestens ein Kind hervorgegangen sein.

41

Für die gefährliche Reise trennen sich Leonie und Walter. Juden ist das Verlassen ihres Wohnorts verboten, erst recht das Reisen mit der Eisenbahn. Sie reißen die verhaßten Judensterne von ihrer Kleidung und vernichten sie zusammen mit ihren Kennkarten mit dem großen »J«. Walter Frankenstein behält nur seine Geburtsurkunde, in der die Religionszugehörigkeit nicht vermerkt ist. Dann werden einige Kleidungstücke, Windeln und Lebensmittel in den Kinderwagen zu Peter-Uri gesteckt. Auch eine Blechschachtel, in der Walter Frankenstein eine Auswahl der ihm wichtigsten privaten Fotos aufbewahrt, kommt dazu.
Leonie Frankenstein fährt als erste mit dem Zug los: »Ich saß im Abteil mit meinem Baby neben mir. Da kommt die Gestapo herein, Ausweiskontrolle! Eine Frau hatte ihren Ausweis nicht dabei, sie besaß nur eine Kleiderkarte. Da hieß es, das sei kein Ausweis. Die können Sie an jeder Straßenecke in Berlin kaufen, sagte der Gestapo-Mann. Und er regte sich furchtbar auf. Er stolperte über meine Füße, ging raus und vergaß dabei, mich nach meinem Ausweis zu fragen. Ich hatte nichts. Damals, zu Beginn der Illegalität, hätte ich überhaupt nicht gewußt, was ich hätte sagen können.«
Walter Frankenstein bleibt noch für kurze Zeit in Berlin, um die restlichen Lebensmittelkarten einzulösen. Er verbirgt sich in der gerade geräumten Wohnung eines deportierten jüdischen Ehepaars: »Die Wohnung war versiegelt. Ich löste das Siegel so ab, daß es aussah, als ob es unbeschädigt sei, wenn die Tür wieder geschlossen war.«
Ein paar Tage später folgt er Leonie und Peter-Uri nach Leipzig, ebenfalls mit der Bahn. »Ich verließ mein Abteil, schloß die Tür und wollte zur Toilette gehen. Da standen vor dem Abteil im Gang vier Herren: Ledermäntel, Schlapphüte – Gestapo, also Kontrolle. Zwei sind nach links gegangen, zwei nach rechts, von Abteil zu Abteil. Nur mich kontrol-

lierten sie nicht. Alles solche Zufälle. Aber es gab kein Zurück mehr.«
Als neunzehnjähriger Mann ist Walter wesentlich gefährdeter als seine Frau. Nicht nur, daß die Gestapo nach geflüchteten Juden und Aktiven des politischen Widerstands sucht. Er muß sich zudem vor den Wehrmachtstreifen in acht nehmen, die nach Deserteuren und Soldaten fahnden, die ihren Heimaturlaub überzogen haben. Wegen ihres Blechschilds auf der Brust werden sie »Kettenhunde« genannt. In seinem wehrfähigen Alter ist Walter Frankenstein ein natürliches Objekt ihres Interesses.
Der Krieg hat inzwischen eine dramatische Wende genommen. Im Januar 1943, nur einen Monat vor der »Fabrikaktion« gegen die Berliner Juden, muß die Wehrmacht im Kessel von Stalingrad kapitulieren. Etwa 250 000 Soldaten werden getötet oder ergeben sich den Sowjets. Propagandaminister Joseph Goebbels ruft im Berliner Sportpalast zum »totalen Krieg« auf. Nach dem Sieg bei El Alamein in Ägypten treiben britische Truppen Rommels Afrikakorps vor sich her. Zugleich verschärft sich der Bombenkrieg der Alliierten gegen Deutschland.
Getrennt erreichen Leonie mit dem Baby Peter-Uri und Walter Frankenstein Leipzig. In der Dresdner Straße 14 werden sie von Leonies Mutter Beate und Stiefvater Theodor Kranz herzlich empfangen. Die Wohnung ist zu klein, um sie alle drei dort unterbringen zu können. Doch Theodor Kranz läßt seine Verbindungen spielen. Er findet einen befreundeten Leipziger Tischler, der bereit ist, Walter bei sich aufzunehmen. Der etwa siebzigjährige Herr Koch ist Sozialdemokrat oder Kommunist und nimmt den Verfolgten ohne Gegenleistung bei sich auf. Walter kann bei ihm in der Werkstatt übernachten. Kochs Wohnung liegt nebenan. Walter Frankenstein berichtet: »Wir haben Kaninchenfelle gekauft, das Fett abgekratzt und daraus

Seife hergestellt, um etwas Geld zu verdienen. Dann begann ich illegal zu arbeiten. Es gab da eine Konditorei-Kette, die hatten drei oder vier Geschäfte, unter anderem am Naschmarkt. Dort putzte ich die Spiegel und die Fenster. Für den Zirkus Busch trug ich Reklame aus. Nur irgendwie Geld verdienen. Ich besaß ja keine Lebensmittelkarten.«

Leonie wagt nicht, die Wohnung von Mutter und Stiefvater zu verlassen. Sie hat, anders als ihr eher unbekümmerter Mann, ständig Angst vor einer Entdeckung.

Inzwischen wissen sie mehr von den Lagern und von dem, was mit den deportierten Juden geschieht. Ein Freund von Theodor Kranz war in Auschwitz als Bauarbeiter eingesetzt. »Er war dabei, als die großen Krematorien gebaut wurden«, erinnert sich Leonie Frankenstein. »Er kam zurück und erzählte meinem Stiefvater davon.« Leonie und Walter Frankenstein kennen die Namen der anderen Vernichtungslager nicht. Sie besitzen keine wirklich konkrete Vorstellung von dem, was sich im Osten abspielt. Aber aus den Berichten Edith Berlows, aus Erzählungen des Bekannten von Theodor Kranz und vielen Gerüchten ahnen sie, was der Mutter Martha, dem Onkel Selmar und seiner Frau Ottilie, Flora Hirschfeld, Fritz Hirschfeld, den verschwundenen Arbeitskollegen und den vielen anderen Bekannten geschehen sein könnte. Es ist unvorstellbar.

4 Kindheit

Leonie Frankenstein ist bei ihrer Mutter und ihrem Stiefvater einigermaßen sicher. Der Arbeiter Theodor Kranz, 1897 geboren und von allen nur Theo genannt, ist ein entschiedener Gegner der Nazis und gilt als Linker. Noch am 19. Oktober 1934, ein Jahr vor Verabschiedung der Nürnberger Rassengesetze, hat er die Jüdin Beate Rosner geheiratet. Die beiden haben sich im August 1933 kurz vor der Hochzeitsfeier von Theos Schwester Charlotte kennengelernt – durch eine Zeitungsannonce. Leonie Frankenstein erinnert sich: »Meine Mutter las die Anzeige: Suche Begleitung zur Hochzeit meiner Schwester. Sie meldete sich spaßeshalber. Bei ihrem ersten Treffen fragte meine Mutter Theodor Kranz, ob sie mich zu dem Fest mitbringen dürfe. Ich war das einzige Judenmädchen in der ganzen großen Gesellschaft.«
Theodor Kranz ist gläubiger evangelischer Christ, und auch seine jüdische Frau wendet sich dem Christentum zu. Sie läßt sich taufen. Am 21. Juli 1935 werden sie in Leipzig-Eutritzsch kirchlich getraut. Es geht Beate Kranz dabei nicht um eine Verschleierung ihrer jüdischen Herkunft, zumal sie der Israelitischen Religionsgemeinde zu Leipzig ihre Konversion nicht mitteilt. Leonie Frankenstein: »Sie ist überzeugte Christin geworden. Sie wollte auch gerne, daß ich zum Christentum konvertiere. Aber ich mochte nicht.«
Es ist nicht Beates erste Ehe. Leonie stammt aus ihrer Verbindung mit dem Kaufmann Josef Rosner. Beide hatten am 22. Oktober 1920 in Leipzig geheiratet. Am 21. Septem-

ber 1921 wird das einzige Kind geboren. Doch die Ehe zerbricht bald. Im April 1926 erfolgt durch das Amtsgericht Leipzig die Scheidung. Die kleine Leonie wächst in behüteten Verhältnissen bei ihren Großeltern mütterlicherseits auf. Ihre Mutter arbeitet als Abteilungsleiterin in Kaufhäusern und nimmt 1931 eine Stellung in Wien an. Sie kehrt erst 1933 kurz nach der Machtübernahme der Nazis zurück.

Leonies Großvater Jakob Adler ist Inhaber eines Ladens für Glas, Porzellan und Spielwaren in der Hallischen Straße 127, stolz »Adlers Warenhaus« genannt. Er beschäftigt zwei bis drei Angestellte. Jakob Adler, geboren 1870 im heute rumänischen Itzkany, ist wohl noch vor der Jahrhundertwende ins Deutsche Kaiserreich eingewandert. Damals kamen viele Juden aus Osteuropa nach Deutschland, wo die wirtschaftlichen Aufstiegschancen besser und die antisemitischen Diskriminierungen seinerzeit geringer ausgeprägt waren. Gerade das von Handel und großen Messen geprägte Leipzig wird für viele Juden zu einer neuen Heimat. 1933 ist Leipzig mit 11 500 Juden die sechstgrößte jüdische Gemeinde in Deutschland.

Leonies Großmutter Anna Rachel stammt dagegen aus einer der ältesten jüdischen Familien in Leipzig, den Wasserstroms. Der Großvater hat sich hochgearbeitet und gehört zu den geachteten wohlhabenden jüdischen Bürgern Leipzigs und ist Mitglied in einer Freimaurerloge. Das Ehepaar wohnt im Hochparterre der Friedrich-Karl-Straße 27 im Stadtteil Gohlis. Wer hier wohnen kann, hat es in der Kaufmannsstadt Leipzig zu etwas gebracht. Die Vierzimmerwohnung in dem eleganten Haus verfügt, damals noch keineswegs selbstverständlich, über ein eigenes Bad mit Toilette. Die Adlers beschäftigen ein Dienstmädchen und besitzen bereits Telefon. Leonie Rosner hat ihr eigenes Zimmer. Häufig kommt der Bruder der Großmutter, Arno Wasserstrom, zu Besuch, er ist Direktor des Bankhauses Kroch.

Das Ladengeschäft von Jakob Adler befindet sich rund einen Kilometer entfernt an einer breiten Geschäftsstraße von Gohlis, über die die elektrische Straßenbahn rasselt. Hier liegt ein Arbeiterviertel: Drei- und viergeschossige Häuser aus der Gründerzeit stehen an beiden Seiten, in vielen gibt es Einzelhandelsgeschäfte und Kneipen. In den großen Schaufenstern sind die Waren von »Adlers Warenhaus« schön arrangiert ausgestellt: gläserne Vasen, Spiegel und Porzellangeschirr. Manchmal darf Leonie mit an der Kasse sitzen.

Die Großeltern Anna Rachel und Jakob Adler sind bewußte Juden, aber die Religion spielt im Alltag keine überragende Rolle: »Am Freitagabend wurden immer die Kerzen angezündet. Ich glaube, unsere Küche war auch koscher. An den Feiertagen gingen wir in die Hauptsynagoge in der Gottschedstraße, aber nicht an jedem Schabbat. Und Großvaters Geschäft blieb auch am Samstag geöffnet.«

Die Erziehung ist liberal. »Ich war der Augenstern und bin sehr verwöhnt worden. Zur Schule ging ich jeden Tag in einem anderen Kleid«, sagt Leonie Frankenstein heute. Besonders liebt sie ihre Großmutter. Aber auch auf ihre Mutter läßt Leonie nichts kommen, auch wenn diese nur selten zu Besuch kommt. Einmal darf Leonie sie für einige Wochen in Wien besuchen. »Meine Mutter war für mich heilig. Es durfte kein Wort gegen sie fallen.«

Leonie wird 1927 eingeschult und kommt zunächst auf die private Büttnersche Schule in Gohlis, die schon ihre Mutter besucht hat. Die Büttnersche Schule ist konfessionslos, und so gehören zu ihren Freundinnen selbstverständlich Christen wie Juden gleichermaßen. Von ihrem 11. Lebensjahr an geht Leonie in die 37. Volksschule in der Hallischen Straße, ganz in der Nähe von »Adlers Warenhaus«. Die Lehrer sind streng: An schöne Begebenheiten in der Schule kann sie sich nicht erinnern. Sie träumt davon, einmal Schauspielerin zu werden.

Im Dezember 1931 stirbt ihre Großmutter. Ihr Großvater heiratet bald darauf erneut. Mit seiner neuen Frau Auguste versteht sich Leonie überhaupt nicht, und die Fünfzigjährige kann mit dem elfjährigen Mädchen nicht viel anfangen. Zum ersten und einzigen Mal erhält Leonie Schläge vom Großvater, weil sie im Haus verbreitet hat, seine neue Ehefrau möge doch bald wieder verschwinden. Man steckt sie gegen ihren Willen in ein jüdisches Kinderheim in Leipzig: »Es war ein sehr kleines Heim, wir waren da vier, fünf Mädchen und sieben oder acht Jungen. Es ging sehr religiös zu. Jeden Freitagabend ging es in die Synagoge. Am Samstag wurde dort weiter gelesen. Mir hat es Spaß gemacht. Unten saßen die Jungs. Und man ist an denen vorbeigekommen und hat gekichert.« Sie beginnt sich für das Judentum zu interessieren. Doch in dem Kinderheim fehlt ihr die Liebe der Großmutter. Die heranwachsende Leonie fühlt sich unglücklich.

Am 30. Januar 1933 übernehmen die Nazis in Deutschland die Macht. Die Bürgerrechte werden außer Kraft gesetzt, alle Parteien außer der NSDAP verboten und aufgelöst, ebenso die Gewerkschaften. Oppositionelle kommen in Konzentrationslager und werden dort gequält. Von Beginn an lassen die Nazis über ihre antijüdische Politik keinen Zweifel. »Das geht alles schnell wieder vorbei. Das ist nur vorübergehend«, habe der Großvater dazu gemeint, sagt Leonie Frankenstein. Wie viele Juden in Deutschland ist es für Jakob Adler unvorstellbar, daß sein Land in der Barbarei versinken könnte.

Aber am 31. März 1933 rufen die Nazis zum Boykott aller jüdischen Geschäfte auf. Vor »Adlers Warenhaus« zieht am nächsten Tag SA auf. Leonie Rosner erlebt den Boykott im Geschäft des Großvaters. Kein Kunde kann den Laden betreten. An die Schaufensterscheibe schmieren die Nazis »Kauft nicht beim Juden!«. Die Aktion dauert einen Tag. Viele nichtjüdische Deutsche beginnen danach, jüdische Geschäfte zu meiden. Banken und Lieferanten kündigen fristlos die Verträge. Schon nach ein oder zwei Jahren kann Jakob Adler sein Geschäft nicht mehr halten und muß weit unter Wert verkaufen. Auch die großzügige Vierzimmerwohnung in Gohlis muß er aufgeben. Es beginnt der wirtschaftliche Abstieg bis in bittere Armut.

In seiner Heimatstadt Flatow erlebt der damals achtjährige Walter Frankenstein den Judenboykott vom 1. April 1933: »Das waren alles fremde Nazis, keine SA-Männer aus der Stadt. Sie beschmierten die Fassade unseres Hauses.« Mit dem Geschäft und der Gaststätte seiner Mutter am Hauptmarkt 15 geht es danach ähnlich wie bei Jakob Adler in Leipzig steil bergab: »Die christlichen Kunden kamen nicht mehr. Vor allem aber zahlten sie ihre Schulden, die sie bei uns hatten, nicht mehr ab. Das waren mehrere tausend Mark.« Es können auch nicht mehr die Flatower Kommunisten und Sozialdemokraten kommen, denen ein Nebenraum der Gaststätte als Vereinslokal diente. Sie werden nach dem Reichstagsbrand am 27. Februar 1933 festgenommen. »Ich stand am Fenster und sah, wie die Leute über den Platz ins Gefängnis abgeführt wurden. Immer zwei Mann, SA-Männer und Schutzpolizei, immer abwechselnd. Das waren vielleicht zehn oder 20 Menschen«, erinnert sich Walter Frankenstein. Die Fahne der Kommunisten wird auf dem Dachboden des Hauses Frankenstein versteckt. Schon im folgenden Jahr 1934 muß Martha Frankenstein einen Teil ihrer Angestellten wegen der deutlich verringerten Einnahmen entlassen.

Die Kleinstadt Flatow, rund 300 Kilometer östlich von Berlin in Westpreußen gelegen, hat eine außergewöhnliche jüdische Geschichte. 1933 leben unter den gut 7000 Einwohnern nicht mehr viele Juden, im ganzen Kreis sind es weniger als 500. Doch 150 Jahre zuvor, als Flatow durch die erste Teilung Polens an Preußen fiel, gab es sogar mehr Juden als Christen in der Stadt.[24] Im 19. Jahrhundert sank die Zahl der Flatower Juden, viele zogen ins Ruhrgebiet, wo die Erwerbsmöglichkeiten besser waren als in der armen preußischen Provinz. Manche der verbliebenen Gemeindemitglieder verarmten und lebten von der Unterstützung durch ihre Glaubensgenossen. Und doch konnten sich die Juden 1878/79 den Bau einer neuen Synagoge im maurischen Stil leisten, die fortan stolz auf dem Krautmarkt inmitten der Stadt steht. Harmonisch konnte man das Zusammenleben zwischen Christen und Juden in Flatow nicht nennen. Antisemitische Vorurteile waren in der unterentwickelten Region noch weit verbreitet. So folgten etwa dem Mord an einem Gymnasiasten in der benachbarten Kreisstadt Konitz kurz vor Ostern 1900 judenfeindliche Ausschreitungen, die bis nach Flatow reichten. Dahinter stand der alte Aberglauben vom »jüdischen Ritualmord«, bei dem Juden angeblich aus rituellen Gründen christliche Kinder töten.

Die Frankensteins stammen nicht aus Flatow, sondern aus Ostpreußen. Etwa 1909 heiratet Max Frankenstein aus Bischofsburg die Flatower Jüdin Emma Klein und zieht in die Kleinstadt. Im Ersten Weltkrieg kämpft Max Frankenstein für Kaiser und Vaterland. Nach dem Tod der Schwiegereltern übernimmt der spätere Vater von Walter Landhandel und Gastwirtschaft der Kleins: »Schankwirtschaft und Kaufhaus Klein jr. Inh. Max Frankenstein« prangt an der Fassade des kleinen Hauses mit dem steilen Dach am Hauptmarkt 15. 1910 und 1914 kommen zwei Söhne zur Welt, Manfred und Martin. Ihre Mutter Emma stirbt etwa 1916. Max Frankenstein heiratet 1920 Martha Fein. Sie stammt aus der Familie eines Rabbiners in Schlesien und ist bei der Hochzeit 34 Jahre alt. Walter Frankenstein wird am 30. Juni 1924 in Flatow geboren.

Walters Vater stirbt 1929 im Alter von 55 Jahren an einer

Lungenentzündung. Zum Vormund für den minderjährigen Walter wird sein Onkel Selmar Frankenstein bestellt, der in Berlin eine ärztliche Praxis betreibt. Die Mutter führt das Geschäft weiter. »Im Laden gab es alles vom Kragenknopf bis zum Salzhering. Flatow war ja eine Kreisstadt, und ringsherum gab es viele Dörfer. Unsere Kundschaft waren zum größten Teil Bauern, die zum Wochenmarkt nach Flatow kamen, um ihre Waren zu verkaufen, Eier, Butter und auch Pilze, die sie in den Wäldern gesammelt hatten. Danach kamen sie zu uns, stellten ihre Pferdewagen bei uns ein. Die Frauen kauften ein, und die Männer saßen in der Schankwirtschaft und tranken Bier und Schnaps.« Neben Deutschen kaufen auch viele Polen bei Martha Frankenstein ein. In Flatow lebt eine polnische Minderheit. Die nach dem Ersten Weltkrieg neu gezogene Grenze zu Polen liegt nur einige Kilometer von der Stadt entfernt. Martha Frankenstein spricht ein wenig Polnisch und Jiddisch und kann sich so mit den Kunden besser als andere Ladenbesitzer verständigen. Der Betrieb läuft gut, die Mutter beschäftigt mehrere Angestellte.

Oberhalb der Geschäftsräume liegt die Wohnung der Frankensteins. »Geheizt wurde mit Kachelöfen in den Zimmern. Wir hatten auch schon elektrisches Licht. Und es gab ein Badezimmer, aber noch kein warmes Wasser. Das holte man eimerweise von der Essigfabrik um die Ecke. Die hatten einen Überschuß an Warmwasser, und das mischten wir mit kaltem Wasser zum Baden in der Zinkbadewanne. Das Klosett befand sich am Stall außerhalb der Wohnung.«

Der quadratische, mit Bäumen bestandene Hauptmarkt ist der größte Platz der kleinen Stadt. Von dort gehen die wichtigsten Straßen ab. In der Mitte steht die evangelische Pfarrkirche mit dem viereckigen Turm. In den ein- und zweigeschossigen Häusern am Hauptmarkt sind kleine Einzelhandelsgeschäfte untergebracht. Dann gibt es noch das trutzige Gebäude des

Amtsgerichts mit angeschlossenem Gefängnis und, an der Ecke zur Wilhelmstraße, das Ballhaus Totz mit Restaurant und feiner Stuckfassade. »Da wurden alle Beerdigungen und Hochzeiten gefeiert«, erinnert sich Walter Frankenstein. Nach Osten geht es über die von Läden gesäumte Friedrichstraße in ein paar Minuten zu Fuß zum Krautmarkt mit der repräsentativen Synagoge. Gleich hinter den Häusern des Hauptmarkts im Westen liegt groß und langgestreckt der Stadtsee mit der öffentlichen Badeanstalt am alten Schloßgarten. Der jüdische Friedhof befindet sich außerhalb von Flatow. Man muß auf der Brücke über die Glumia, einem Rinnsal, am Schloß vorbei einen Hügel erklimmen. Judenberg heißt die kleine Erhebung auf der anderen Seite des Großen Babbensees, der die Stadt nach Norden abschließt. Weit draußen vor der Stadt steht der Bahnhof, den die Familie Frankenstein bei ihren seltenen Reisen vom Hauptmarkt aus mit Pferd und Wagen erreicht. Wenngleich Flatow am Rande des Deutschen Reichs in einer nur dünn besiedelten Gegend liegt, ist die Kleinstadt doch über die Ostbahn von Berlin nach Königsberg ohne Umsteigen mit der Hauptstadt verbunden.

Walter erlebt zusammen mit seinen beiden älteren Halbbrüdern eine glückliche Kindheit, umsorgt von der Mutter und dem Kindermädchen Anna. »Ich bin nie geschlagen worden. Meine Mutter war streng. Was sie sagte, mußte ich tun. Sie hatte einfach immer recht. Wenn sie etwas sagte, dann stimmte das. Aber oft war es schon zu spät, weil ich etwas angestellt hatte.«

Die Mutter ist religiös, die Kinder sind es weniger. Im Haus werden die Speisen koscher zubereitet. Doch Martha Frankenstein führt die Familie liberal und zwingt die Kinder nicht zur Befolgung der jüdischen Speisegesetze, die Schweinefleisch verbieten und verlangen, Milchiges von Fleischigem strikt zu trennen. Walter Frankenstein erzählt: »Ich durfte mir Wurst vom christlichen Fleischer holen, aber sie nicht zu Hause essen. Mutti, ich möchte ein Stückchen Schinken essen, sagte ich zu ihr. Dann sagte sie: Hier hast du zwanzig Pfennige, geh zum Fleischer, aber komm mir mit dem Schinken nicht nach Hause.« Jeden Freitagabend werden die Schabbatkerzen entzündet und zu Chanukka der achtarmige Leuchter. Doch auch Weihnachten feiert die Familie Frankenstein, wenn auch ohne seine religiöse Bedeutung. »Da wir christliches Personal hatten, bekam ich gleich zweimal Geschenke, zu Chanukka und zu Weihnachten. Es gab einen geschmückten Weihnachtsbaum, und darunter lagen die Geschenke für das Personal und für mich.« Mit seinem katholischen Kindermädchen Anna besucht Walter jedes Jahr zu Weihnachten die Mitternachtsmesse: Der Junge ist von den vielen Lichtern und der Pracht tief beeindruckt. Interesse für die christliche Religion entwickelt er deshalb aber nicht. Walters lebenslange Begeisterung fürs Kochen wird anläßlich eines Weihnachtsfests geweckt: Die Mutter schenkt ihm einen Modellherd mit kleinen Töpfen. Zu seinen Brüdern hat er kein schlechtes Verhältnis, doch der große Altersunterschied von zehn und 14 Jahren sorgt für eine gewisse Distanz. Zudem verlassen Martin und Manfred schon 1928 das Haus. Der ältere Manfred beginnt nach dem Abitur mit seinem Studium der Zahnmedizin an der Universität in Königsberg. Martin kommt als Lehrling in den Laden einer Tante im ostpreußischen Bischofsburg. Er soll später einmal das Geschäft in Flatow übernehmen.

Am 1. April 1930 kommt Walter Frankenstein in die Volksschule. Nur wenige andere Juden besuchen die Schule. Einer von ihnen ist der Sohn des Glasermeisters, Heinz Bukowzker. Der ist sehr klein und schwach, und Walter beschützt ihn deshalb vor den anderen Kindern. Doch ob die Freunde nun Juden oder Nichtjuden sind, spielt für die Kinder von Flatow Anfang der 1930er Jahre keine Rolle. Jüdischen Religionsun-

terricht erteilt der Kantor Karl Katz in der Synagoge einmal in der Woche. An antisemitische Ausfälle der christlichen Lehrer hat Walter Frankenstein keinerlei Erinnerung.
Viele Flatower Juden sind im Handel tätig. Da ist der Getreidehändler Samuel Drucker, der sein Geschäft gleich neben Frankensteins hat. Auch auf dem Hauptmarkt verkauft Metzger Seelig Katz Fleisch. Dessen Sohn Arthur ist mit Walters Bruder Manfred befreundet. Gleich neben der Synagoge am Krautmarkt befindet sich das Konfektionshaus der Familie Eick für feine Herrenanzüge. Sigmund Eick beschäftigt sogar einen eigenen Dekorateur für die beiden großen Schaufenster. »Die Flatower waren keine Nazis«, meint sein Sohn Heinz Eick. »Aber sie waren antijüdisch.«
Am 5. März 1933 erhält die NSDAP bei den Reichstagswahlen im Landkreis Flatow über 64 Prozent der Stimmen, deutlich mehr als im Landesdurchschnitt. Die glückliche Kindheit des achtjährigen Walter Frankenstein ist zu Ende. »Die christlichen Kinder zogen sich zurück. Das ging etappenweise. Ich wurde in eine Ecke gedrängt, und da wurde mir eigentlich erst bewußt, daß ich Jude bin. Vorher hat man vielleicht andere Feiertage begangen. Aber wir haben doch auch zu Ostern Eier versteckt und Weihnachten gefeiert. Aber auf einmal kam dieser Bruch. Wenn das Jungvolk vorbeimarschierte mit seinen Trommeln und Pfeifen – ich war ja neidisch, daß ich davon ausgeschlossen blieb. Als Kind hatte ich ja keinen Begriff von dem, was sich da abspielte.«
Sigmund Eick, Besitzer des Konfektionshauses am Krautmarkt, wird am 1. April 1933, dem Tag des Judenboykotts, in seiner Wohnung verhaftet. Er hatte sich mit einem Bekannten über die Politik der Nazis unterhalten und ist denunziert worden. Nun wirft man ihm »Greuelpropaganda« vor. Sein damals dreizehnjähriger Sohn Heinz berichtet: »Er kam ins Gefängnis in Flatow und später nach Elbing. Meine Mutter

ist durch ganz Deutschland gefahren, um einen Rechtsanwalt zu finden. Die hatten alle Angst.« Sigmund Eick wird zu fünf Monaten Haft verurteilt. Doch am Abend nach seiner Entlassung nehmen ihn SA-Männer wieder mit. Der Mutter, erinnert sich Heinz Eick, teilen sie mit: »Nur wenn Ihr Mann innerhalb von 48 Stunden Flatow verläßt, wird er aus dem Gefängnis entlassen.« Die Eicks flüchten nach Berlin. So wie ihnen ergeht es vielen wohlhabenden Juden in den kleinen Landgemeinden überall in Deutschland.
Die letzten Juden von Flatow erhalten am 20. Februar 1940 den Befehl, sich zum Abtransport am nächsten Tag bereitzuhalten. Arthur Katz, der zu dieser Zeit schon in Berlin lebt, fährt damals nach Flatow, um seinen Eltern beizustehen. Er berichtet nach dem Krieg, daß die Flatower wie alle Juden der umliegenden Dörfer und Städte der Provinz Westpreußen auf Lastwagen in die Stadt Schneidemühl gebracht wurden. Vor der Abfahrt der Lastwagen beobachtet die Familie Katz noch, wie die Nazis ihre Wohnungseinrichtung plündern.[25] In Schneidemühl angekommen, müssen etwa 160 Menschen in der Leichenhalle des jüdischen Friedhofs auf ihr weiteres Schicksal warten. Dem Leiter des Landwerks von Neuendorf in Brandenburg gelingt es am nächsten Tag, etwa 100 von ihnen zu reklamieren. In dem ehemaligen jüdischen Ausbildungszentrum für die Auswanderung nach Palästina müssen sie Zwangsarbeit leisten. Insgesamt werden im April 1940 mehr als 500 Juden aus der Stadt und ihrer Umgebung interniert. 166 von ihnen sperren die Nazis vorläufig im Restaurant Bürgergarten ein, andere kommen ins Jüdische Gemeindehaus. Die Absicht, die Menschen wie kurz zuvor ihre Leidensgenossen aus Stettin ins deutsch besetzte Polen zu deportieren, scheitert am Widerstand von Hans Frank, dem Chef des dortigen »Generalgouvernements«, der sich gegen einen weiteren Zuzug von Juden sträubt. Deshalb kommen

manche ältere Menschen in Pflegeeinrichtungen in Berlin wie dem Jüdischen Krankenhaus oder der Israelitischen Taubstummen-Anstalt in Berlin-Weißensee unter. 165 Menschen werden in ein Transitlager bei Posen im annektierten Teil Polens gebracht. Von dort geht ihre Odyssee weiter in drei verschiedene Arbeitslager im Reich. Mit Beginn der planmäßigen Deportationen im Oktober 1941 werden nahezu alle Juden, die im Februar 1940 Schneidemühl, Flatow und viele andere Ortschaften Westpreußens verlassen müssen, nach Osten transportiert und dort ermordet. Nur wenige überleben.[26] Einer von ihnen ist Arthur Katz, der sich in Berlin versteckte.
Der einschneidende Tag für den kleinen Walter Frankenstein in Flatow aber ist der 1. April 1933 mit dem Boykott des mütterlichen Geschäfts: »Da gingen SA-Leute draußen vorbei. Einer schoß mit seiner Pistole in unsere Ladenräume. Ich stand oben am Fenster und sah es. Da sagte ich mir, ich glaube, so halblaut vor mich hin: Lieber Gott, wenn dieser Mann nicht auf den nächsten 50 Metern tot umfällt, dann glaube ich nicht mehr an dich. Er ist nicht umgefallen, und ich war Atheist. Ich bin es bis heute geblieben.«

5 Bleiben oder Gehen

Etwa eine halbe Million Juden leben 1933 in Deutschland. Nicht nur sie unterliegen der antisemitischen Politik der neuen Reichsregierung: Hinzu kommen etwa 70 000 Menschen, die nach den Rassekriterien der Nazis ebenfalls als Juden gelten, obwohl sie oder ihre Vorfahren längst zum Christentum konvertiert sind.
Viele deutsche Juden hoffen, daß das Naziregime nur eine Episode von wenigen Monaten sein würde. Aber auch für diejenigen, die die Lage pessimistischer und damit realistischer einschätzen, bedeutet die Emigration einen radikalen Bruch mit dem bisherigen Leben, der gut überlegt sein will. Es geht nicht nur um die prekäre Frage, wovon man im Ausland leben könnte. Viele fühlen sich mehr als jüdische Deutsche denn als deutsche Juden und wollen ihre Heimat nicht verlassen.
Die wirtschaftliche und gesellschaftliche Ausgrenzung der Juden beginnt zwar schon 1933, doch daß die Nazis nur wenige Jahre später die europäischen Juden systematisch ermorden werden, kann niemand wissen. Die Nazis selbst entwickeln ihren Mordplan erst Jahre später.
Schließlich bleibt für diejenigen Menschen, die sich zur Emigration entschließen, die Frage, wohin sie denn gehen könnten. Fast alle potentiellen Zufluchtsländer sind nicht bereit, eine größere Zahl von Flüchtlingen aus dem Deutschen Reich aufzunehmen. Trotzdem gelingt es in den ersten Jahren der Naziherrschaft Tausenden, nach Großbritannien, Frankreich, in die Niederlande, in die Tschechoslowakei oder in die USA zu

entkommen. Von 1933 bis 1937 wandern etwa 140 000 Juden aus Deutschland aus. Im Jahr 1938 sind es rund 40 000, und 1939, nach der Pogromnacht, fliehen 80 000 Juden aus dem Land. Insgesamt gelingt bis zum Auswanderungsverbot 1941 mit 278 500 Menschen etwas mehr als der Hälfte aller deutschen Juden die Flucht. Während des Kriegs werden aber viele von ihnen, die in den Nachbarstaaten Deutschlands Zuflucht gefunden haben, von der Mordmaschine der Nazis wieder eingeholt.

Vor 1933 waren die Zionisten in Deutschland eine kleine, von vielen deutschen Juden belächelte Bewegung. Nur den wenigsten kam es vor Beginn der Naziherrschaft in den Sinn, ihre bürgerliche Existenz aufzugeben, um im Land der Vorväter Orangenplantagen anzulegen. Die meisten der in Deutschland lebenden Juden fühlten sich ebenso deutsch wie ihre nichtjüdischen Nachbarn. Entsprechend skeptisch reagierten sie auf die zionistischen Bestrebungen, in Palästina eine neue jüdische Heimstätte einzurichten. Im Jahr 1932, also ein Jahr vor der Machtübernahme der Nazis, lebten lediglich 2000 ehemals deutsche Juden in Erez Israel (hebr.: das Land Israel).

Mit der Machtübernahme der Nazis erlebt der Zionismus in Deutschland einen großen Aufschwung. Palästina ist nicht länger nur ein Traum für zionistisch gesinnte Juden, es wird zum rettenden Fluchtpunkt. Und haben die Zionisten nicht recht behalten mit ihrer Erklärung, daß der Antisemitismus niemals verschwinden werde? Ist Palästina nicht die einzig mögliche Antwort auf die Judenhetze der Nazis? Dort, so lautet das Versprechen, wartet auch nicht irgendein Exil, sondern eine neue Heimat. Besonders junge Menschen begeistern sich nun für diese Idee. Für sie ist die Vorbereitung auf die Auswanderung nach Erez Israel auch Reaktion auf eine feindlich gesinnte Umgebung.

Auch Leonie Rosner schließt sich in Leipzig einer sozialistisch-

zionistischen Jugendgruppe an, dem Jugendbund Habonim (hebr.: Die Erbauer). »Die Gemeinschaft und das Ideal gefielen mir sehr gut. Ich wurde zu einer glühenden Zionistin«, sagt Leonie Frankenstein.
Habonim ist einer von vielen jüdischen Jugendbünden, die in der Tradition der Wandervogelbewegung stehen. Man trifft sich regelmäßig zu Heimabenden, singt hebräische Lieder, lernt Hebräisch, spricht über das große Ziel Palästina, aber auch von alltäglichen Problemen. Gruppen wie Habonim sind für die jungen Juden auch eine Möglichkeit, wenigstens für einige Stunden dem NS-Alltag mit all seinen Diskriminierungen zu entfliehen. In ihrer jüdischen Jugendgruppe kann Leonie von einer positiven Zukunft träumen. »Ich war absolut davon überzeugt, nach Palästina zu gehen«, sagt Leonie Frankenstein. Die jüdischen Jugendbünde werden von den Nazis zunächst nicht verboten. Bei allen grundsätzlichen Gegensätzen besteht in einem Punkt eine Interessenidentität zwischen Nazis und Zionisten: Die deutschen Juden sollen auswandern. So werden die Jugendgruppen zwar zwangsweise in einem »Reichsausschuß der Jüdischen Jugendverbände« zusammengefaßt, aber sie dürfen bis zur Pogromnacht 1938 weiterhin für die Alija arbeiten – überwacht von der Gestapo.
An größeren Treffen von Leonies Habonim-Gruppe im Jüdischen Jugendhaus in der Leipziger Elsterstraße 7 nimmt ein Gestapo-Spitzel teil. In einem »Bericht über die Versammlung des Habonim Leipzig« vom 1. März 1936 schreibt ein Kriminalkommissar: »Thema: Gestaltung unseres Bundeslebens. Anwesend: 75 Jugendliche beiderlei Geschlechts. Verlauf: ohne Störungen. In seinen Ausführungen behandelte der Redner eigentlich weniger das Bundesleben, vielmehr das Verhalten der heutigen jüdischen Jugend wie sie sein sollte und wie es meist nicht richtig gehandhabt wird. [...] Für seine Ausführungen erntete der Vortragende reichen Beifall und fand

bei der anwesenden Jugend das richtige Verständnis. Mit keinem Wort kam der Redner auf deutsche, insbesondere auf politische Dinge zu sprechen. Ein Anlaß zu polizeilichem Einschreiten lag nicht vor.«[27]

Leonie Rosner nimmt an einem reichsweiten Aufsatzwettbewerb teil: »Wie stelle ich mir Palästina vor?« lautet das Thema. Erster Preis ist eine Fahrt ins Gelobte Land. »Ich hatte keine Ahnung von Geographie. Aber das scheint nicht weiter gestört zu haben. Ich gewann tatsächlich den ersten Preis«, erzählt sie. »Ich sagte noch, ich käme nicht mehr nach Deutschland zurück. Aber dann wurde festgestellt, daß ich Staatenlose bin, ebenso wie mein Vater. Deshalb durfte ich nicht fahren.« Die anderen Gewinner treffen Anfang März 1936 mit dem Schiff Tel-Aviv in Haifa ein und machen Ausflüge durch das Land.[28] Leonie Rosner erhält als Ersatz ein Kleid zum Geschenk.

Leonies Mutter Beate Kranz möchte Deutschland nicht verlassen. »Palästina? Kommt überhaupt nicht in Frage«, habe sie gesagt, erinnert sich die Tochter. Auch Walters Mutter Martha Frankenstein lehnt eine Emigration strikt ab. »Mutter war trotz ihrer Frömmigkeit treudeutsch«, sagt der Sohn. Walters ältere Brüder Martin und Manfred verlassen Deutschland dagegen 1934 und 1937 und gehen nach Palästina. Der sechsundzwanzigjährige Manfred darf noch das zahnmedizinische Examen an der Universität Königsberg mit der Auflage abschließen, anschließend auf die deutsche Staatsbürgerschaft zu verzichten und auszureisen. Die Mutter rät von der Emigration nicht ab: »Du mußt wissen, was du tust. Vielleicht ist es ganz gut für dich«, das seien ihre Worte gewesen, als Martin im Alter von 20 Jahren Deutschland verläßt.

Palästina wird als Mandatsgebiet des Völkerbunds von Großbritannien verwaltet. Die Einreise ist von der Mandatsregierung in Jerusalem quotiert, und das Palästina-Amt der

Jewish Agency for Palestine in Berlin ist mit der Ausgabe der begehrten Zertifikate beauftragt. Nur »Kapitalisten« mit einem Vermögen von mehr als 1000 britischen Pfund – 1933 umgerechnet 15 000, 1939 schon 40 000 Reichsmark – steht das Land relativ offen. Alle anderen kommen in unterschiedliche Kategorien. Die meisten potentiellen Einwanderer fallen in die Kategorie C: »Einwanderer mit sicherer Aussicht auf Beschäftigung«. Die Zahl der Bewerber für diese Arbeiterzertifikate übersteigt jedoch die vorhandenen Zertifikate um ein mehrfaches. »Das Mißverhältnis zwischen der unabänderlichen Zahl der Zertifikate und der Zahl der Bewerber, die in der Auswanderung nach Palästina ihr Ziel sehen, macht eine Auslese notwendig, die grundsätzlich und in allererster Linie nach dem objektiven Maßstab der Eignung für Palästina, in Ausnahmefällen nach dem subjektiven Maßstab der Rettung des Einzelschicksals getroffen werden muß«, schreibt das Palästina-Amt.[29]

Die meisten Berufe der deutschen Juden sind für das zionistische Aufbauwerk in Palästina nicht geeignet. Wer dennoch auf ein Zertifikat hoffen will, muß umlernen. »Umschichten« lautet der gängige Begriff dafür – und sei es vom einstigen Generaldirektor zum Hühnerzüchter. Dafür bietet das Palästina-Amt Kurse an. Auf der »Hachschara« (hebr.: Vorbereitung, Tauglichmachung) werden die meist jungen Menschen zu Landwirten, Handwerkern und Arbeitern ausgebildet. Hachschara-Zentren werden auf Bauernhöfen eingerichtet und finden sich verstreut in vielen ländlichen Regionen Deutschlands.

Den Nazis ist die Auswanderung in den 1930er Jahren noch willkommen. Doch den Emigranten nach Palästina erwarten eine bürokratische Irrfahrt und der Verlust großer Teile seines Vermögens. Zwar sind Juden der von den Nazis wieder eingeführten Wehrpflicht nicht würdig, dennoch wird eine offizielle

Beurlaubung verlangt. 25 Prozent des Vermögens werden mit der »Reichsfluchtsteuer« eingezogen. Mit einer »Unbedenklichkeitsbescheinigung« muß nachgewiesen werden, daß keine Steuerrückstände mehr bestehen. Rentenregeln müssen geklärt, Zollfragen beachtet, Versicherungen für das Umzugsgut abgeschlossen werden. Familienrechtliche Bestimmungen sind zu studieren. Es gilt das deutsche Devisenrecht zu beachten.
Zur Rettung der jüdischen Kinder und Jugendlichen wird die Jugend-Alija gegründet. Damit können diese ohne Begleitung ihrer Eltern nach Palästina reisen. Das Palästina-Amt erteilt für die Kinder Zertifikate unter der Kategorie B3: »Studenten und Schüler, deren Lebensunterhalt bis zur Berufsausübung gesichert ist«. In Deutschland leitet Recha Freier die Jugend-Alija. Viele Eltern und ihre Kinder melden sich, doch es ist nicht für alle Platz. Die meisten Kandidaten finden sich in den jüdischen Jugendbünden, mit denen die Jugend-Alija eng kooperiert. Wer in zionistischen Jugendgruppen wie dem Haschomer Hazair oder Habonim organisiert ist, hat schließlich sein Interesse für Palästina bewiesen und schon erste Kenntnisse über das Land gesammelt. Dank der Jugend-Alija erreichen zwischen 1934 und Ende März 1939 3262 Kinder und Jugendliche das rettende Land.
Auch Leonie Rosner kommt auf Hachschara. Als Vierzehnjährige darf sie an einem vierwöchigen Kurs in Schniebinchen in der Niederlausitz teilnehmen. »Es ging darum, ob man für ein Leben im Kibbuz in Palästina geeignet ist«, berichtet Leonie Frankenstein. Der Tagesablauf ist streng geregelt. Das *Jüdische Nachrichtenblatt* berichtet: »Der Tag ist eingeteilt in praktische, theoretische und geistige Arbeit, die durch ausreichende Freizeit sinnvoll unterbrochen wird. Nach einer festen Arbeitsordnung werden die Jungen und Mädel nach dem Wecken um sechs Uhr auf die verschiedenen Arbeitszweige verteilt. Nach dem obligaten Morgentraining und dem

Frühstück ist die ganze Chevra auf dem Gutshof zum Morgenappell versammelt, wo der Arbeitsleiter jedem Einzelnen seinen Arbeitsplatz zuweist. Den Jungen ist der Stalldienst, die Werkstatt, das Feld vorbehalten; die Mädchen haben Haus- und Küchendienst und arbeiten im Garten.«[30] Ein Ferienaufenthalt ist die Hachschara wahrlich nicht: »Mit absoluter Disziplin bekommt jeder seinen Arbeitsplatz zugewiesen, der nach einem vorher festgesetzten Plane alle 14 Tage wechselt, damit jeder die Möglichkeit hat, die Wirtschaft in den verschiedenen Zweigen kennen zu lernen«, schreibt der Breslauer Willy Cohn über Schniebinchen.[31] Nach dem Mittagessen wird Hebräisch und Palästinakunde gelehrt. Abends ist um 9.30 Uhr Bettruhe. Geschlafen wird in großen Sälen auf Feldbetten. Doch es bleibt in den Vorbereitungslagern auch genug Zeit für Diskussionen und Tanz, für gegenseitiges Kennenlernen und Spiele.

Leonie Frankenstein kann sich nicht mehr an die Einzelheiten ihres Aufenthalts in Schniebinchen erinnern. Aber sie weiß: »Ich war nicht sehr geeignet. Die Landwirtschaft hat mir keine Freude gemacht.« Sie tritt von der Alija zurück. »Das hat der Begeisterung für Palästina aber keinen Abbruch getan. Nicht in der Landwirtschaft arbeiten, das war meine Schlußfolgerung. Aber es gab in Palästina ja auch noch andere Möglichkeiten.«

Im gleichen Jahr 1935 beendet Leonie mit der achten Klasse ihre Schulausbildung. Sie möchte gerne Kindergärtnerin werden, doch für Jüdinnen gibt es keine Lehrstellen mehr. Das Jüdische Seminar für Kindergärtnerinnen und Hortnerinnen in Berlin darf diese Ausbildung noch anbieten. Bewerberinnen müssen mindestens 17 Jahre alt sein. Leonie Rosner ist zu jung.

In Flatow wird der drei Jahre jüngere Walter Frankenstein von den christlichen Kindern geschnitten. Er geht zu den jüdischen Pfadfindern. Aber allzu viele Unternehmungen sind nicht mehr möglich: »Es war schon so vieles verboten.« Zu Ostern 1936 muß er die Volksschule verlassen. Ein gemeinsamer Unterricht mit »arischen« Kindern wird von den Nazis kaum mehr geduldet, zwei Jahre später ganz verboten.[32] »Anständig« hätten sich seine Lehrer bis zuletzt verhalten, erinnert sich Walter Frankenstein. Die Mitschüler trauen sich nicht, ihn anzugreifen. »Die machten meistens einen großen Bogen um mich. Ich war ziemlich groß und stark für mein Alter. Ich habe mir nie etwas gefallen lassen. Wer mich angegriffen hat, ob nun mit Worten oder Taten, der bekam eine geschmiert. Ich habe mich immer gewehrt.« Einmal schießen ihn Jungen der Hitlerjugend mit einer Luftpistole in den Rücken. Ein christlicher Bekannter der Familie bringt Walter die Grundbegriffe der asiatischen Kampfsportart Jiu-Jitsu bei. Jetzt kann er sich im Notfall verteidigen. Das gibt dem Jungen mehr Sicherheit.

1936 zieht der Zwölfjährige dann von Flatow nach Berlin ins Auerbach'sche Waisenhaus. »Meine Mutter hat mich in den Zug gesetzt, und in Berlin holte mich eine Cousine am Alexanderplatz ab. Ich stieg dort aus und stand da mit meinem Köfferchen.« Es ist ein schwerer Abschied für Walter Frankenstein: »Ich wußte, hier geht etwas unwiederbringlich zu Ende. Ich fühlte mich in Flatow zu Hause, trotz der Nazis. Ich kannte doch jeden Stein auf der Straße, jeden Baum im Wald. Das war meine Heimat.«

Auch Leonie Rosner kommt nach Berlin. Die Jugend-Alija hat 1935 in der Oranienburger Straße 31 im Gebäude des Jüdischen Museums eine Schule zur weiteren Vorbereitung für die Einwanderung nach Palästina eingerichtet. Das Haus liegt gleich neben der Großen Synagoge. Ein Jahr lang dauert der Unterricht in der Jugend-Alija-Schule. Am Ende steht die Auswanderung nach Palästina. Viele Lehrer sind Studenten oder

Jugendleiter aus den zionistischen Jugendbünden, der Direktor ist Xiel (Jekutiel) Federmann. Der Unterricht ist liberal: Schüler und Lehrer duzen sich, Strafen sind verpönt. In der Klasse sitzen die Jugendlichen nicht auf Bänken hintereinander. Statt dessen sind die Tische zu einem Kreis zusammengestellt.[33] Die *Jüdische Rundschau* stellt die Schule 1937 vor: »Das Eigenartige dieser Schule ist die große Palästinanähe, die ihre gesamte Tätigkeit bestimmt. Für ihre Schüler ist Palästina nicht ein fernes Ideal, sondern etwas ganz Greifbares. Da eine Anzahl von Schülern schon ein Vorbereitungslager hinter sich hat und nur noch auf die Zertifikate wartet, so spricht man innerhalb des Schülerkreises nur noch von den künftigen ›Chaverim von Givat Brenner, Degania‹ usw., und jeder ist stolz auf die Siedlung, in die gerade er kommt. Von diesem Geist ist auch der gesamte Unterricht durchdrungen. Neben Palästinakunde und jüdischer Geschichte bemüht man sich, auch den Unterricht in anderen Fächern, wie Rechnen und Naturwissenschaften, auf Palästina zu beziehen, ohne daß in Bezug auf die Durchnahme des allgemeinen Stoffes eine Einschränkung erfolgt. [...] Lehrer und Schüler der Schule bilden eine Gemeinschaft. Lernen und Schulbesuch wird nicht als Zwang empfunden, sondern als eine freiwillig eingegangene Verpflichtung und eine Aufgabe, die von Erez Israel her gestellt ist.«[34]

Leonie Rosner ist in einer Art Wohngemeinschaft für die Jugendlichen, Bet Chaluz (Pionierhaus) genannt, in der nahen Rosenthaler Straße untergebracht. Die Unterhaltskosten betragen 40 Reichsmark im Monat. »Das war eine typische Berliner Wohnung. Wir waren dort etwa 15 Jugendliche, davon nur vier Mädchen. Der Leiter dort hieß Franz Ollendorff.« Dr. Franz Ollendorff, geboren 1900, hat wegen der Nazis seine Karriere an der Technischen Hochschule Berlin abbrechen müssen. 1933 wird er entlassen. Als einer von wenigen kennt er Palästina aus eigener Anschauung: 1934 entschließt er sich zur Emigration und unterrichtet Kinder an einer Volksschule in Jerusalem. Ein Jahr später kehrt er nach Deutschland zurück, um die Jugendlichen in der Berliner Jugend-Alija-Schule auf ihre Emigration vorzubereiten.[35]

In der Schule wird vor allem Hebräisch gelernt. Der Stundenplan sieht fünf Wochenstunden Sprachunterricht vor. Vier Stunden sind der Bibel vorbehalten, drei zionistischer Geschichte und jeweils zwei jüdischer Geschichte und Palästinakunde. An allgemeinen Fächern steht Erdkunde, Naturkunde, Literaturgeschichte, Gegenwartskunde, Musik und Sport auf dem Programm.

Nach einem Jahr geht die Zeit an der Jugend-Alija-Schule für Leonie zu Ende. Die meisten der Jugendlichen wandern nach Palästina aus. Leonie bleibt in Deutschland. »Ich konnte mir nicht vorstellen, von meiner Mutter getrennt zu sein«, sagt sie heute.

Auch Walter Frankenstein bleibt im Auerbach'schen Waisenhaus in Berlin. »Es bestand damals die Möglichkeit, daß meine Brüder Martin und Manfred ein Zertifikat für Palästina anfordern«, berichtet Walter Frankenstein. Die entsprechende Kategorie der britischen Mandatsbehörden macht eine Einreise von Familienangehörigen davon abhängig, daß »der Anfordernde wirtschaftlich in der Lage ist, für den Lebensunterhalt des Angeforderten zu sorgen«.[36] Walter Frankenstein: »Meine Brüder hatten nicht die finanziellen Möglichkeiten, meine Mutter und mich zu holen, sondern nur einen von uns. Das kam für uns nicht in Frage.«

Leonie Rosner ist mit ihren knapp 16 Jahren immer noch nicht alt genug für den Besuch des Kindergärtnerinnenseminars. Zudem verlangt die Schule den Nachweis eines einjährigen Praktikums als Haushaltshilfe in einer Familie mit Kindern. Leonies Mutter findet in der Zeitung ein Inserat, in dem ein jüdisches Ehepaar ein jüdisches Hausmädchen sucht. Die Nürnberger Rassengesetze haben 1935 die Beschäftigung »arischer« Hausangestellter in jüdischen Haushalten verboten, wenn zum Haushalt ein männlicher Jude über 16 Jahren zählt. Geleitet werden die Nazis dabei von der antisemitischen Phantasievorstellung, jüdische Männer würden bevorzugt »arischen« Frauen nachstellen.

Leonie kommt zu einem Ehepaar in Berlin-Tempelhof. »Ich schlief in einem kleinen Zimmer, wo auch die Schuhe abgestellt wurden. Ich mußte sehr viel arbeiten: putzen, einkaufen, Gesellschaft leisten. Weggehen durfte ich auch nicht. Und die Dame des Hauses stand immer neben mir: Um Gottes willen, werfen Sie bloß nicht die Glasplatte herunter, sagte sie.« Leonie hält diese Verhältnisse nicht lange aus. »Da ging ich zu meiner Mutter und sagte ihr, ich müsse dort weg.«

Beate Kranz findet für ihre Tochter eine andere Stelle in Leipzig. Dort, bei Familie Henschel, ist alles anders. Leonie Frankenstein erinnert sich: »Das war ein jüngeres Ehepaar mit einem kleinen Mädchen. Als ich dort anfing, war Frau Henschel schwanger. Die Familie war sehr nett. Zum Saubermachen hatten sie eine andere Person.« Leonie Rosner umsorgt die kleine Eva Maria, und, nach der Geburt des zweiten Mädchens im August 1937, das Baby Gabriela. Das einzige, was sie als störend empfindet, ist die übergroße Fürsorge der Familie. »Sie kümmerten sich zuviel um mich. Wo ich hingehe, was ich mache, wen ich treffen würde.« Noch sind für die sechzehnjährige Leonie wenigstens kleine Fluchten aus dem bedrängenden Alltag in Nazideutschland möglich, sie geht an manchen freien Abenden zum Tanzen in ein jüdisches Café.

In der Pogromnacht am 9./10. November 1938 kommen die Nazis. Hans Henschel verschwindet in letzter Minute aus der Wohnung. »Versteck dich lieber mit den Kindern«, rät er dem Kindermädchen Leonie. Sie verkriecht sich in der Gardero-

be, wartet, bis die Nazis wieder abgezogen sind, ohne Gewalt anzuwenden. »Einen Schock habe ich trotzdem bekommen«, sagt Leonie Frankenstein.
Auch in Leipzig brennen an diesem Tag die Synagogen, werden Geschäfte und Wohnungen demoliert und geplündert und Hunderte jüdischer Männer verhaftet. Ein Polizeibericht dokumentiert allein für Leipzig-Mitte die Zerstörung von 193 Geschäften, 34 Wohnungen und sieben Synagogen. Das jüdische Jugendhaus, in dem Leonie Rosner mit ihrer Habonim-Gruppe zusammengekommen war, wird schwer demoliert. Man stellt fest, »daß das Vorgehen gegen das Judentum von den Volksgenossen teils begrüßt, teils aber auch vorsichtig kritisiert und verurteilt« wird.[37]
Hans Henschel sucht wie Zehntausende andere Menschen verzweifelt nach einer Auswanderungsmöglichkeit für seine Familie. Längst geht es dabei nicht mehr um Wunschziele. Auch die Dominikanische Republik oder Shanghai sind nun Optionen – Hauptsache, weg aus Deutschland. Die Henschels haben großes Glück: Uruguay in Südamerika erklärt sich zu ihrer Aufnahme bereit.[38] Der Besitz von 400 US-Dollar pro Erwachsenen muß dazu nachgewiesen werden, auch ein politisches Führungszeugnis der Gestapo ist erforderlich. Wahrscheinlich hat Hans Henschel die Emigration schon vor der Pogromnacht eingeleitet, denn nur wer bereits ein Ziel vorweisen kann, ist als erwachsener Mann vor einer Einweisung in ein Konzentrationslager sicher. Käthe und Hans Henschel fragen ihr Kindermädchen Leonie, ob sie nicht nach Uruguay mitkommen möchte. Mehr als ein kleines Taschengeld können sie ihr im Exil allerdings nicht anbieten. »Da sagte ich wieder nein«, so Leonie Frankenstein heute. Und sie fügt hinzu: »Ich konnte mir eine Auswanderung ohne meine Mutter einfach nicht vorstellen.«
Schon Ende 1938 reist die Familie Henschel mit dem Damp-

fer Artigas nach Montevideo. Leonie Rosner findet eine neue Arbeit als Zimmermädchen in einer winzigen jüdischen Pension in Leipzig. Es ist für sie nur eine Durchgangsstation bis zum Beginn ihrer so lang ersehnten Ausbildung zur Kindergärtnerin. In der ersten Jahreshälfte 1939 darf sie endlich in der Schule von Margarethe Fraenkel in Berlin anfangen. Leonie Rosner zieht erneut in die Reichshauptstadt und wohnt im Mädchenheim des Seminars. Das Schulgeld beträgt einschließlich der Unterbringung im Internat 50 Reichsmark im Monat.

Das Kindergärtnerinnenseminar ist aus der Not geboren. Weil jüdische Kinder keine »arischen« Kindergärten mehr besuchen dürfen, ist der Bedarf an jüdischem Betreuungspersonal in den vorausgegangenen Jahren sprunghaft gestiegen. Die Dauer der Ausbildung beträgt in der Regel zwei Jahre, und der Unterricht ist umfassend: Gelehrt wird unter anderem Pädagogik, Psychologie, Kindergarten- und Hortlehre, Gesundheitslehre, aber auch Deutsch und Hebräisch.[39] »Wir praktizierten in jüdischen Kindergärten. Das hat mir sehr gut gefallen«, berichtet Leonie Frankenstein. »Ich habe kleine Kinder immer sehr gemocht und einen leichten Zugang zu ihnen gehabt.«

Die Direktorin Margarethe Fraenkel lebt nach der Nazi-Terminologie in »Mischehe« und ist selbst keine Jüdin. Ihr Mann ist ebenso wie vier ihrer Kinder rechtzeitig nach Großbritannien ausgewandert, ein weiteres Kind nach Argentinien. Im Juli 1938 wird ihr die Leitung des Kindergärtnerinnenseminars übertragen, der Berliner Rabbiner Leo Baeck hat sich für sie stark gemacht. Die Auszubildende Leonie Frankenstein kommt mit ihr nicht sonderlich gut zurecht. »Sie war unnahbar. Man hatte auch kein Interesse, mit ihr etwas zu tun zu haben«, erinnert sie sich. Andere Auszubildende betonen nach dem Krieg dagegen ihr gutes Verhältnis zu ihr.

In ihrer Freizeit besucht Leonie Rosner Berliner Museen. Ihr Interesse für die jüdische Religion, das im Leipziger Kinderheim geweckt worden war, hat sie wieder verloren. Ihre Freundinnen aus der Zeit der Jugend-Alija-Schule haben die Stadt verlassen und sind nach Palästina emigriert. Auch Ausstellungen dürfen von Juden nicht mehr besucht werden, aber Leonie setzt sich über dieses Verbot hinweg. »Ich ging fast jeden Samstag ins Alte Nationalmuseum«, sagt Leonie Frankenstein: »Ich schaute mir die Bilder an. Das war schön.«
Leonie Rosners Traum von einer Zukunft als Kindergärtnerin platzt nach nur wenigen Monaten. Nur noch die höheren Klassen dürfen das Seminar abschließen, das im Frühjahr 1942 endgültig von den Nazis geschlossen wird.
Vom Kindergärtnerinnenseminar kommt sie zur Israelitischen Taubstummen-Anstalt in Berlin-Weißensee. Dort darf sie vorläufig arbeiten, als Praktikantin lernen und wohnen.
Inzwischen hat am 1. September 1939 der Krieg begonnen. Walter Frankenstein erinnert sich: »Die meisten Deutschen waren begeistert. Es gab nur ganz wenige, die das negativ gesehen haben. Edith Berlow gehörte zu ihnen.« Walter Frankenstein selbst glaubt von Beginn an nicht, daß die Nazis siegen werden: »Jetzt ist der ganze Zauber mit dem Adolf bald vorbei, dachte ich mir. Aber wir konnten uns damals nicht ausmalen, was geschehen wird und daß es so lange bis zur Befreiung dauern würde.«
Die Israelitische Taubstummen-Anstalt, in der Leonie Rosner nun arbeitet, ist eine Gründung aus dem Jahre 1873.[40] Damals bestand für Gehörlose noch keine Schulpflicht, doch Markus Reich, der Gründer, setzte sich dafür ein, auch diesen Menschen eine Ausbildung zu ermöglichen. 1890 bezog die Anstalt das große, für 62 Kinder konzipierte Gebäude in der Parkstraße. Nach dem Ersten Weltkrieg übernahm Felix Reich, ein Sohn des Begründers, den Posten des Direktors.

Der Naturwissenschaftler und Pädagoge war seiner Zeit weit voraus. Während Gehörlosigkeit noch vielfach mit Dummheit gleichgesetzt wurde, propagierte Reich die Möglichkeit des Besuchs des Gymnasiums und der Universität für Taubstumme. Die Anstalt in Berlin-Weißensee blieb die einzige jüdische Einrichtung ihrer Art im ganzen deutschsprachigen Raum.

Als Leonie Rosner Ende 1939 oder Anfang 1940 nach Weißensee kommt, kämpft die »Jüdische Gehörlosenschule mit Heim«, so der offizielle Name seit 1938, um ihre Existenz. Der Trägerverein ist von den Nazis verboten worden, und fast alle jüdischen Lehrer sind ausgewandert. Auch die meisten Kinder und Jugendlichen haben das Heim verlassen. Der Direktor Felix Reich wird im Anschluß an die Pogromnacht 1938 verhaftet und in das Konzentrationslager Sachsenhausen verschleppt. Im Dezember 1938 kommt er wieder frei. Im Sommer 1939 gelingt es ihm noch, zehn seiner Schützlinge nach Großbritannien zu bringen. Dort erreicht er beim britischen Unterrichtsministerium, daß allen Kindern, Lehrern und Angestellten der Taubstummen-Anstalt die Einreise nach England erlaubt wird. Doch dies wird durch den Beginn des Kriegs vereitelt. Felix Reich kann nicht nach Deutschland zurückkehren, die Kinder und Lehrer können nicht mehr nach Großbritannien ausreisen. Der Lehrer Philipp Cahn übernimmt für Felix Reich die Leitung der Anstalt.

Im Februar 1940 sind noch 22 gehörlose Kinder in der Taubstummen-Anstalt untergebracht, zwölf Mädchen und zehn Jungen. Neben dem Direktor arbeiten nur ein Lehrer und ein Erzieher im Heim. »Der Direktor verlangte von uns, mit den Taubstummen zu sprechen. Sie sollten vom Mund ablesen. Sie sollten auch sprechen lernen«, berichtet Leonie Frankenstein. Sie selbst beherrscht die Gebärdensprache nicht. Sie spielt mit ihnen, erzählt den Kleinen Märchen. Die Arbeit ist zwar nicht das, was sie sich gewünscht hatte, aber sie macht ihr dennoch Freude.

Leonie Rosner lernt die Tochter und den Sohn von Felix Reich kennen. Die beiden sind etwa in ihrem Alter und wohnen wie sie im Gehörlosenheim. Mit drei nichtjüdischen Großmüttern gelten sie nach den Nazi-Rassengesetzen als »Viertel-Juden«.

Schrittweise geht es mit dem Gehörlosenheim zu Ende. Die Turnhalle wird zum Seniorenheim für ältere jüdische Taubstumme umgebaut. In der Aula werden im April 1940 aus Westpreußen deportierte Juden einquartiert. Im Mai beherbergt das Institut nur noch 16 gehörlose Kinder. Im Herbst 1941 schließen die Nazis das Heim für immer, formal aufgelöst wird es mit dem allgemeinen Schulverbot für Juden Ende Juni 1942. Leonie Frankenstein kommt mit einigen der Kinder als Betreuerin ins Auerbach'sche Waisenhaus – und trifft dort ihre große Liebe Walter Frankenstein.

6 Auf der Flucht

Eineinhalb Jahre später, im März 1943: Leonie Frankenstein verbirgt sich mit ihrem Baby Peter-Uri in der Wohnung von Mutter und Stiefvater in Leipzig. Sie wagt es nicht, das Haus zu verlassen. Was ist mit den Nachbarn? Könnten sie sie denunzieren? Das Ehepaar Kranz wohnt zur Untermiete, die ursprünglich große Wohnung in der Dresdner Straße ist in zwei kleinere aufgeteilt worden. Die Wände sind entsprechend dünn. »Diese Nachbarn gefielen mir nicht«, erzählt Walter Frankenstein. Er besucht Frau und Kind regelmäßig und muß dabei äußerst vorsichtig vorgehen. Ohne Papiere wäre er bei einer Kontrolle durch die Polizei oder Wehrmachtstreifen rasch als flüchtiger Jude enttarnt. Die Gestapo führt eine eigene Kartei über die untergetauchten Juden.
Der alte Tischler Koch, in dessen Werkstatt Walter Frankenstein übernachten darf, riskiert viel. Noch mehr Gefahren aber geht Theodor Kranz ein. Als »arischer« Ehemann der Jüdin Beate Kranz ist er ohnehin schon Schikanen ausgesetzt. Die Nazis drängen Christen zur Scheidung von ihren jüdischen Ehepartnern. Das kommt für Theodor Kranz überhaupt nicht in Frage. Wegen seiner Ehe verweigert ihm das Arbeitsamt alle Fortbildungsmaßnahmen, so daß er nur als Hilfsarbeiter tätig werden kann und im Brückenbau arbeiten muß. Und nun noch die Hilfe für die Frankensteins: Für Leonie, Walter und Peter-Uri, die ohne Lebensmittelkarten von jeder Versorgung abgeschnitten sind, besorgt er Lebensmittel. Das geschieht offenbar über seine Mutter, die in Bibelkreisen

verkehrt. Er bemüht sich darum, Nachrichten über die Lage an der deutsch-schweizerischen Grenze zu erhalten, über die für die Frankensteins die Flucht ins rettende, neutrale Ausland möglich sein könnte. Doch er kommt an keine gesicherten Informationen. »Theo Kranz hat sehr viel gewagt«, sagt Walter Frankenstein heute. »Daß meine Frau und mein Sohn bei ihm und seiner Frau leben konnten, war ja schon gefährlich genug. Ich habe immer diejenigen Deutschen, die uns geholfen haben, bewundert. Darauf stand die Todesstrafe.«

»Judenhilfe« oder »Judenbegünstigung«, so wird von den Nazis die Menschlichkeit gegenüber den Verfolgten genannt.[41] In den »Judenreferaten« der Gestapo erfolgt die Vernehmung derjenigen, denen ein »verbotswidriger Umgang mit Juden« vorgeworfen wird. Die Konsequenzen sind jedoch höchst unterschiedlich. Manche Helfer werden ohne Prozeß auf Jahre in Konzentrationslager oder sogenannte Arbeitserziehungslager eingewiesen, einige zum Tode verurteilt und hingerichtet. Andere erhalten einen Prozeß, der häufig mit einer Zuchthausstrafe endet. In Einzelfällen bleibt es lediglich bei einem einfachen Bußgeld wegen »unterlassener Meldung eines zugezogenen Juden«. Organisierte Hilfe und politischer Widerstand in einer Gruppe wird als Hochverrat oder Vorbereitung zum Hochverrat betrachtet und mit dem Tode bestraft. Wer falsche Papiere oder Lebensmittelkarten besorgt, unterliegt dem Vorwurf der Urkundenfälschung und kann für Jahre ins Zuchthaus kommen. Diskussionen mit Außenstehenden über das Los der Juden werden als »Greuelpropaganda« und »heimtückischer Angriff auf Führer und Staat« gewertet, wenn ein Denunziant die Informationen an die Gestapo weiterträgt. Diese nicht eindeutige Verfolgungspraxis ist den Helfern freilich nicht bekannt, und die Nazis unternehmen keinen Versuch, die Gerüchte über die Tötung aller »Judenhelfer« zu unterbinden.

Für die untergetauchten Juden, die in die Hände der Gestapo fallen, sind die Konsequenzen in jedem Fall tödlich. Sie werden in die Todeslager im Osten deportiert. Ab Mitte 1943, als der größte Teil der nicht geflüchteten deutschen Juden bereits ermordet ist, werden immer wieder kleinere Transporte mit dem Zug von Berlin nach Auschwitz gebracht. Ihre Insassen sind von den Behörden verhaftete illegal lebende Juden.
Leonie Frankenstein fürchtet sich so stark vor einer Entdeckung, daß sie wochenlang die Wohnung in der Dresdner Straße nicht verläßt. Sie hat große Angst um ihren kleinen Sohn, der nachts nur schlecht schläft. Sie wird von Klaustrophobie und Alpträumen geplagt. »Ich schlief im Wohnzimmer auf dem Sofa und hatte das Kind neben mir. Ich träumte, daß ich auf einer Landstraße unterwegs und alles ganz dunkel war. Ich war auch in einem Haus, und alles war finster, und ich wußte nicht, wie ich dort hinauskommen sollte. Da bin ich in meinem Traum aus dem Fenster geklettert. Aber in der Wirklichkeit tat ich das auch. Es gab im Wohnzimmer zwei Fenster, eines davon war offen, das andere wegen der Luftangriffe verdunkelt. Ich nahm die Blumentöpfe herunter, öffnete die Verdunkelung und das Fenster und sprang herunter. Aus dem ersten Stock.« Mutter Beate und Stiefvater Theodor wachen von den Geräuschen im Nebenzimmer auf. Theodor Kranz schreibt: »Ich ging aus dem Schlafzimmer in die Stube und fand das Sofa leer, das Fenster geöffnet und meine Stieftochter hinuntergestürzt aus der Höhe des ersten Stockwerks. Als wir, meine Frau und ich, auf die Straße stürzten, fanden wir meine Stieftochter besinnungslos vor, mit einer blutunterlaufenen Gesichtshälfte. Eine andere Verletzung war nicht zu sehen, und da wir ja keinen Arzt zuziehen durften, blieb uns nichts weiter übrig, als zu warten, bis sie wieder zur Besinnung kam, und zu hoffen, daß sie keinen inneren Schaden erlitten hat.«[42]
Nach einigen Wochen muß Walter Frankenstein sein Versteck

in der Werkstatt von Herrn Koch überstürzt verlassen. Er berichtet: »Da kam eine Nachbarin, die fragte den Tischler Koch, was das denn für ein junger Mann sei, der da bei ihm wohne. Und warum der denn nicht beim Militär sei? Da war Schluß. Ich hatte ja keinerlei Papiere.« Theodor Kranz findet in Leipzig kein anderes Versteck. Also begibt sich Walter Frankenstein zum zweiten Mal auf die gefahrvolle Reise mit der Eisenbahn – zurück nach Berlin. Er hofft, bei Edith Berlow unterkommen zu können.

Edith Berlow hat inzwischen ihren Freund Kurt Hirschfeld in ihrer Wohnung versteckt. Dieser hat als zwangsverpflichteter Arzt in der Deportationssammelstelle rechtzeitig von seiner geplanten Deportation in den Osten erfahren und ist am 18. November 1942, gut drei Monate vor den Frankensteins, untergetaucht. Aber das kann Walter Frankenstein im Frühjahr 1943 nicht wissen, und Edith Berlow hütet sich davor, ihm etwas davon zu erzählen. »Je weniger man wußte, um so besser«, sagt Walter Frankenstein. Zu groß ist die Gefahr, daß bei der Entdeckung eines einzelnen viele andere gefährdet werden. Verhaftete Juden werden von der Gestapo gepeinigt, damit sie weitere Namen preisgeben.

Schon gar nichts erfährt Walter Frankenstein davon, daß die unermüdliche Edith Berlow mittlerweile ein ganzes Hilfsnetz für die verfolgten Juden geknüpft hat. Das geschieht offenbar zunächst nicht geplant, sondern durch persönliche Kontakte. Edith Berlows Freund Kurt Hirschfeld lernt irgendwann im Jahr 1941 den Elektriker Werner Scharff kennen, der wie er bei der Jüdischen Gemeinde beschäftigt ist. Werner Scharff, geboren 1912, arbeitet zusammen mit anderen jüdischen Handwerkern in der zur Deportationssammelstelle zweckentfremdeten Synagoge Levetzowstraße, repariert dort immer wieder einmal die Lichtanlage und die Lautsprecher. Seine Freundin Fancia Grün, auch eine Angestellte der Jüdischen

Gemeinde, muß die Listen derjenigen Menschen abtippen, die zur Deportation vorgesehen sind. Sie gibt die Daten an Werner Scharff weiter. Edith Berlow berichtet: »Vor jedem Transport bekamen wir durch Scharff Nachricht. Es war fast immer Zeit genug, Menschen zu warnen. Es genügte manchmal schon, daß der Betroffene nicht zu Hause war, er hatte dann einen Aufschub bis zum nächsten Mal.«[43] Im November 1941 erfahren sie, daß eine Krankenschwester von Kurt Hirschfeld deportiert werden soll. Marliese Michalowitz und ihr Ehemann Alfred tauchen ab und kommen ebenfalls in der Wohnung von Edith Berlow unter. Andere untergetauchte Juden erfahren von der Adresse in der Grolmannstraße und erhalten dort selbstverständlich Hilfe. Nachdem das Haus durch Bomben zerstört worden ist, zieht Edith Berlow mit ihren Schützlingen in eine Villa in die Menzelstraße 9 in Berlin-Grunewald. Das verwinkelte Haus ist in mehrere Wohnungen aufgeteilt. Die Nachbarn bemerken nichts – oder sie wollen nichts bemerken.

Werner Scharff wird in seinem Kampf für die Rettung der Juden immer mutiger und dreister. Edith Berlow schreibt: »Scharff, der sich ja frei bewegte, bekam vorher die Sachen, die die Zurückbleibenden ihren Lieben mitgeben wollten: Geld, Schmuck, Essen, Decken, Seife usw. [...] Ein Gabenfluß ohne Ende, der durch eine kleine Wohnung im Südosten Berlins lief. Werner Scharffs Güte umfaßte alle. Ich sehe ihn noch vor mir, in seinem Monteuranzug, einen vollbeladenen Rucksack auf dem Rücken, wie er den ganzen alten Frauen und Männern, die nach Theresienstadt kamen, genauso seine Pakete brachte wie den jungen Menschen, die der Osten verschlang. Wann er geschlafen hat, wann er mal für sich Zeit hatte, wir wissen es nicht. Er hatte immer Zeit für uns, er war immer für uns erreichbar, und er versagte nie.«[44] Von der »Fabrikaktion« Ende Februar 1943, bei der auch Leonie und

Walter Frankenstein beinahe gefaßt werden, erfährt Werner Scharff freilich zu spät. Namenslisten für die Deportation in den Osten sind bei der Razzia vorab nicht erstellt worden. Doch es gelingt Werner Scharff in einer tollkühnen Aktion, seinen Bruder Stephan aus der Deportationssammelstelle zu lotsen.
Über Scharff, der in Edith Berlows Wohnung ein und aus geht, lernt diese weitere Helfer und Verfolgte kennen. Dazu gehört Werner Scharffs Ehefrau Gertrud, die bei der Druckerei Wiegel Zwangsarbeit leistet. Dort produziert sie im Winter 1942/43 – offenbar mit Einverständnis der antifaschistisch eingestellten Besitzer – 100 täuschend echt aussehende Werksausweise einer tatsächlich existierenden Firma. Ihr Mann gibt diese Papiere an Verfolgte weiter. Der junge jüdische Graphiker Cioma Schönhaus verbirgt sich ebenfalls in Berlin und stellt in großem Stil gefälschte Papiere für den Untergrund her.[45] Auch Kurt Hirschfeld profitiert von Schönhaus' Fälschungen: Sein kommunistischer Bekannter Gützlaff meldet seine »arische« Kennkarte bei den Behörden als verloren und gibt sie an Hirschfeld weiter. Ein neues Foto wird eingeknipst, Schönhaus zieht den Stempel über dem Bild täuschend echt nach.
Das Ehepaar Michalowitz aber, das sich in Edith Berlows Wohnung verbirgt, wird Mitte 1942 auf der Straße von der Gestapo festgenommen. Edith Berlow ist in großer Sorge, daß damit ihre Zufluchtsstätte verraten sein könnte: »Sie waren Mitglieder einer kommunistischen Gruppe gewesen. Und wir haben natürlich gezittert.« Doch beide halten bei den Verhören dicht. Marliese Michalowitz erhängt sich in der Haft. Ihr Mann Alfred wird am 12. Oktober 1944 nach Auschwitz deportiert und dort ermordet.
Edith Berlow spannt für die Hilfe der verfolgten Juden Freunde und Verwandte ein, die vertrauenswürdig erscheinen. Mit ih-

rem kleinen Gehalt als Sekretärin wäre sie nicht in der Lage, eine so große Wohnung zu finanzieren. Der bekannte Schauspieler Hans Söhnker ist mit Ediths Schwester Charlotte verheiratet. Sein großes Haus fällt als Versteck aus, denn er hat mehrere Hausangestellte, und zudem gehen zu viele Besucher ein und aus. Aber Hans Söhnker, der von den Nazis seit Jahren kritisch beobachtet wird, finanziert die Miete von Edith Berlows Wohnung.[46] Georg Zoch, Edith Berlows geschiedener Ehemann, hatte schon Fritz Hirschfeld vor seiner Deportation im Oktober 1941 in seiner Wohnung aufgenommen. Georg Zoch ist ein bekannter Drehbuchautor für Lustspiele. Er verantwortet aber auch Nazi-Propagandastreifen wie den Film *U-Boote westwärts!*. Auch er nimmt verfolgte Juden auf. »Ich habe ihm gesagt: Wenn ein Alarm kommt, dann mußt du jemanden aufnehmen. Das hat er sofort gemacht«, erinnert sich Edith Berlow. Geld ist dennoch knapp. Lebensmittelkarten, die sie auf dem Schwarzmarkt kauft, kosten pro Exemplar astronomische 450 Reichsmark. Doch als Flora Hirschfeld im September 1942 nach Theresienstadt deportiert wird, hinterläßt sie eine Kassette mit Schmuckgegenständen, die sie vor den Nazis verborgen gehalten hat. Werner Scharff geht wie ein Gestapo-Mann mit einem Ledermantel bekleidet in das Haus und löst vor dem Portier das Siegel an der Wohnung der deportierten Flora Hirschfeld. Er nimmt die Kassette mit und versiegelt die Wohnung erneut. »Das Geld war irgendwann einmal zu Ende«, erinnert sich Edith Berlow. »Aber da gab es ja immer noch die Brillantbrosche von Flora Hirschfeld zu verkaufen. Da kamen auf einmal wieder 5000 Mark in die Kasse.«[47]

Einmal kommt die Gestapo ins Haus. Edith Berlow besticht sie. Ein Gestapo-Mann namens Schneider arbeitet gegen hohe Geldsummen für Edith Berlow und ihren Kreis, informiert Juden vor ihrer Deportation: »Dieser Schneider hat uns sehr

gute Dienste geleistet. Er hat wohl zu viel von dem Geld ausgegeben. Den haben sie erwischt. Der ist nachher von den eigenen Leuten aufgehängt worden.«
Als Walter Frankenstein im April oder Mai 1943 in Edith Berlows Wohnung eintrifft, muß sie ihn abweisen: »Das Haus ist voll.« Er verbirgt sich auf Trümmergrundstücken und im Grunewald. Ab und zu meldet er sich bei seiner Bekannten. »Frankenstein, der kam öfters, weil er halb verhungert war. Er kam halb erfroren an, hat sich gewärmt und ein paar Eier gegessen, wenn welche da waren«, sagt Edith Berlow.
Inzwischen wächst in der Leipziger Wohnung von Beate und Theodor Kranz die Sorge, daß das Versteck von Leonie Frankenstein und ihrem Baby Peter-Uri auffliegen könnte. Ihre Anwesenheit ist im Haus offenbar kein Geheimnis mehr. Nachbarn fragen, warum die junge Mutter denn nicht wie fast alle Frauen im Kriegsjahr 1943 zur Arbeit geht. Leonie entschließt sich zur Fahrt nach Berlin, um die Gerüchte zu zerstreuen. Der kleine Peter-Uri bleibt bei den Großeltern. Über Edith Berlow wird der Kontakt mit Walter hergestellt.
Jetzt haben Leonie und Walter Frankenstein beide kein Dach mehr über dem Kopf. Ohne feste Bleibe sind sie extrem gefährdet. Doch wieder erhalten sie Hilfe. Walter kennt den Elektriker Rudi Cohn aus seiner Zeit im Auerbach'schen Waisenhaus. Rudi Cohn ist »Halbjude« und lebt bei seiner christlichen Mutter, deshalb ist er weniger gefährdet. Er verbirgt die Frankensteins in seiner Baubude in einem beschädigten Haus, wo das Werkzeug gelagert wird. »Er schloß uns nachts in der Baubude ein«, berichtet Walter Frankenstein. Leonie Frankenstein ergänzt: »Mitten in der Nacht kamen Leute und rüttelten an der Tür. Die wollten hinein und fragten sich, warum denn dort abgeschlossen sei. Es gab Luftalarm. Da bekam ich zum ersten Mal richtig Angst.«
Leonie und Walter Frankenstein führen ein Vagabundenle-

ben – mitten in Berlin, bedroht von Bombenangriffen, Denunzianten und den Männern der Gestapo. Leonie Frankenstein: »Wir wohnten in verschiedenen ausgebombten Häusern. Wir fuhren die Nächte hindurch mit der Straßenbahn.« Sie können sich nicht richtig waschen, haben kaum Kleidung zum Wechseln. Sie besitzen keine Lebensmittelkarten und nur wenig Geld. Sie müssen hungern. Ständig sind sie angespannt und auf der Hut vor der Gefahr einer Verhaftung: Was ist mit dem älteren Herrn, der da hinten in der Straßenbahn sitzt? Könnte er von der Gestapo sein? Die junge Frau, die auf der Straße denselben Weg wie sie nimmt: Werden sie schon beobachtet? Eines Nachts schlagen sie ihr Lager in der Nähe des Müggelsees im Osten der Stadt auf. »Wir besaßen Schlafsäcke, ich weiß nicht mehr, woher. Wir übernachteten in einem Wald. Plötzlich hörte ich Hundegebell. Da muß man jemanden gesucht haben. Da haben wir schnell die Schlafsäcke liegengelassen und sind abgehauen«, erzählt Walter Frankenstein. »Ich habe die ganze Zeit an Wunder geglaubt. Ich war immer optimistisch. Wenn es danach gegangen wäre, daß etwas nicht ginge ...«, sagt Leonie Frankenstein.
Leonie Frankenstein kehrt nach einiger Zeit nach Leipzig zu Mutter, Stiefvater und ihrem Sohn zurück. Dort beginnen die Nachbarn schon bald wieder zu tuscheln. Nach kurzer Zeit wird die Situation unhaltbar. Theodor Kranz kontaktiert deshalb seine Schwester Charlotte, die in der Kleinstadt Gröningen bei Magdeburg lebt. Sie ist damit einverstanden, Leonie und Peter-Uri für einige Zeit aufzunehmen.
Im Sommer 1943 trifft Leonie Frankenstein zusammen mit Peter-Uri in Gröningen im Haus Hinterstraße 40 ein.[48] Die neunundzwanzigjährige Charlotte Anderfuhr hat selbst zwei kleine Kinder zu betreuen und ist hochschwanger. Ihr Ehemann, der Schmied Ernst Friedrich Anderfuhr, ist als Feldgendarm an der Ostfront eingesetzt. Er hat die Frankensteins

vor Beginn ihrer Illegalität bei einem Besuch 1942 in Berlin kennengelernt. Charlotte Anderfuhr nimmt Leonie und deren Sohn wie selbstverständlich auf und teilt die spärlichen Lebensmittelrationen mit ihnen. Leonie Frankenstein verbirgt sich die meiste Zeit in dem kleinen zweigeschossigen Haus. Gegenüber Bekannten gibt Charlotte Anderfuhr an, Leonie sei eine alte Schulfreundin. Nur eine Schwester ihres Ehemanns ist über die wahre Identität der jungen Mutter und ihres Kindes informiert. Doch sie können nicht lange bleiben. Eine Nachbarin beginnt unangenehme Fragen zu stellen. In der Kleinstadt gibt es keine Anonymität. Was soll geschehen, wenn die örtliche Polizei von ihrem Aufenthalt erfährt und nachfragt? Ihr Aufenthalt wird zu gefährlich, nicht nur für sie, sondern auch für die Familie Anderfuhr. Deshalb kehrt Leonie zusammen mit Peter-Uri nach kurzer Zeit nach Leipzig zurück. Trotz der Gefahr einer Denunziation durch die Nachbarn beschließen ihre Mutter und ihr Stiefvater, daß sie zunächst bei ihnen bleiben soll.

In Berlin hat Edith Berlow endlich eine Unterkunft für den herumirrenden Walter Frankenstein gefunden. Der Chemiker Dr. Arthur Ketzer, ein Helfer aus ihrem Kreis, erklärt sich bereit, ihn aufzunehmen. Der 1896 in Wien geborene Arthur Ketzer arbeitet in leitender Stellung bei der Firma »Armin Bauer – Chemisch-pharmazeutische Präparate« in der Königsallee 23 in Berlin-Grunewald. Sein Bruder besitzt Anteile an der Firma. In der kleinen Fabrik findet Walter einen Unterschlupf. Er erzählt: »Im Souterrain standen Maschinen, um Tabletten herzustellen. Ketzer wies mich in den Betrieb ein, und dann habe ich Pillen gedreht. Und er sagte mir: Man kann ja auch anstelle von Olivenöl Rizinusöl oder irgendein anderes Öl verwenden. Und dann können Sie ein bißchen was abzweigen. Und statt Zucker kann man ja auch Rübensaft nehmen.«

Arthur Ketzer weiß, daß Walter Frankenstein ein illegal lebender Jude ist. Aber er spricht es überhaupt nicht an und macht kein Aufheben um seine Hilfe. Walter übernachtet in dem kleinen Bunker im Garten der Firma. Der Betrieb ist zwar nicht sehr groß, aber dennoch besteht eine gewisse Gefahr, daß andere Angestellten Fragen stellen könnten. Weiß die Geschäftsführerin Käthe Ziese Bescheid? Was ist mit Arthur Ketzers Sekretärin Irma Dreger? Walter Frankenstein kann nicht offiziell und mit Kenntnis des Arbeitsamts bei der Firma eingestellt werden. Was, wenn es eine Betriebsprüfung gibt?
Erst lange nach dem Krieg erfährt Walter Frankenstein, daß zumindest von der Sekretärin keine Gefahr drohte. Denn Irma Dreger ist nicht Irma Dreger. Die Achtundzwanzigjährige heißt in Wahrheit Gertrud Scharff. Die Ehefrau von Werner Scharff mußte wegen ihrer drohenden Deportation untertauchen und hat ebenfalls bei Arthur Ketzer Aufnahme gefunden. Irma Dreger aber ist der Name einer hilfreichen christlichen Nachbarin von Werner Scharff, die ihre Papiere an die Verfolgte weitergegeben hat.
Walter Frankenstein und Gertrud Scharff sind nicht die einzigen Juden, denen Dr. Arthur Ketzer Hilfe gewährt. Schon vor Kriegsbeginn hilft er Juden bei ihrer Ausreise in die Niederlande. Während des Kriegs reist er mehrfach nach Holland, um dort Untergetauchten beizustehen.[49] Viele Menschen bezeugen nach dem Krieg, daß der Chemiker ihnen eine große Hilfe gewesen ist. Eine Überlebende schreibt: »Ich kenne Herrn Ketzer seit dem Jahre 1932, und war er bis zu meiner Ausreise aus Deutschland im Juli 1939 ein treuester hilfsbereiter Freund unserer Familie und mir selbst. Er hat bis zur letzten Minute in unwandelbarer Treue zu uns gestanden und sich für mich und die Mitglieder meiner Familie in höchster Aufopferung eingesetzt. Ich war zur Zeit meiner Ausreise 82 Jahre alt und ohne männliche Hilfe. Herr Ketzer hat mich und

meine dreijährige Enkeltochter nach Hamburg bis aufs Schiff gebracht und somit verholfen, meine Ausreise nach England zu ermöglichen.«[50] Aus San Francisco erklärt im August 1947 Hede Glaser, daß sie genau wie Walter Frankenstein illegal bei Arthur Ketzer in Berlin gearbeitet hat: »Sie haben mich in Ihrem Betrieb beschäftigt, obwohl ich Jüdin bin und meine Beschäftigung verboten worden war.«[51] Und Alice Witte meldet sich aus New York: »Wenn ich an die dreißiger Jahre in Deutschland zurückdenke, [...] so gibt es eigentlich nur einen einzigen Menschen, der mir gegenüber den persönlichen Mut gezeigt hat, für seine Überzeugung einzustehen und sich in offenen Gegensatz zu stellen gegen die vielen Heuchler und die Masse der Mitläufer – und das waren Sie!«[52]
Leonie Frankenstein bleibt mit Peter-Uri vorläufig in Leipzig und verläßt die Wohnung kaum. Um nicht zur Zwangsarbeit eingeteilt zu werden, nimmt ihre Mutter Heimarbeiten an. Zuerst ist sie für eine Kartonagefabrik tätig, später für eine Firma zur Herstellung von Briefumschlägen. Beate Kranz ist durch ihre Ehe mit einem »Arier« zwar vom Tragen des Judensterns befreit und muß keine Deportation in ein Vernichtungslager befürchten. Die krude Logik der Nazis zwingt sie wie alle Jüdinnen seit dem 1. Januar 1939 jedoch dazu, den zusätzlichen Zwangsnamen »Sara« zu tragen, männliche Juden müssen den Zwangsnamen »Israel« führen. Leonies Mutter besitzt aber einen alten Postausweis, auf dem »Sara« nicht verzeichnet ist. Das wird ihr zum Verhängnis.
Ende August oder Anfang September 1943 wird Beate Kranz denunziert. Eine Bekannte von ihr entdeckt beim gemeinsamen Anstehen auf dem Postamt, daß der Zwangsname »Sara« in ihrem Ausweis fehlt. Sie meldet das Vergehen bei der Polizei. Am 12. September 1943 kommen zwei Kriminalpolizisten in die Wohnung der Familie Kranz. Leonie Frankenstein erinnert sich: »Ich versteckte mich unter der Bettdecke im Schlaf-

zimmer. Ich konnte hören, daß die Beamten meine Mutter für den nächsten Tag aufs Amt bestellten. Sie fragte noch, ob sie ihr nicht erlauben würden, daß sie schnell ›Sara‹ in den Postausweis zwischen ›Beate‹ und ›Kranz‹ schreibt. Nein, das ginge nicht, sagten die Polizisten.« Es fällt Leonie Frankenstein noch heute sichtlich schwer, über diesen schrecklichen Tag vor 65 Jahren zu sprechen.
Am nächsten Tag bringt Theodor Kranz seine Frau bis zur Tür des Polizeipräsidiums. Trotz der Gefahren kommt Leonie mit dem kleinen Peter-Uri mit. Sie glauben nicht an größere Schwierigkeiten, schließlich geht es nur um vier fehlende Buchstaben in einem Postausweis. Zudem ist es anscheinend nicht die Gestapo, die Beate Kranz zum Verhör einbestellt hat, sondern die Kripo. Doch sie täuschen sich.
Am 13. September um 17 Uhr wird Beate Kranz im Polizeipräsidium verhaftet. Zuständig ist nicht länger die Kriminalpolizei, sondern die Gestapo. Haftgrund ausweislich des Gefangenentagebuchs der Leipziger Polizei: »Tarnung ihrer Rassezugehörigkeit«.[53] »Beate Cäcilie Sara Kranz«, wie die Beamten fein säuberlich notieren, kommt vorläufig ins Leipziger Gefängnis.
Leonie Frankenstein flieht zusammen mit Peter-Uri nach Berlin, und das zu Recht. Die Gestapo ist offenbar auf sie aufmerksam geworden. Theodor Kranz wird nach dem Krieg von mehreren Hausdurchsuchungen berichten.
Beate Kranz bleibt für knapp zwei Monate in Leipzig im Gefängnis. Sie gilt als politische Gefangene. Am 6. November 1943 um sechs Uhr morgens startet ihr Transport nach Auschwitz. Auch wenn weitere schriftliche Unterlagen der Nazis über sie nicht mehr vorhanden sind, läßt sich ihr Leidensweg doch teilweise rekonstruieren. Beate Kranz ist von keinem Gericht verurteilt worden. Sie wird als »Schutzhäftling« nach Auschwitz eingeliefert. Die von der Gestapo ver-

hängte »Schutzhaft« ist prinzipiell zeitlich unbegrenzt. Leonies Mutter kommt entsprechend ihres Status nicht mit einem der Deportationszüge in das Vernichtungslager. Sie wird mit einem Gefangenentransport zusammen mit anderen Leidensgenossen zum Konzentrationslager Auschwitz gebracht. Das sind meist einzelne, streng bewachte Personenwaggons, die an reguläre Züge angehängt werden. In Auschwitz angekommen, wird sie registriert und in das Frauenlager Birkenau gebracht.

Auschwitz, das ist nicht nur eine Mordmaschine, sondern auch ein riesiges Sklavenlager, in dem die Häftlinge bis zum Tod für die deutsche Rüstungsindustrie ausgebeutet werden. Im August 1944 sind dort über 100 000 Menschen registriert, darunter fast 40 000 Frauen. Dazu zählen die wenigen Juden aus den Vernichtungstransporten, die bei der »Selektion« als »arbeitsfähig« klassifiziert werden und dadurch nicht sofort ins Gas kommen und ermordet werden, sowie die »Schutzhäftlinge«. Unter ihnen sind nicht nur Juden, sondern auch Bibelforscher (Zeugen Jehovas), Sinti und Roma, politische Häftlinge und Zwangsarbeiter aus nahezu allen deutsch besetzten Staaten Europas.

In den Baracken des Frauenlagers herrscht eine unbeschreibliche Enge, häufig müssen sich zwei Menschen eine Pritsche teilen. Dazu kommen völlig unzureichende sanitäre Verhältnisse, Wassermangel, offene Latrinen, Ungeziefer und Ratten, brüllende und schlagende SS-Wachmannschaften und die Kapos, privilegierte Häftlinge, die im Auftrag der Nazis für eiserne Disziplin sorgen. Vor Arbeitsbeginn erhalten die weiblichen Häftlinge etwa einen halben Liter ungenießbarer Suppe oder Kornkaffee. Mittags gibt es erneut Suppe, am Abend etwa 300 Gramm Brot mit einem kleinen bißchen Käse, Marmelade oder Wurst, die oft schon verschimmelt ist. Um vier Uhr morgens werden die Frauen zum Morgenappell geweckt. Die Arbeitszeit beträgt mehr als zehn Stunden. Viele arbeiten in Küchen oder Magazinen für die SS, andere müssen für ein Rüstungsunternehmen Zünder für Artilleriegeschosse herstellen. Die »Bibelforscherinnen« bedienen in den Privathaushalten die SS-Führer, die in ihrer Freizeit ein »normales« Leben mit allerlei Annehmlichkeiten führen. Am Abend erfolgt für die weiblichen »Schutzhäftlinge« erneut ein Appell im Lager, der sich über Stunden hinziehen kann. Die meisten Frauen leiden wegen der unzureichenden und häufig verdorbenen Lebensmittel schon bald unter heftigem Durchfall. Sie sind vom Ungeziefer zerstochen und gesundheitlich furchtbar geschwächt. Viele sind an Typhus erkrankt. Die Todesrate ist hoch: Von den 28000 Frauen, die 1942 als Häftlinge nach Auschwitz eingeliefert werden, sind am Ende des Jahres nur noch etwa 5400 am Leben.

»Schutzhäftlinge« dürfen von ihren Angehörigen Lebensmittelpakete empfangen. Doch das gilt nicht für Juden. Ihnen ist es nur erlaubt, auf vorgedruckten Faltkarten die Außenwelt darüber zu informieren, daß sie noch leben. Die Briefe werden zensiert, und die SS verlangt, daß die Häftlinge, unabhängig von ihrem tatsächlichen Gesundheitszustand, erklären, daß es ihnen gutgehe. »Ich bin gesund und fühle mich gut«, so lautet eine Standardfloskel, zu der die Häftlinge häufig gezwungen werden. Erlaubt ist ein Brief im Monat, Juden aber nur ein Brief alle zwei Monate.

Leonie Frankenstein erinnert sich, daß ihre Mutter zweimal Kontakt zu ihrem Mann in Leipzig aufnehmen konnte. Beim ersten Mal hätte sie geschrieben: »Es geht mir gut. Wir werden uns wiedersehen.« Das könnte einer der vorgedruckten Faltbriefe gewesen sein. Die zweite Nachricht ist ein Kassiber aus Auschwitz, das Theodor Kranz offenbar über eine Zigeunerin erreicht: »Ich kann nicht mehr. Ich werde es nicht überleben«, heißt es dort sinngemäß.

Theodor Kranz hält es in Leipzig nicht mehr aus. Nachts träumt er davon, daß seine Frau ihn um Hilfe ruft. Er spart sich die Lebensmittel vom Munde ab, packt daraus ein Paket und fährt nach Auschwitz, um mehr zu erfahren. Er kommt nicht in das Lager. Schon davor stoppt ihn die SS. Was sich dann abgespielt hat, darüber gibt es unterschiedliche Versionen. Leonie Frankenstein meint, die Nazis hätten Theodor Kranz mitgeteilt, daß seine Frau verstorben sei. Nach Erinnerungen von Verwandten von Theodor Kranz habe dieser nach dem Krieg berichtet, er sei barsch abgewiesen und die Annahme des Lebensmittelpakets verweigert worden.

Beate Kranz stirbt ausweislich der KZ-Verwaltung am 3. Januar 1944 an Herzschwäche. Sie hat keine zwei Monate im Lager überlebt. Am 5. Februar 1944 schreibt ein SS-Untersturmführer aus Auschwitz an Theodor Kranz: »Ihre Ehefrau Beate <u>Sara</u> Cäcilie Kranz geb. Adler, geb. am 3. Juni 1901, ist am 3.1.1944 an den Folgen von Myocardinsuffizienz im hiesigen Krankenhaus gestorben. Die Leiche wurde im staatlichen Krematorium eingeäschert. Die Sterbeurkunde ist anliegend beigefügt.«[54] Keine Anrede, kein Gruß, keine Beileidsbekundung.

Die Ausstellung der Todesurkunde ist keineswegs eine besondere Geste an die Angehörigen. Sie dient vor allem den Heimatbehörden dazu, einen bürokratischen Vorgang abschließen zu können. Schließlich muß alles seine Ordnung haben. Entsprechend notiert ein Leipziger Polizeibeamter auf dem Personalblatt von Beate Kranz: »verstorben 3.1.44 KL Auschwitz«.[55] Die Millionen Juden, die von den Nazis in den Vernichtungslagern sofort ermordet werden oder in der Sowjetunion den Massenerschießungen durch »Einsatzgruppen« zum Opfer fallen, erhalten keine Todesurkunde. Schon gar nicht werden ihre Angehörigen informiert, so von ihnen überhaupt noch jemand am Leben ist. Ihre Namen sind gar nicht erst registriert worden.

Herzschwäche, das ist eine immer wiederkehrende Formulierung in den Todesnachrichten von »Schutzhäftlingen« in Auschwitz. Diese Lüge dient zur Verschleierung der wahren Todesumstände. Wir wissen nicht, ob Beate Kranz an Erschöpfung und Krankheit verstorben ist. Es ist ebenso möglich, daß die Nazis sie aus dem Kreis der »Arbeitsfähigen« selektiert und ins Gas geschickt haben, wie es im Frauenlager von Auschwitz-Birkenau immer wieder geschehen ist.

Beate Kranz ist 42 Jahre alt geworden. Ihr Mann läßt eine Todesanzeige in die Zeitung setzen: »Auf tragische Weise nahm das Leben voll nimmermüder Liebe und Fürsorge meiner lieben Frau und guten Mutter, Großmutter, Schwiegermutter, Schwiegertochter, Schwägerin und Tante ein viel zu frühes Ende.«[56] Kein Wort von Auschwitz – denn das ist streng verboten.

7 Von Versteck zu Versteck

Nach der Verhaftung ihrer Mutter im September 1943 flieht Leonie Frankenstein zusammen mit ihrem Sohn Peter-Uri nach Berlin. Sie weiß nicht, wo sie ihren Mann finden kann. Sie hat keine Ahnung, wie es nun weitergehen soll. Leonie Frankenstein berichtet: »Ich hatte schon ein bißchen Panik, alleine dazustehen. Das einzige, was ich hatte, war die Telefonnummer von Edith Berlow. Ich rief sie an und sagte ihr, wer ich sei und daß ich den Walter suche. Sie hat mir aber nicht sagen wollen, wo er ist. Das verstand ich auch. Aber ich habe sie so sehr gebeten. Ich erklärte ihr, ich sei mutterseelenallein, meine Mutter hätten sie abgeholt, was solle ich tun? Schließlich gab sie mir doch die Adresse in der Königsallee. Aber ich traute mich dort nicht hinein. Mehrere Stunden ging ich mit dem Baby draußen auf und ab, bis zufällig irgendwann mein Mann herauskam. Was sollten wir aber jetzt machen? Natürlich riefen wir wieder Edith an und sagten ihr, wir stünden da und wüßten nicht mehr weiter.«

Edith Berlow nimmt die Familie für einige Tage in der Villa in der Menzelstraße 9 auf. Die Frankensteins kommen in der winzigen Mädchenkammer des Hauses unter, deren Tür direkt ins Treppenhaus führt. Diese Kammer nutzt Edith Berlow für Notfälle, wenn kurzzeitig ein Versteck benötigt wird. Sie redet mit Arthur Ketzer, der sich damit einverstanden erklärt, die ganze Familie unterzubringen. Im Souterrain gibt es ein kleines Zimmer, in das sie einziehen dürfen. Sie sind vorläufig halbwegs sicher untergebracht. Walter Frankenstein erweitert

für die Firma den kleinen Luftschutzbunker im Garten, damit man bei einem der immer häufigeren Luftalarme eine geschützte Unterkunft hat. Die Royal Air Force fliegt seit August mit schweren Bomberverbänden Berlin an. In der Nacht auf den 24. August erreichen 623 britische Flugzeuge die Reichshauptstadt und werfen 1765 Tonnen Bomben ab. Nur eine Woche später erfolgt der nächste Angriff mit 295 Maschinen. Die Flugzeuge kommen nachts. Die deutsche Flak und die Jäger der Luftwaffe können gegen die Angriffe nur wenig ausrichten. Ganze Straßenzüge werden von Sprengbomben in Schutt und Asche gelegt, große Teile des Stadtteils Schöneberg sind schon bald zerstört. Zehntausende Berliner sind obdachlos. Viele Menschen werden in den Kellern verschüttet, andere sterben bei den Großbränden. Für die untergetauchten Juden sind die Luftangriffe Fluch und Segen zugleich. Einerseits sind sie noch gefährdeter als die übrige Zivilbevölkerung, weil sie die Bunker und Luftschutzkeller nicht aufsuchen dürfen. Andererseits bietet die Trümmerlandschaft aus zerbombten Häusern und beschädigten Kellern neue Verstecke.
Abgesehen von den durch eine »privilegierte Mischehe« vor einer Deportation geschützten Juden leben 1943 nur noch die Mitarbeiter der Jüdischen Gemeinde legal in Berlin. Viele von ihnen sind schon deportiert worden. Nachdem man ihre erzwungenen Hilfsdienste für den Massenmord nicht mehr benötigt, werden auch die letzten in den Osten in die Vernichtungslager und nach Theresienstadt transportiert. Am Morgen des 10. Juni 1943 verhaftet die Gestapo alle verbliebenen Angestellten der Jüdischen Gemeinde. Ebenso ergeht es den Mitarbeitern der Reichsvereinigung der Juden in Deutschland. Diese letzte, von den Nazis 1939 zwangsweise gegründete Organisation der deutschen Juden wird zum 10. Juni aufgelöst, ihr Vermögen fällt an das Reich.
Werner Scharff, der Bekannte von Kurt Hirschfeld und Edith

Berlow, hat sich auf diesen Moment vorbereitet. Zusammen mit seiner Freundin Fancia Grün taucht er am 10. Juni unter. Er besitzt hervorragende Papiere: einen gefälschten Werksausweis auf den Namen Werner Schilling und die echte Kennkarte seines Nachbarn Hans Dreger. Trotzdem wird Werner Scharff schon nach einem Monat von der Gestapo erkannt und verhaftet. Auch Fancia Grün gerät in Haft. Beide werden im Sammellager in der Großen Hamburger Straße festgehalten. Am 4. August 1943 werden sie nach Theresienstadt deportiert.

Nach dem jüdischen Graphiker Cioma Schönhaus, ebenfalls einem Bekannten von Edith Berlow, wird reichsweit steckbrieflich gefahndet. Er hat für den Untergrund Papiere gefälscht. Im September entkommt Cioma Schönhaus alias Günther Rogoff alias Peter Petrov alias Hans Brück nach einer waghalsigen Reise mit dem Fahrrad quer durch Deutschland in die Schweiz.

Werner Scharff und Fancia Grün aber gelingt das Unglaubliche: Beide flüchten am 7. September 1943 aus dem Ghetto Theresienstadt und kehren nach Berlin zurück. Nach den Erlebnissen dort will es der kämpferische und risikobereite Werner Scharff nicht länger bei Hilfen für Juden belassen. Er plant die Gründung einer Widerstandsgruppe, die zum Kampf gegen die Nazis aufrufen soll. Edith Berlow erinnert sich: »Er ließ sich einen Schnurrbart wachsen und trug eine Hornbrille, was ihn sogar äußerlich sehr veränderte. Innerlich verändert aber hat ihn der Aufenthalt in Theresienstadt. ›Es muß den Menschen dort geholfen werden, der Krieg dauert zu lange, die Menschen hier in Berlin sind zu stumpf.‹ Er schickte Hunderte von Briefen an Juden und Mischehen zum Weitergeben, er schilderte ihnen die Zustände in Theresienstadt. […] Er erzählte ihnen von dem bestialischen Hunger und der Unerträglichkeit des dortigen Lebens und beschwor sie, alles zu tun,

was möglich wäre. Nie dürfe man in seiner Hilfsbereitschaft erlahmen. Es war ein flammender Appell, und trotzdem der Brief nicht unterzeichnet war, wußten die meisten, wer ihn geschrieben hatte. Und die Gestapo merkte, daß Scharff wieder in Berlin war [...].«[57]
Werner Scharff und Fancia Grün knüpfen Kontakte nach Luckenwalde. In der Kleinstadt südlich von Berlin hat sich um den Justizangestellten Hans Winkler eine Gruppe gebildet, die ebenfalls verfolgten Juden hilft und sie versteckt. Ihr Tarnname lautet »Sparverein Großer Einsatz«. Der damals siebzehnjährige Eugen Herman-Friede ist bei Hans Winkler untergetaucht und erinnert sich: »Scharff redet von einer starken Organisation, die aufgebaut werden müsse, um den Nazis den Kampf anzusagen. Juden verstecken sei schön und gut, aber das allein reiche nicht.«[58] Gegen Ende des Jahres 1943 gründet sich die »Gemeinschaft für Frieden und Aufbau«. Nicht nur der Luckenwalder Widerstandskreis ist dabei, selbstverständlich machen auch Kurt Hirschfeld und seine Freundin Edith Berlow in Berlin mit. Mit Flugblättern will man die Bevölkerung wachrütteln.
Die Familie Frankenstein erfährt von alldem nichts. Edith Berlow will sie nicht noch stärker gefährden. Und auch ihr Helfer Arthur Ketzer, der sich bald der Widerstandsgruppe anschließt, verliert darüber kein Wort. Über die Jahreswende fährt Arthur Ketzer offenbar zu seiner Familie nach München. Leonie, Walter und Peter-Uri Frankenstein müssen sich für diese Zeit nach einer anderen Unterkunft umsehen. Denn längst nicht alle Arbeiter und Angestellten der pharmazeutischen Firma sind in die Rettung der Verfolgten eingeweiht.
Leonie und Walter Frankenstein wissen nicht mehr, wie und wann sie in diesen Tagen Eva Reich getroffen haben. Leonie kennt die Tochter von Direktor Felix Reich aus ihrer Zeit in der Israelitischen Taubstummen-Anstalt in Berlin-Weißensee.

Als »Vierteljüdin« mit drei nichtjüdischen Großelternteilen ist sie vor den Nazis einigermaßen geschützt. Aus der Jüdischen Gemeinde ist sie 1941 ausgetreten.[59] Viele Menschen, die von den Nazis nicht als »Volljuden« registriert sind, versuchen mit diesem Schritt, der Verfolgung zu entgehen. Auch Eva Reich setzt sich für bedrohte Juden ein. Sie hat Pakete für den letzten Direktor des Gehörlosenheims und seine Frau gepackt und nach Theresienstadt geschickt und Verfolgten vor ihrer Deportation vergeblich angeboten, sie zu verstecken.[60] Sie überläßt der Familie Frankenstein über den Jahreswechsel 1943/44 ihre Charlottenburger Wohnung in der Wielandstraße 7. Sie selbst zieht für diese Zeit aus. »Sie hatte furchtbare Angst«, erinnert sich Leonie Frankenstein. Danach kehren die Frankensteins zu Arthur Ketzer zurück. Sie haben mittlerweile gelernt, unauffällig als Illegale in Berlin zu überleben. Sie zeigen keine Angst. Sie bleiben auch in gefährlichen Situationen äußerlich ruhig und gelassen. Walter Frankenstein nennt sich jetzt Kranz, nach dem Namen des Schwiegervaters, oder Frank – der Name eines früheren Erziehers aus dem Auerbach'schen Waisenhaus. Bei Kontrollen behauptet er, ein ausländischer Arbeiter zu sein, der seine Papiere in der Firma vergessen hat. Er spricht gebrochenes Deutsch, um seine Geschichte glaubhafter zu machen. Er kommt damit mehrfach durch. Beide wissen, daß sie manche Orte meiden müssen. In Bahnhöfen und Kinos kontrollieren bevorzugt Gestapo und Wehrmachtstreifen, sie sind deshalb tabu. Die Verbote der Nazis haben für sie kaum mehr Bedeutung. Selbstverständlich telefonieren sie aus öffentlichen Fernsprechzellen, wenn es sich nicht vermeiden läßt, obwohl das Juden verboten ist. Natürlich suchen sie Lokale mit markenfreiem Essen auf, wenn es bei Arthur Ketzer einmal nichts gibt und der Hunger zu groß wird. Leonie Frankenstein sagt heute: »Ich hatte versteckte Angst, die ich nicht zeigen durfte. Ich mußte ja immer selbstbewußt auftreten. Ich durfte nie die kleine gekuschte Jüdin sein.«

Glücklicherweise entspricht das Aussehen des kleinen Peter-Uri so gar nicht den rassistischen Vorstellungen der Nazis von Juden. Leonie Frankenstein: »Unser Sohn hatte goldige süße Löckchen und blaue Augen.« Doch keiner in der Familie, auch nicht das Kind, darf erkranken, denn sie können keinen Arzt besuchen. »Uri ist wahnsinnig schlecht ernährt worden. Irgendwo haben wir einmal Milchersatz ergattern können. Aber eigentlich ist das Kind mit Grießbrei aufgewachsen. Aber es wurde nicht krank. Was wir gemacht hätten – ich weiß es nicht. Uri ist nach der Geburt ja beschnitten worden. Das war ein Riesenfehler, denn da hätte doch jeder sofort gemerkt, daß er ein jüdisches Kind ist. Bei Bombenangriffen hat Uri immer phantastisch gut geschlafen. Wenn die Bomben fielen, war er nicht zu wecken. Der brauchte das.«

Die Royal Air Force intensiviert ihre Luftangriffe auf Berlin: Allein zwischen dem 18. und 27. November 1943 erfolgen fünf Großangriffe, in der Stadt sterben fast 3800 Menschen, es gibt 10000 Verletzte und mehr als 450000 Obdachlose. Ab März 1944 greifen auch schwere B-17- und B-24-Bomber der US-Luftwaffe an. Sie bombardieren die Reichshauptstadt tagsüber. Am 6. März 1944 erscheinen 627 US-Maschinen und werfen 1600 Tonnen Bomben ab. Die Briten kommen nachts. Immer mehr Stadtviertel gehen in Rauch auf, Tausende Berliner sterben in den Trümmern und Flammen. Zehntausende verlieren ihre Wohnung und all ihr Hab und Gut, irren durch die zerstörten Straßen, wo der Qualm von nicht gelöschten Bränden das Atmen erschwert. Die Feuerwehr ist machtlos. Die Behörden beginnen 1943 damit, Kinder und junge Mütter aufs Land zu verschicken.

Kurz nach dem Jahreswechsel trifft es die Nachbarn in der Königsallee. Walter Frankenstein: »Der Herr Mützelburg besaß ein Musikinstrumente-Geschäft am Nollendorfplatz. Der kam immer in den Keller, wenn es richtig geknallt hat, legte seinen Kopf in Leonies Schoß und betete und weinte. Mützelburg hatte Schwarzwaren in seinem Haus eingelagert, Dinge, die er eingetauscht hatte. Als sein Haus bei einem Angriff zu brennen begonnen hatte, bettelte er mich an: Ach, Herr Kranz, helfen Sie mir doch. Sie bekommen von mir, was Sie wollen, wenn Sie nur die Sachen retten. Da habe ich ihm geholfen. Habe ein Motorrad aus dem brennenden Haus geholt, außerdem Fotoapparate, Musikinstrumente und Lebensmittel. Ich legte alles auf den Rasen vor dem Haus, und Mützelburg ließ die Sachen wohl dann noch am Abend abholen. Ich habe nie wieder etwas von ihm gehört.«

Im Februar 1944 schlägt eine Bombe in das Haus Königsallee 23 ein, dem Versteck der Frankensteins. Die pharmazeutische Firma wird völlig zerstört. Walter Frankenstein: »Da ging eine Luftmine runter. Alles war weggeblasen, nur der Bunker hat gehalten. Aber die Tür – ich hatte Bohlen kreuzweise zusammen genagelt – war zerstört. Die Bohlen waren zerbrochen wie Streichhölzer.« Die Familie hat kein Versteck mehr. Walter Frankenstein berichtet weiter: »Arthur Ketzer hat gesagt, jetzt könne er nichts mehr für uns machen. Er gab Leonie den Rat, zur Flieger-Schadensstelle, oder wie man das damals nannte, zu gehen: Sagen Sie dort, daß Sie in Berlin zu Besuch gewesen sind und dann die Bomben gefallen sind. Erzählen Sie, daß Ihre Papiere verbrannt sind. Dort gab Leonie den Namen einer ehemaligen Schulfreundin an – Martha Gerhard. Sie kam hin, und ein Beamter schimpfte mit ihr: Eine deutsche Mutter mit Kleinkind, das sei unmöglich in Berlin. Sie müßten sofort raus. Und er wies Leonie und Uri nach Briesenhorst ein, einem Dorf in der Nähe von Landsberg an der Warthe. Und da ist sie hingekommen.«

Leonie Frankenstein schaltet sich in das Gespräch im Wohnzimmer der Frankensteins in Stockholm ein: »Moment mal, ich erzähle jetzt weiter. In Briesenhorst sagte eine Kinderschwester zu mir: Sie sind von Berlin? Ihre Haare sind so dunkel. Da sagte ich: Wieso? Sind neuerdings alle Berlinerinnen blond? Da sagte sie nichts mehr. Aber ich glaube, daß sie etwas ahnte. Sie schaute bei allen jungen Müttern nach den Babys. Bei mir nicht. Wenn sie das Kind untersucht hätte, wäre alles herausgekommen.« Uri wird wieder zu Peter und von Leonie Frankenstein als uneheliches Kind eines unbekannten Vaters ausgegeben. »Dann schickte mich diese Schwester nach Berlin zurück, weil ich keine Lebensmittelkarten besaß. Als ich dort ankam, lief gerade der erste Tagesangriff der Amerikaner. Es war ein großes Durcheinander. Ich kam zu der entsprechenden Stelle, da hieß es: Was machen Sie denn hier mit dem Kind? Da antwortete ich, daß die Schwester mich zurückgeschickt habe, weil ich keine Lebensmittelkarten hatte. Ja, um Gottes willen, hier haben Sie Ihre Karten, und nichts wie weg.« Leonie Frankenstein kehrt zusammen mit ihrem Sohn wohlbehalten in das winzige Dorf Briesenhorst rund 100 Kilometer östlich von Berlin zurück. Sie erhält einen Fliegerschadenschein auf den Namen Martha Gerhard und besitzt Lebensmittelkarten. Zum ersten Mal seit der Flucht vor fast genau einem Jahr sind sie und ihr Sohn halbwegs sicher. Sie kommen bei einer Bäuerin unter, die mit ihrer Tochter und einem polnischen Kriegsgefangenen den Hof bewirtschaftet. Mann und Sohn sind bei der Wehrmacht eingezogen und kämpfen an der Ostfront. Leonie Frankenstein erhält ein Zimmer mit eigenem Hauseingang. Briesenhorst hat nur rund 800 Einwohner, und das kleine Bauernhaus liegt ganz am Ende der weit auseinandergezogenen Siedlung mit ihren vielen kleinen Gehöften. Leonie macht lange Spaziergänge auf den sandigen Wegen um das Dorf mit Peter-Uri im Kinderwagen, besucht den einzigen Kaufladen an der Ecke. Mit ihren Lebensmittelkarten kann

sie endlich wieder einkaufen. Der Krieg ist hier weit weg. Der Kontakt zwischen den Eheleuten Frankenstein wird über Briefe aufrechterhalten, die Leonie postlagernd nach Berlin sendet.
Ihr Mann Walter steht nach der Zerstörung des Verstecks in Berlin buchstäblich auf der Straße. Bei Edith Berlow anklopfen will er nur im äußersten Notfall. »Ich wollte Edith nicht unnötig belasten. Telefonieren war gefährlich. Hinfahren war auch gefährlich. Man hätte sie ja mit hineinreißen können. Aber ich hatte immer ein Gefühl der Sicherheit, weil ich wußte, daß ich auf sie zurückgreifen konnte.«
Die folgenden Monate haben sich in das Gedächtnis von Walter Frankenstein eingebrannt. Mehr als 60 Jahre später kann er sich noch an die Ereignisse erinnern, als wären sie gestern geschehen. Die kleinsten Einzelheiten sind ihm präsent, nur über die Reihenfolge des Geschehens ist er sich nicht mehr sicher. Jeder Tag war damals ein Abenteuer mit vollkommen ungewissem Ausgang. Jede Nacht konnte die letzte sein. Doch die damalige ungeheure Anspannung ist seinen Gesten heute nicht anzumerken. Er berichtet ruhig und distanziert.
Als erstes benötigt Walter Frankenstein ein Übernachtungsquartier. Er hat Glück und stößt in der Nähe der Königsallee auf ein abgestelltes Auto. Der Wagen wird sein Schlafplatz. »Da stand dieser Personenwagen aufgebockt in einer Garage. Die Reifen wurden ja ans Militär abgegeben. Das Auto stand auf Holzklötzen abgestellt. In dem Wagen habe ich etliche Wochen geschlafen. Das war eine sehr ruhige Gegend ohne viel Verkehr.« Doch die Gegend wird irgendwann unruhig. »Da waren wohl britische Flieger abgesprungen und in der Nähe gelandet. Dadurch wurde die Polizei aktiv und hat die Region durchsucht. Da mußte ich verschwinden.«
Walter Frankenstein zieht es nach Schöneberg, in die Viertel, die durch Bombenangriffe schon schwer beschädigt sind:

»Dort gab es bombenzerstörte Häuser, wo einige Keller noch einigermaßen in Ordnung waren. Die Gegend kannte ich noch aus der Zeit mit Leonie, als Rudi Cohn uns dort in der Baubude eingeschlossen hatte. Dort habe ich übernachtet.« Eines Nachts ist er auf dem Weg zu seinem Unterschlupf, als Fliegeralarm ausgelöst wird. »Eine Eisenbahnbrücke ging über die Straße. Sie stand auf Zwillingspfeilern. Ich dachte, diese Brücke hält einiges aus und klemmte mich zwischen die Pfeiler. Da stand ich, und es knallte und knallte. Und dann kam jemand vorbei: Warum ich denn ausgerechnet hier stehen würde? Ich antwortete, daß der Bombenangriff doch noch nicht beendet sei. Da sagte der: Über deinem Kopf steht ein Munitionszug, der gerade explodiert.«

Walter Frankenstein benötigt nicht nur einen Schlafplatz. Er braucht auch dringend Geld. Er knüpft Kontakte zum Schwarzmarkt, beteiligt sich an Schiebergeschäften. Geld haben die Berliner dank der immer schneller rotierenden Notenpressen der Reichsbank genug. Doch es fehlt an Waren. Das Angebot an Konsumgütern verringert sich in den letzten beiden Kriegsjahren immer stärker. Einzig die Rüstungsproduktion läuft auf Hochtouren, Verbrauchsgüter werden kaum mehr hergestellt. Wirklichen Hunger müssen die Deutschen nicht leiden, denn noch produziert die Landwirtschaft in den besetzten Gebieten zum Wohle der »Volksgenossen«. Fast alle Lebensmittel sind nur über Karten erhältlich. Die Reichsmark verliert mehr und mehr an Wert. An ihre Stelle tritt die Zigarettenwährung. Für Zigaretten läßt sich fast alles besorgen.

Eines Nachts läuft Walter Frankenstein nahe des alten Verstecks bei Arthur Ketzer über die Rasenflächen zwischen den zerbombten Häusern. Er berichtet: »Auf einmal hörte ich einen dumpfen Ton. Ich wurde neugierig. Dann hob ich die Rasenmatte an. Unter der Wiese lag eine Betonluke. Die machte ich auf, und darunter befand sich der Weinkeller von

Herrn Mützelburg. Da habe ich mich ein wenig revanchiert und etliche Flaschen mitgenommen.« Alkoholika lassen sich besonders gut auf dem um sich greifenden Schwarzmarkt versetzen. »Eine halbe Flasche Portwein trank ich aus. Da war ich sternhagelblau. Die anderen Flaschen verkaufte ich. Ich glaube, für eine Flasche Wein konnte man ungefähr zwei oder drei Schachteln Zigaretten bekommen. Hatte man Zigaretten, dann hatte man auch Brot. Das war eine Verkaufskette. Man konnte tauschen und so immer notwendigere Sachen erhalten. Diese Schieber waren äußerst vorsichtig. Schließlich standen auf Schwarzhandel schwere Strafen.«
Walter Frankenstein hat immer Hunger. Er sucht nach Gelegenheitsarbeiten, die nicht über das Arbeitsamt vergeben werden. Er behauptet, an Tuberkulose zu leiden und deshalb nicht als Soldat eingezogen zu sein. Er klebt Plakate, trägt aushilfsweise Zeitungen aus. Er verrichtet Arbeiten, über die er bis heute nicht sprechen möchte. Dann findet er eine Stelle als Filmvorführer in einem Tageskino in der Nähe des Bahnhofs Friedrichstraße – ein idealer Job: weg von der Straße, in einem warmen Raum und sicher vor Kontrollen durch Gestapo und Wehrmacht. Doch es geht schief. Walter Frankenstein lächelt verschmitzt, als er diese Geschichte erzählt: »Eines Tages hörte ich Gelächter aus dem Zuschauerraum. Ich schaute durch die Kontrolluke. Da lief gerade die Wochenschau. Es gab damals ja viele Frontberichte. Aber in meinem Kino liefen die Soldaten der Wehrmacht alle rückwärts statt vorwärts! Anstatt aus den Gräben zu springen und im Sturmangriff russische Stellungen zu nehmen, liefen die rückwärts! Ich hatte den Film verkehrt herum eingelegt, vergessen, ihn zurückzuspulen. Das war natürlich Sabotage. Ich bin abgehauen und habe mein letztes Gehalt nicht mehr bekommen. Die Leute im Zuschauerraum haben weiter gelacht.«
Die Tage vergehen, der Hunger bleibt, die Bomben fallen.

Tagsüber fährt Walter Frankenstein viel mit der U- und der S-Bahn, um sich aufzuwärmen – ein gefährliches Unternehmen, denn in den öffentlichen Verkehrsbetrieben finden besonders viele Kontrollen statt. Er nutzt jede Gelegenheit, um zu Geld oder etwas Eßbarem zu kommen. Walter Frankenstein erzählt: »Einmal ging ich eine Straße entlang. Auf der einen Seite lag ein Bahndamm, auf der anderen stand eine Häuserreihe. Die Häuser brannten nach einem Luftangriff. Da standen Leute, die schon einiges aus einem Haus geschleppt hatten. Wie ich dort vorbeikomme, sagt ein älterer Mann zu mir: Sie sind jung, können Sie mir nicht noch etwas aus meiner Wohnung retten? – Natürlich, wo ist Ihre Wohnung? – In dem Haus, drei Treppen hoch, und der Name steht an der Tür. – Der Dachstuhl brannte, und es brannte in der vierten oder fünften Etage. Ich ging in die Wohnung. Der Mann hatte mir gesagt, daß in dem Zimmer noch seine Taschenuhr und irgendwelche Papiere lägen. Ich fand die Dinge und stopfte sie in meine Taschen. Dann machte ich den Schrank auf. Da fielen Schachteln voller Konfekt heraus. Natürlich steckte ich sie gleich ein: Schokolade, Konfekt in friedensmäßiger Ausstattung – seit Jahren nicht gesehen. Ich fand auch noch Flaschen mit Alkoholika. Es dauerte also eine ganze Weile, bis ich wieder heruntergehen wollte. Inzwischen waren einige Matrosen zu mir hochgekommen. Die waren auf Urlaub. Sie sahen die Flaschen und begannen gemeinsam zu trinken. Da schaute ich einmal herauf und sah, daß sich an der Decke schwarze Streifen abzeichneten. Das waren die Holzbalken, und wenn das Feuer durch die Decke schwelt, entwickeln sich diese schwarzen Streifen – ein Zeichen dafür, daß bald die Decke herunterkommt. Da sagte ich: Wir müssen raus! Wir wollten ins Treppenhaus, aber das brannte schon. Zufällig kam ein Zug der Feuerwehr vorbei. Wir standen am Fenster und schrien. Da hat uns die Feuerwehr heruntergeholt, wir kamen über die Leiter wieder auf die Straße. Ich habe dem alten Mann seine Uhr und die Papiere gegeben. In meine Hosen hatte ich überall Schokolade und Konfekt gesteckt. Durch die Hitze fing das alles an zu schmelzen. Es floß bis in meine Schuhe. Ich ging zum Bahnhof Friedrichstraße, da gab es eine Badeeinrichtung. Man konnte eine Badewanne für eine halbe Stunde mieten. Da kratzte ich meine Schokolade aus der Hose, wusch die Hose aus und hängte sie zum Trocknen an die Heizung auf. Und ich wusch mich. Da klopfte es an die Tür: Wie lange ich denn noch da drinnen bleiben wolle? Ich hatte keine Sachen zum Wechseln. Also habe ich die nassen Hosen wieder angezogen.«

Monatelang läuft Walter Frankenstein mit denselben abgetretenen Schuhen durch Berlin, bis diese sich aufzulösen beginnen. Danach kommt er zwar zu neuen Schuhen, aber diese entpuppen sich als viel zu eng. Er kann damit kaum gehen. In seiner Not wendet er sich an Edith Berlow. Sie weiß Rat.

»Edith telefonierte und sagte mir danach, ich solle zu dem Schauspieler Hans Söhnker gehen. Sie gab mir eine Adresse, ich weiß heute nicht mehr, wo das war. Ich kannte sein Gesicht ja von Filmen her und fand ihn im Garten. Ich stand an der Straßenseite vor einem niedrigen Holzzaun und sprach ihn an. Da sagte Hans Söhnker: Geh zu dem und dem Schuster, und hol dort meine Schuhe ab. Die kannst du behalten. Ich holte die Schuhe beim Schuster ab. Als ich mich irgendwo hinsetzte, um die Schuhe endlich zu tauschen, sah ich erst, daß auf den Sohlen mit weißer Kreide ›Söhnker‹ geschrieben stand. Ich war mit den Schuhen in der Hand die ganze Zeit auf der Straße unterwegs gewesen.«

Inzwischen hat die »Gemeinschaft für Frieden und Aufbau« um Werner Scharff und seine Freundin Fancia Grün, Hans Winkler, Edith Berlow und ihren Freund Kurt Hirschfeld, Arthur Ketzer und weiteren Beteiligten in Berlin und Luckenwalde ihre illegale Arbeit aufgenommen.[61] Die Gruppe läßt sich keiner bestimmten politischen Richtung zuordnen und hat offenbar auch kaum direkte Kontakte zu illegal arbeitenden Kommunisten oder Sozialdemokraten. Das erste Flugblatt, fertiggestellt im Januar oder Februar 1944, trägt in Anlehnung an die NS-Propaganda gegen angeblich allgegenwärtige Spione den Titel »Zum Überdenken. Feind hört mit«. Das zweite Flugblatt ist mit »Generalmobilmachung« überschrieben und erscheint im April. Es geht gegen den sinnlosen Krieg, der nicht mehr zu gewinnen sei. Der Leser wird zum aktiven und passiven Widerstand aufgerufen: »Wir verlangen von Dir nichts anderes, als daß Du denken sollst. Rede nicht sinnlos nach, was Dir von der Regierung oder einzelnen Parteigenossen vorerzählt wird«, heißt es darin.[62] »Ich habe nur einmal Flugblätter verwahrt und in Briefkästen verteilt«, erinnert sich Edith Berlow. »Kurt Hirschfeld war der Doktor der Gruppe. Er wurde öfter angefragt und fuhr dann mit dem Fahrrad weg.«[63] Werner Scharff ist häufig Gast in Edith Berlows Wohnung. Bei besonders gefährlichen Begegnungen mit Gruppenmitgliedern trifft man sich an einer einsamen Stelle im Grunewald. »Die kannte ich durch meinen Dackel«, erzählt Edith Berlow.

Hergestellt werden die mit einer Schreibmaschine geschriebenen Flugblätter mit einem Abzugsapparat. Die Maschine steht in einer Metallwarenfabrik in Luckenwalde und wird immer bei Fliegeralarm angeworfen. Die meisten Flugblätter werden mit der Post an Privatpersonen in ganz Deutschland verschickt. Dazu reißen Mitglieder der Widerstandsgruppe Seiten aus Telefonbüchern heraus oder notieren sich die Adressen der Hinterbliebenen aus Todesanzeigen gefallener Soldaten. Ein Gruppenmitglied besorgt Umschläge mit dem Aufdruck »Frei durch Ablösung Reich«. So bezahlen die Nazis auch noch das Porto. Aufgegeben werden die Briefe in Berlin und anderen Städten. Dadurch soll der Eindruck einer

landesweit agierenden Gruppe erweckt werden. Zugleich vermeiden die Widerständler, daß die Nazis nähere Informationen über den Ursprungsort ihrer Schriften erhalten.
Viele der Flugblätter werden von linientreuen Nazis und Blockwarten bei den Behörden abgegeben. Die Gestapo beginnt, gegen die bislang unbekannte Gruppe zu ermitteln.
Edith Berlow besorgt für Walter Frankenstein ein altes Fahrrad. Damit kann er sich unauffälliger in der Großstadt bewegen. Fahrradfahrer wirken geschäftiger als Fußgänger und werden seltener kontrolliert. Sie warnt ihn auch vor jüdischen Spitzeln, nennt Namen. Die Gestapo zwingt Juden seit 1943 zu Fahndungsdiensten. Vor die Wahl gestellt, daß sie und ihre Familien in den Osten deportiert werden oder kooperieren, lassen sich einige wenige Verfolgte zur Arbeit für die Nazis anwerben.[64] Der »jüdische Fahndungsdienst« soll die illegal lebenden Juden aufspüren. Weil viele der »Greifer«, wie sie genannt werden, selbst im Untergrund gelebt haben, bis sie von der Gestapo festgenommen wurden, kennen sie die Lebensgewohnheiten der Illegalen. Sie wissen, wo sich die »U-Boote« treffen, welche Plätze sie zur Übernachtung aufsuchen. Wer für die Gestapo arbeitet, erhält besondere Vergünstigungen: Diese Juden erhalten Lohn, Lebensmittelkarten und Papiere. Sie dürfen sich frei bewegen und müssen keinen Judenstern tragen. Die etwa 30 Frauen und Männer arbeiten direkt mit der Gestapo zusammen. Hunderte untergetauchte Juden fallen innerhalb von zwei Jahren den »Greifern« in die Hände und werden in die Vernichtungslager im Osten deportiert.
Die »Gemeinschaft für Frieden und Aufbau« hat die Spitzel im Visier und kennt einige ihrer Namen. Sie will ihnen das Handwerk legen. Zur Einschüchterung erhalten sie in Briefen ihre »Todesurteile«, mit der Ankündigung, daß die Vollstreckung nach Kriegsende erfolgen werde. Im Kopf der Schreiben steht ganz offiziell »Im Namen des Volkes«, das

Urteil wird mit einem offiziellen Gerichtsstempel verziert. Die Papierbögen hat Hans Winkler an seinem Arbeitsplatz im Amtsgericht Luckenwalde mitgehen lassen, beim Stempeln wird sorgfältig der erste Teil von »Luckenwalde« abgedeckt, so daß nur noch »...walde« zu erkennen ist. Tatsächlich nehmen die Nazis die Todesdrohungen ernst. Einzelne »Greifer« werden, freilich nur für kurze Zeit, von der Straße abgezogen. Mitglieder der »Gemeinschaft für Frieden und Aufbau« planen sogar, jüdische Spitzel in eine Falle zu locken und zu ermorden. Alexander Rotholz, selbst Jude, gibt nach dem Krieg an, man habe bereits ein Zimmer gemietet, wohin man zwei der gefährlichsten Spitzel locken und töten wollte.[65] Dazu ist es allerdings nie gekommen.

Walter Frankenstein erfährt von Edith Berlow zwei Namen: Stella Kübler und Günther Abrahamsohn. Stella Kübler wird von den Verfolgten auch das »blonde Gift« oder der »Schrecken vom Kurfürstendamm« genannt. Die attraktive junge Frau mit ihren langen blonden Haaren hat selbst versucht, illegal zu überleben. Der Graphiker Cioma Schönhaus überläßt ihr eine gefälschte polizeiliche Anmeldung. Doch Mitte 1943 wird sie verhaftet. Mit Schlägen zwingt man sie dazu, einen ebenfalls untergetauchten Bekannten zu verraten. Nach einer mißglückten Flucht beginnt sie mit der Gestapo zu kooperieren, um die Deportation ihrer Eltern zu verhindern. Doch obwohl diese nach Theresienstadt und von dort weiter nach Auschwitz geschickt werden, weitet sie ihre Fahndungstätigkeit immer weiter aus und wird zum Schrecken vieler untergetauchter Juden.

Günther Abrahamsohn beginnt seine zweifelhafte Gestapo-Karriere als Ordner im Sammellager Große Hamburger Straße. Der große blonde Mann, Jahrgang 1920, gilt als intelligent und geltungssüchtig. Seine Rolle in den letzten Jahren der Naziherrschaft ist zwiespältig: Einerseits liefert er unter-

getauchte Juden ihren Mördern aus, andererseits warnt er andere Verfolgte vor der Deportation.
Walter Frankenstein hat Stella Kübler nie gesehen, doch er kennt Günther Abrahamsohn. Dieser hat von 1940 bis 1941 als Sportlehrer im Auerbach'schen Waisenhaus gearbeitet, als Walter dort wohnte. Jetzt sieht er ihn wieder: »Ich fuhr mit der Straßenbahn und stand vorn auf der Plattform. Ich hatte mir angewöhnt, immer so nahe am Ausgang wie möglich zu stehen. Da stieg Günther Abrahamsohn hinten ein. Ich sah ihn und bin an der nächsten Haltestelle ausgestiegen. Er hätte mich ans Messer geliefert. Dessen bin ich mir sicher.«
Berlin fällt mehr und mehr in Trümmer. Doch zwischen den zerstörten Häusern, Straßen und Plätzen geht das kulturelle Leben weiter. In den Kinos werden die neuesten Spielfilme gezeigt, meist leichte Streifen mit viel Musik und Humor, um vom tristen Alltag abzulenken. Ballhäuser und Varietés haben geöffnet. Auch Theater und Konzerthäuser laden noch bis zum 31. August 1944 zu künstlerischen Darbietungen ein, so die Gebäude noch nicht vom Bombenhagel zerstört sind. Sämtliche Häuser sind von den Nazis schon lange »gleichgeschaltet« worden: alle jüdischen Mitarbeiter entlassen und die »Arier« auf ihre politische Zuverlässigkeit überprüft und kontrolliert. Ein von Propagandaminister Joseph Goebbels eingesetzter »Reichsdramaturg« überwacht die »Anwendung der nationalsozialistischen kulturellen Grundsätze in der deutschen Theaterwelt«.[66] Die Aufführung von Musik- und Theaterstücken jüdischer Künstler ist grundsätzlich untersagt. Ebenso verboten sind »artfremde Musik« wie Schönbergs Zwölftonmusik oder amerikanischer Jazz. Berühmte jüdische Dirigenten wie Generalmusikdirektor Otto Klemperer von der Berliner Staatsoper hat man gefeuert und ins Exil getrieben. Und doch bieten Konzerte und Theateraufführungen dem Berliner Publikum auch weiterhin Kunstgenuß – und ein

bißchen Zerstreuung im Kriegschaos. Aufführungen der Klassiker sind häufig lange zuvor ausgebucht.
Walter Frankenstein entdeckt die Konzerthäuser und Theater für sich: als Ort zum Ausruhen und Schlafen im Warmen. Hier scheinen die Kontrollen, anders als etwa im Kino, seltener und laxer zu sein. »Ich dachte damals, die sichersten Aufenthaltsorte könnten die Theater und Konzertsäle sein. Aber es hat sich herausgestellt, daß es die gefährlichsten Orte waren. Heute weiß man, daß das Hauptjagdgebiet von Stella Kübler die Deutsche Staatsoper war. Und ich glaubte damals, es gäbe auf der Erde keinen besseren Platz.«
Ein abgegriffenes Notizbuch ist erhalten geblieben. Auf der ersten Innenseite ist eine Adresse eingetragen: »c/o Pettersson Västerås/Schweden Västra Bergsgatan 9A«. Diese Adresse existiert tatsächlich. Dort wohnt seit seiner Flucht 1939 Walter Frankensteins Freund Rolf Rothschild. In diesem Heft notiert Walter Frankenstein seine Opern- und Theaterbesuche, schreibt en detail die Namen der Dirigenten, Hauptdarsteller und Sänger auf. Für den 15. Mai 1944 notiert er etwa: »Staatsoper Werke von Richard Strauss, Dir[igent] H. v. Karajan Solistin Erna Berger«. Und am 23. Juni 1944 heißt es: »Staatsoper *Tristan und Isolde* Dir[igent] Furtwängler, Sänger Klose, Fuchs, Suthaus, Prohaska, Greindl«. In manchen Wochen trägt er vier, manchmal gar fünf Theater- oder Konzertbesuche ein. Frankenstein heute: »Das war gedankenlos, absichtslos. Ich habe einfach damit begonnen, dieses Heft zu führen.« Zu Beginn nutzt er diese Besuche ausschließlich zum Schlaf: »Ich habe einmal die ganzen *Meistersinger* verschlafen«, erinnert sich Walter Frankenstein. Die Spieldauer von Richard Wagners Oper beträgt immerhin fünf Stunden.
In der berühmten Staatsoper Unter den Linden besucht der gehetzte Walter Frankenstein eine Aufführung nach der anderen. In dem prächtigen Innenraum sitzt er ganz oben auf dem

dritten Rang links oder rechts, wo sich die billigsten Plätze befinden, lauscht den Musikern unten im Orchestergraben und den Arien auf der Bühne, schlummert ein und erwacht wieder. Die Staatsoper ist das Lieblingshaus von Hermann Göring, und ab und an mag der Oberbefehlshaber der Luftwaffe in seiner Loge tief unten Platz genommen haben, während der illegale Jude Frankenstein oben einen sicheren Platz für den Abend gefunden zu haben glaubt. Doch das ist eine Täuschung: Stella Kübler geht auf der Jagd nach Juden in der Staatsoper ein und aus. Am 16. Dezember 1943 ist sie wieder einmal dort. Die jüdische Familie Zajdmann sucht an diesem Abend einen warmen Platz in der Oper. Die vier Verfolgten verteilen sich auf weit auseinanderliegende Plätze, um möglichst unauffällig zu bleiben. Doch es hilft ihnen nicht: Stella Kübler erwischt den ihr bekannten Sohn Moritz. Sie hält ihn am Gürtel fest. Er reißt sich los und flieht durch die Drehtür auf die Straße. »Festhalten, Jude!« ruft Stella Kübler, während sie zu einer Telefonzelle stürmt, um die Gestapo zu informieren. Als willige Helfer erweisen sich Passanten, die Moritz Zajdmann die Flucht versperren. Sein Vater Abraham flieht nicht, sondern stellt sich direkt vor Stella Kübler und ruft: »Wir sind keine Verbrecher, wir sind Juden!« Beide werden nach Auschwitz deportiert.[67] Walter Frankenstein bekommt keine der Verhaftungen in der Staatsoper mit und ahnt nichts von der drohenden Gefahr. Er bleibt unentdeckt.

Walter Frankenstein entwickelt ein reges Interesse an klassischer Musik und ganz besonders an der Oper. Sie wird für ihn zur letzten Zuflucht in einer tristen, von tödlichen Gefahren geprägten Welt, sie hilft ihm, sich nach einer Nacht im Kellerloch und dem Tag mit Hunger im Bauch wiederaufzurichten. »Dort im Konzertsaal konnte man sich hinsetzen und vollkommen abkoppeln von dem, was in der Welt los war. Ich habe die Vorstellungen genossen, ohne irgendein unruhiges Gefühl zu haben. Das waren Stunden, in denen man die Batterien aufgeladen hat.« Er beginnt, die Vorstellungen auch nach seinen Interessen auszusuchen. Noch heute erinnert sich Walter Frankenstein lebhaft an die von dem berühmten Wilhelm Furtwängler dirigierten Konzerte in der Staatsoper. Er verehrt die bekannte Sopranistin Erna Berger, die auf dem Zenit ihrer Karriere steht. »Berger war mein Idol. Ich glaube, ich habe kaum eine Oper ausgelassen, in der sie gesungen hat.« Es bleibt nicht allein bei der Oper. Frankenstein besucht das Schauspielhaus und schaut sich dort *Ein Bruderzwist in Habsburg* an, ein Theaterstück von Franz Grillparzer. Am nächsten Tag wechselt er zum Theater in der Saarlandstraße, wie die Nazis das Hebbel-Theater umbenannt haben. Dort steht *Was ihr wollt* von William Shakespeare auf dem Programm. Er geht ins Deutsche Theater, ins Schiller-Theater, ins Deutsche Opernhaus, in das private Rose-Theater. Gleich zweimal ist er gar zu Besuch im Revuetheater Plaza, das von der Naziorganisation »Kraft durch Freude« betrieben wird. Dort schaut Walter Frankenstein sich die Revue *Sterne für Dich* an. Freilich sind manche der Häuser nach Bombentreffern nur noch Provisorien. Die Staatsoper Unter den Linden ist nach Beschädigungen wieder instand gesetzt. Doch die Vorstellungen des Deutschen Opernhauses finden nach der Zerstörung des Gebäudes 1943 im Admiralspalast statt. Das von Karl Friedrich Schinkel erbaute Berliner Schauspielhaus ist schwer getroffen. Es brennt ebenso wie die Staatsoper kurz vor Kriegsende vollständig aus.

Walter Frankensteins Visiten sind aus der Not geboren und dienen in erster Linie der eigenen Sicherheit und der Regeneration seines ausgelaugten Körpers. Der Zwanzigjährige bewältigt ein immenses Kulturprogramm. Dazu bedarf es einer sorgfältigen Vorbereitung. Walter Frankenstein: »In Berlin verkauften die Kassen ihre Billets immer für die ganze Woche.

Viele junge Menschen interessierten sich für die Vorstellungen. Deshalb warteten immer zwei von uns von Samstagabend an vor jedem Theater und stellten eine Liste auf. Man mußte sich regelmäßig melden, um seinen Platz nicht zu verlieren. Ich lief von einem Theater zum nächsten. Was du als erstes sehen wolltest, da bist du zuerst hingegangen. Es gab eine östliche Runde mit Staatsoper und so weiter und eine westliche, zum Beispiel für das Schillertheater. Am Sonntag konnte man die Karten dann abholen.«

Unter den Kulturinteressierten bildet sich eine lose Gruppe. Walter Frankenstein: »Dazwischen gab es auch illegale Juden. Das wußte aber der Rest der Gruppe nicht. Das wußten meist auch die Juden untereinander nicht.« Gegenseitiges Vertrauen kann für die Untergetauchten tödlich sein. Niemand weiß genau, wer Gestapo-Spitzel ist oder wer es sein könnte.

Auf dem Bauernhof in Briesenhorst bemerkt Leonie unterdessen, daß sie schwanger ist. Leonie Frankenstein: »Ich wollte das Kind! Absolut! Es war natürlich reiner Wahnsinn. Aber ich wollte damals sechs Kinder haben. Die Gefahr habe ich verdrängt.« Leonie und Walter halten weiter Briefkontakt. Eines Tages lernt sie eine ebenfalls evakuierte Berlinerin kennen. Leonie behauptet ihr gegenüber, ihr Mann sei im kriegswichtigen Einsatz in einer Berliner Chemiefabrik beschäftigt und deshalb von der Wehrmacht zurückgestellt. Die hilfsbereite Frau bietet ihr an, ihre Wohnung in der Stadt zu einem Treffen mit ihrem Ehegatten zu nutzen. So können sich Leonie und Walter Frankenstein wenigstens für ein paar Tage im nördlichen Stadtteil Pankow sehen. Walter ruht sich in der Wohnung aus. Leonie ist inzwischen im fünften Monat schwanger. Doch solange sie als »arische« Frau Martha Gerhard mit ihrem Kind Peter Gerhard im vom Krieg entfernten Dörfchen Briesenhorst leben kann, scheint das Risiko gering zu sein. Die Angst aber bleibt ihr ständiger Begleiter: »Ab und zu kam die Polizei. Ich dachte immer, mein Gott, jetzt kommen sie zu mir. Aber die wollten nur wissen, ob der polnische Zwangsarbeiter auch ordentlich zupackt.«

Walter Frankenstein lernt bei seinen Gängen und Geschäften in Berlin andere illegal lebende Juden kennen: »In der Warteschlange für die Eintrittskarten der Oper mußte man lange stehen. Irgendwann kam ich mit einem anderen Wartenden ins Gespräch. Und sehr langsam, langsam stellte sich heraus, daß wir beide illegale Juden waren.« Am S-Bahnhof Savignyplatz begegnet er zufällig einem alten Bekannten aus der Heimatstadt Flatow. Arthur Katz ist der Sohn des jüdischen Metzgermeisters vom Hauptmarkt. Er war ein Freund von Walters Bruder Manfred, mit dem er gemeinsam das Gymnasium in Schneidemühl besucht hatte. Sie gehen aneinander vorbei, wagen es nicht, miteinander zu sprechen. Erst bei ihrer zweiten Begegnung kommt es zum Kontakt.

Arthur Katz ist 14 Jahre älter als Walter Frankenstein. Er hat 1935 sein Lehrerstudium abbrechen müssen und danach als Ausbilder in einem der Hachschara-Zentren für die Auswanderung junger Juden nach Palästina gearbeitet. Eine Emigration nach Bolivien oder Uruguay schlägt er aus, weil er dann seine Eltern in Deutschland zurücklassen müßte. Von 1941 an wird er zur Zwangsarbeit bei Radio-Seibt in Berlin eingeteilt, derselben Firma, bei der auch Walters Mutter Martha Frankenstein für einen Hungerlohn schuften muß. Mitte Dezember 1942 tauchen er und seine Freundin Vera Durra kurz vor ihrer Verhaftung in Berlin unter. Nur sechs Wochen später, am 31. Januar 1943, wird die achtzehnjährige Vera Durra bei einer Straßenrazzia am Lehrter Bahnhof von der Gestapo gefaßt, als sie versucht, falsche Pässe zu erstehen. Am 26. Februar wird sie nach Auschwitz deportiert. Arthur Katz erhält von dem nichtjüdischen Opernsänger Johann-Heinrich Wunderlich die Schlüssel zu seiner Wohnung und dem Dachboden

in der Berliner Kantstraße und verbirgt sich zunächst dort. Nachdem das Haus ausgebombt wird, muß er häufig die Unterkünfte wechseln. »Arthur Katz war ein Künstler«, erinnert sich Walter Frankenstein. »Er hat Künstlerlocken getragen und sehr gut Klavier gespielt.« Arthur Katz hat in der Illegalität einen weiteren Bekanntenkreis als Frankenstein gewonnen und hilft ihm mit Adressen und Kontakten. So kommt Walter Frankenstein auch in Kontakt mit dem damals sechsunddreißigjährigen Heinrich Grünbaum. Dessen Verlobte Alice konnte rechtzeitig vor Kriegsbeginn nach England flüchten. Der gehörlose Heinrich Grünbaum, ein früherer Schüler der Israelitischen Taubstummen-Anstalt in Berlin-Weißensee, hält sich seit seinem Untertauchen Ende 1942 mit Schwarzmarktgeschäften über Wasser. Er wohnt zusammen mit Jacob Gersten, einem ebenfalls gehörlosen Freund, illegal bei einer Frau Tischler und muß dafür 150 Reichsmark im Monat Miete bezahlen. Ausweisen kann er sich mit den Papieren eines »Ariers«, die seine ehemalige Putzfrau für ihn gestohlen hat.[68] Heinrich Grünbaum unterstützt Walter Frankenstein ab und zu mit Lebensmitteln.
Walter Frankenstein trifft sich mit dem Illegalen aus der Warteschlange der Oper in dessen Quartier im Berliner Osten. Über diesen lernt er einen französischen Zwangsarbeiter kennen, der in Tempelhof für die Lufthansa eingesetzt wird. Joseph Pizzo – wir wissen nicht, ob dies sein richtiger Name ist – ist über die wahren Lebensumstände seines Bekannten informiert, und auch Frankenstein weiht ihn ein. Damit bietet sich für Walter Frankenstein die einmalige Chance, Kontakt zur Außenwelt aufzunehmen. Um Briefe ins Ausland absenden zu können, benötigt man eine besondere Genehmigung. Pizzo als Franzose hat diese Erlaubnis. Er schreibt im Auftrag von Walter Frankenstein einen Brief auf französisch an Walters Jugendfreund Rolf Rothschild in Schweden. Pizzo

nennt als Absender seinen Namen und benutzt als Adresse die Deutsche Lufthansa. Es sind verklausulierte Nachrichten aus dem Untergrund, die da ins Ausland abgehen. Walter teilt Rolf mit Datum vom 13. August 1944 mit, daß seine Mutter deportiert worden ist und es ihm relativ gutgeht, alle anderen Freunde aber verschwunden sind: »Lieber Rolf, Du hast denken müssen, daß ich Dich vergesse. Aber nein. Der Beweis ist da. Obwohl das Leben in diesem Moment nicht gerade rosig ist, geht es der Gesundheit sehr gut. [...] Mit Schmerzen teile ich Dir den Tod meiner lieben Mutter mit – geschehen im vergangenen Jahr. Ich brauche wohl nicht zu fragen, ob es Dir gut geht, denn bei Dir kann das Gegenteil gar nicht eintreten. Von den alten Kameraden bin ich der letzte. Die anderen sind alle gegangen. Ich möchte an eine baldige Antwort glauben, denn ich wage zu hoffen, daß trotz allem unsere Freundschaft über alles geht.« Unterschrieben ist der Brief mit »Dein alter Freund Walter Joseph«, damit Rolf Rothschild den Absender identifizieren kann. Tatsächlich kommt das Schreiben im neutralen Schweden an.

Über Arthur Katz lernt Walter Frankenstein die Eltern von dessen deportierter Freundin Vera Durra kennen. Sie sind bei christlichen Bekannten im Bezirk Prenzlauer Berg untergetaucht. Frankenstein berichtet: »Ich stand oben in der Wohnung in der dritten oder vierten Etage und wartete auf den Illegalen, den ich in der Warteschlange an der Oper kennengelernt hatte. Ich sah ihn unten kommen, und er wurde dort vor meiner Nase von zwei Männern in Zivil verhaftet. Wenn ich fünf Minuten früher heruntergegangen wäre, hätten sie mich auch erwischt.« Bis heute ist der Name dieses illegal in Berlin lebenden Juden nicht bekannt. Er ist einer von Tausenden, die in die Fänge der Gestapo geraten.

Walter Frankenstein läßt sich von den christlichen Bekannten von Arthur Katz als Hundepfleger engagieren: »Die hatten draußen in Spandau eine Hundezucht mit Pekinesen und Chow-Chows. Ich mußte irgendwo das Futter besorgen und dorthin bringen. Eines Tages fuhr ich mit der S-Bahn nach Spandau, da wurde Fliegeralarm ausgelöst. Das Haus mit den Hunden im Keller geriet in Brand. Da habe ich noch diese verfluchten Hunde herausholen müssen. Sie drückten sich in die Ecken und wollten mich beißen. Aber ich habe sie alle herausgeholt.«

Bei seinen Fahrten mit S- und U-Bahn durch die Stadt muß Walter Frankenstein vor allem Kontrollen durch Wehrmachtstreifen fürchten. Er verläßt den Zug immer dann rasch, wenn er die gefürchteten »Kettenhunde« zu sehen glaubt. Doch einmal ist er eingeschlafen: »Ich war eingeschlummert. Das ist mir sonst nie passiert. Da kam ein Feldwebel, so ein Kettenhund im Alter zwischen 40 und 50 Jahren und verlangt meinen Ausweis! Ich tat so, als sei ich Ausländer und sprach nur gebrochenes Deutsch mit ihm. Ich käme von der Nachtschicht bei Siemens und hätte meine Papiere wohl in den Arbeitskleidern vergessen. Der Feldwebel forderte mich am Bahnhof Friedrichstraße zum Aussteigen auf und sagte: Jetzt gehen wir zum nächsten Polizeirevier, da wird sich das alles aufklären. Unten an der Rolltreppe hielt ich ihn an und sagte: Jetzt hören Sie einmal zu. Ich bin Jude. Ich lebe illegal in Berlin. Wenn Sie mich zur Polizei mitnehmen, komme ich nach Auschwitz. Ob ich ihm das beweisen könne, fragte er. Da gab ich ihm das einzige Papier, das ich bei mir hatte: meine Geburtsurkunde. Da stand mein richtiger Name Frankenstein darauf. Ich suggerierte ihm, daß das ein jüdischer Name sei. Dann überlegte er ein wenig und sagte: Verschwinde! Ich suche keine Juden, ich suche Deserteure! Wäre das ein junger Soldat gewesen, hätte ich das niemals gewagt. Es war eine plötzliche Eingebung. Und es hat funktioniert.«

In einem Restaurant geschieht wenig später Ähnliches. Auch

dort behauptet Frankenstein bei einer Kontrolle ausländischer Arbeiter zu sein, der seine Papiere in den Arbeitskleidern vergessen habe. Walter Frankenstein: »Der Leutnant hat nur gesagt: Laß dich nicht noch einmal erwischen – und ist gegangen.«

Von der Kriegslage erfährt Walter Frankenstein kaum etwas. Einmal bekommt er mit, wie Zeitungsjungen etwas von der Invasion der westlichen Alliierten in der Normandie rufen. »Wir waren sehr schlecht über den Stand des Krieges informiert. Das, was uns immer Hoffnung gegeben hat, waren die Bombenangriffe. Das waren Stunden der Freiheit«, sagt Walter Frankenstein. »Und der Angst«, ergänzt seine Frau Leonie.

Die einzige Hoffnung der illegal lebenden Juden ist eine militärische Niederlage der Deutschen. Im Sommer 1944 sind die Alliierten fast überall auf dem Vormarsch. Im Osten beginnt die Rote Armee eine Großoffensive. Innerhalb von nur 14 Tagen verliert die Wehrmacht 350000 Soldaten. Im Juli 1944 ist die Sowjetunion frei von deutschen Truppen. Die Deutschen ziehen sich bis zur Ostgrenze Polens zurück. Ende Juli 1944 stehen die Sowjets kurz vor Warschau. Im Süden haben die Soldaten des deutschen Afrikakorps kapituliert. Alliierte Truppen sind in Sizilien gelandet und erobern den Süden Italiens. Am 4. Juni 1944 wird Rom befreit. Im Westen schließlich gewinnen Amerikaner, Briten, Kanadier und Franzosen nach der Invasion in der Normandie am 6. Juni 1944 rasch an Boden. Für viele versteckte Juden in Deutschland aber dauert der Vormarsch der Alliierten zu lange. Immer noch werden »U-Boote« von der Gestapo und ihren Spitzeln enttarnt, verhaftet und in die Vernichtungslager deportiert.

In Briesenhorst steht Leonie Frankenstein tausend Ängste aus: Ihr Mann meldet sich nicht mehr. »Auf einmal bekam ich keine Post mehr. Ich war im achten Monat schwanger und hatte

keine Ahnung, wo mein Mann ist.« Walter Frankenstein ergänzt: »Ich kam zum Postamt in der Lietzenburger Straße, wo ich immer die Briefe abgeholt habe. Da standen mir verdächtige Personen an den Schaltern. Man erkannte diese Gestapo-Leute. Da bin ich weggegangen, habe mich dort wochenlang nicht mehr hineingetraut und auch keine Briefe mehr an meine Frau geschickt.«
Am 26. September 1944 bringt Leonie Frankenstein alias Martha Gerhard im Krankenhaus in Landsberg an der Warthe einen gesunden Jungen zur Welt. Sie nennt ihn Michael. Die Geburt verläuft nicht ohne Komplikationen, und sie muß drei Wochen in der Klinik verbringen. »Dort fragten sie nach meinem Geburtsdatum, und mir fiel das richtige Datum meiner Freundin Martha Gerhard nicht mehr ein. Ich gab ein Datum an, das ich für richtig hielt. Dann kam ein Brief von einer Stelle, daß sie dort keine Martha Gerhard mit dem entsprechenden Geburtsdatum in Leipzig finden könnten. Sie fragten, wo meine Mutter denn entbunden hätte. Ich antwortete, das wüßte ich nicht mehr. Dann schrieben sie wieder zurück, das müßten sie aber genau wissen.«
In Briesenhorst kümmert sich die Bäuerin um Peter-Uri, solange die Mutter in der Klinik liegt. Leonie fürchtet, daß die Bauersfrau sich bei den Behörden meldet, wenn sie entdeckt, daß der Junge beschnitten ist. Leonie Frankenstein: »Ich durfte nicht aus dem Krankenhaus, hatte über 40 Grad Fieber. Ich wollte aber doch, und dann habe ich die Klinik auf eigenes Risiko verlassen. Als ich nach Briesenhorst kam, da war mein kleiner Uri ganz dick geworden! Ich erkannte mein eigenes Kind kaum wieder. Die Bäuerin hatte es so gut gepflegt. Ich erzählte ihr, daß er als kleines Baby eine Verkümmerung oder so etwas gehabt habe und deshalb beschnitten worden sei. Ich vermute aber, daß sie das alles nicht geglaubt hat. Die Bauersfrau hat sich wohl gedacht, daß es besser sei, wenn sie etwas

Gutes für Juden tue, damit ihre Männer heil aus dem Krieg nach Hause kommen.«

In Berlin findet Walter Frankenstein ein festes Quartier. Sein Bekannter Arthur Katz lebt seit Februar 1944 in einer kriegsbeschädigten Wohnung in der Emser Straße 16 in Berlin-Wilmersdorf, nur ein paar Häuser von jenem Gebäude des SS-Reichssicherheitshauptamts entfernt, in dem Walter bis Februar 1943 Zwangsarbeit leisten mußte. Der Luftdruck der Bomben hat alle Fenster der Wohnung aus den Rahmen gedrückt und die Türen zerstört. Die Mieterin Sofie Döring ist zu einer Bekannten gezogen. Eine Freundin, deren jüdischer Mann von den Nazis erschossen worden ist, berichtet Sofie Döring von Arthur Katz und seinen Schwierigkeiten, eine Bleibe zu finden. »Dann habe ich Herrn Katz meine ausgebombte Wohnung als Aufenthalt zu Verfügung gestellt«, schreibt Sofie Döring nach dem Krieg.[69] Einige Zeit später bittet dieser Sofie Döring darum, auch Walter Frankenstein zu helfen. Sofie Döring: »Kurze Zeit danach hörte ich von Herrn Katz, daß dieser einen weiteren jüdischen Bekannten, nämlich Herrn Walter Frankenstein, der ebenfalls illegal lebte, hätte. Herr Katz erzählte mir, daß Herr Frankenstein keine feste Bleibe hätte und sich an verschiedensten Stellen, teilweise in Ruinen und im Grunewald, aufhalten müßte. Ich habe dann auch Herrn Frankenstein in meiner beschädigten Wohnung aufgenommen, wo dieser sich zusammen mit Herrn Katz versteckt hielt.«

Sofie Döring, geborene Junker, stammt aus Frankfurt am Main und ist 42 Jahre alt. Sie nimmt nicht nur Arthur Katz und, etwa ab September 1944 oder früher, Walter Frankenstein auf, sondern versorgt die beiden Flüchtigen auch mit Lebensmitteln.[70] Sie will dafür kein Geld. Walter Frankenstein: »Frau Dörings Mann war Offizier bei der Wehrmacht in Polen. Er schickte Lebensmittelpakete an seine Frau, und davon

habe auch ich einiges genießen dürfen. Der Ehemann wußte natürlich von nichts.«
Arthur Katz und Walter Frankenstein sind für Sofie Döring völlig Unbekannte. Sie nimmt sie trotzdem auf. Sie hat keinerlei persönliche Vorteile von ihrer lebensgefährlichen Hilfe, handelt vollkommen selbstlos. Sie weiß von Walter Frankenstein nur, daß dieser für die SS Zwangsarbeit geleistet hat, kennt Arthur Katz lediglich von den Erzählungen ihrer Freundin. Sofie Döring stellt nur eine Bedingung. Walter Frankenstein: »Sie sagte: Unter einer Voraussetzung können Sie in der Wohnung übernachten: wenn Sie sich nie am Fenster zeigen.«
Kurz darauf findet Arthur Katz eine bessere Unterkunft bei Sofie Dörings Freundin Margarete Scherwitz ein paar Straßen weiter. Er verbirgt sich dort bis zum Kriegsende. Walter Frankenstein erfährt aus Sicherheitsgründen nur, daß Arthur Katz an einem anderen Ort untergebracht worden ist.
Einmal hat Sofie Dörings Ehemann keine Pakete geschickt. Sie müssen hungern. Walter Frankenstein erzählt: »Ich traf den illegal lebenden Taubstummen wieder. Er bot mir Fleisch an. Ich fragte Frau Döring, ob sie mir das Fleisch kochen könne, und sie hat zugestimmt. Sie kochte und kochte, aber das Fleisch wurde nicht weich, sondern blieb zäh. Ich habe es trotzdem gegessen. Einige Wochen später traf ich den Gehörlosen wieder. Er fragte schriftlich, ob ich das Fleisch gegessen hätte. Ich bejahte und ergänzte, es habe ganz furchtbar geschmeckt. Er enthüllte mir, daß es Hund gewesen sei. Er habe das damals selbst nicht gewußt. Egal, ich hatte es intus, es spielte keine Rolle. Ich bin davon satt geworden.«
Walter Frankenstein erzählt Sofie Döring, daß er Maurer gelernt hat. Deshalb fragt sie ihn, ob er ihr dabei helfen könne, die Wohnung wieder in Ordnung zu bringen. Über einen Bekannten, der bei der Organisation Todt arbeitet, erhält Sofie Döring Werkzeug und Material. Die Organisation Todt ist mit

der Koordination von kriegswichtigen Bauprojekten betraut. Und so kommt es, daß der gesuchte Jude Walter Frankenstein mit Unterstützung der Nazis die Wohnung seiner Helferin zu renovieren beginnt.

Rückblickend schreibt Sofie Döring: »Ich habe versucht, das Leben von Herrn Katz und Herrn Frankenstein so gut es ging zu erleichtern. Trotzdem mußten beide aus Sicherheitsgründen ungefähr wie Gefangene leben, wozu noch der schlechte Zustand der Wohnung kam. Herr Frankenstein und Herr Katz konnten bei Fliegeralarm beispielsweise auch nicht den Luftschutzkeller aufsuchen.«

Erst einige Wochen nach der Geburt von Michael kommt der Briefkontakt zwischen Leonie in Briesenhorst und Walter in Berlin wieder zustande. Walter traut sich endlich wieder, das Postamt zu betreten, nachdem sich die gefährlich aussehenden Männer nicht mehr haben blicken lassen. Er erfährt so mit einiger Verspätung, daß er zum zweiten Mal Vater eines Sohnes geworden ist. Für Leonie Frankenstein wird die Situation langsam unhaltbar. Die Nachfragen der Behörden wegen des unklaren Geburtstags ihrer Alias-Existenz Martha Gerhard wollen nicht enden. Ihre wahre Identität droht aufzufliegen. Sie schreibt ihrem Mann, daß sie Briesenhorst verlassen muß. Im November 1944 trifft Leonie Frankenstein mit ihren beiden Söhnen in Berlin ein. Die Familie ist endlich wieder vereint. Doch mit zwei kleinen Kindern, darunter dem erst wenige Wochen alten Michael, ist eine illegale Existenz noch schwieriger zu organisieren als zuvor. Der Winter steht vor der Tür, und sie benötigen dringend ein Dach über dem Kopf.

Die Wohnung von Sofie Döring kommt dafür nicht in Frage. Das sechsgeschossige Haus in der Emser Straße 16 ist trotz der Kriegsschäden teilweise bewohnt. Zu groß ist die Gefahr, daß die Nachbarn durch Schreie der Kinder darauf aufmerksam werden könnten, daß die angeblich leerstehenden Zimmer in Wahrheit als Unterschlupf für illegal lebende Juden dienen. Walter Frankenstein erinnert sich: »Da habe ich mit Arthur Katz gesprochen. Und der verschaffte uns das Zimmer in einer Kellerwohnung bei Mary.«

8 Die letzten Monate bis zur Befreiung

»Geh mal in die Blumenstraße, und sprich mit Mary«: So lautet der Ratschlag von Arthur Katz an seinen Bekannten Walter Frankenstein. Walter Frankenstein erzählt: »Mary muß so Mitte 50 gewesen sein. Sie war kompakt gebaut und hat auch in der Blumenstraße gewohnt. Wovon sie eigentlich gelebt hat, das weiß ich nicht.« Möglicherweise betreibt Mary im selben Haus ein Bordell. Und wahrscheinlich ist Mary gar nicht ihr richtiger Name. Einen Nachnamen erfahren die Frankensteins nie. Anders als Sofie Döring bewegen Mary keine altruistischen Motive. Walter Frankenstein: »Sie half uns für Geld. Vielleicht hatte sie auch etwas Mitleid mit uns. Aber die Hauptsache war das Geld.« Seiner Erinnerung nach beträgt die monatliche Miete für die Kellerwohnung mit nur einem Zimmer 300 Reichsmark im Monat, eine damals sehr hohe Summe. Walter betätigt sich auf dem Schwarzmarkt, um das Geld zusammenzubekommen. Er hält sich an die konspirativen Regeln der Illegalität und berichtet seiner bisherigen Helferin Sofie Döring bei seinem Auszug nur das Notwendigste. »Soweit ich mich noch erinnere, erzählte er mir, daß er sich im Osten von Berlin in einem ausgebombten Hause in den Kellerräumen aufhalten wollte«, schreibt Sofie Döring im Jahr 1953.

Hilfe aus dem Rotlichtmilieu für die verfolgten Juden ist in der Nazizeit nichts Ungewöhnliches. Überlebende haben mehrfach von der Unterstützung durch Prostituierte berichtet. Allerdings ist häufig, wie auch im Fall von Mary, Geld im Spiel. Deshalb spricht man auch nach dem Krieg nur wenig darüber. Weil sich die Prostituierten ihre Hilfe bezahlen ließen, gilt ihre Unterstützung als nicht ehrenhaft. Das ändert aber nichts daran, daß sie Juden in größter Not und bei beträchtlichem eigenen Risiko ihre Solidarität gezeigt haben, während mancher Moralapostel untätig geblieben ist.[71]

Leonie und Walter Frankenstein haben vergessen, wie und wo sie sich nach der monatelangen Trennung in Berlin wiedergetroffen haben. Einen Bahnhof schließen sie aus, denn dort lauern Kontrollen. Sie erreichen die Blumenstraße im Osten der Stadt. Walter Frankenstein: »Die Mary hatte einen schwarzen Pudel. Das Tier lag in einem kleinen Himmelbett. Als wir kamen, flog der schwarze Pudel raus, und der kleine Michael kam hinein.«

Walter bleibt noch für einige Wochen bei Sofie Döring, bevor er Anfang 1945 zu seiner Frau zieht. Im Keller von Mary kann sich das verfolgte Ehepaar erstmals ausführlich über die Kriegslage informieren, denn dort steht ein Radio. Sie hören den deutschen Dienst der britischen BBC, dessen Nachrichten mit den berühmten vier Paukenschlägen aus Beethovens fünfter Symphonie beginnen. Sie erfahren, daß die Amerikaner inzwischen Aachen an der deutsch-niederländischen Grenze erobert haben und weiter auf dem Vormarsch sind. Frankreich ist befreit. Die Frankensteins können sich nun sicher sein, daß Deutschland den Krieg verlieren wird. Aber geht er rechtzeitig zu Ende, oder werden sie zuvor von den Nazis doch noch entdeckt oder fallen den Bombenangriffen zum Opfer?

Leonie geht bei den nun fast täglichen Luftangriffen in den großen Tiefbunker am Alexanderplatz. »Ich rannte wie eine Wahnsinnige mit dem Kinderwagen und den beiden Kleinen los. Ausgerechnet wir sollen jetzt tot geschmissen werden, dachte ich.« Walter Frankenstein mischt sich ein: »Die Bomber brachten aber auch die Freiheit.« Seine Frau: »Nein. Ich hatte nur noch schreckliche Angst.« Er: »Ich konnte keinen Bunker betreten. Da warteten ja Blockwarte und die Militärpolizei. Ich bin draußen geblieben.« Nicht wenige untergetauchte Juden in Berlin werden in den letzten Monaten des Kriegs von Bomben getroffen und sterben. Andererseits bieten die Zerstörungen gefangenen Juden und politischen Gegnern der Nazis die Möglichkeit zur Flucht. Für manche Juden wie Viktor Klemperer, dessen Tagebücher ein eindrucksvolles und bedrückendes Bild der Verfolgung bieten, werden die Bomben zur Rettung: Er kann seine wahre Identität im Chaos des Dresdner Feuersturms verbergen. Die Nazi-Bürokratie kann nicht länger »ordnungsgemäß« Menschen ermorden, denn viele Gestapo-Dienststellen sind zerstört, Fahndungsunterlagen verbrannt und Verbindungen gestört. Die Deportationen in die Vernichtungslager müssen eingestellt werden. Anfang November 1944 befiehlt der Reichsführer-SS Heinrich Himmler, die Vernichtungsaktionen zu beenden. In Auschwitz werden die Vergasungen gestoppt und alle Spuren verwischt. Die meisten noch lebenden Häftlinge werden auf Todesmärschen durch den Winter in den Westen getrieben. Als das Vernichtungslager am 27. Januar 1945 von sowjetischen Soldaten befreit wird, finden sie dort noch einige tausend kranke und bis auf das Skelett abgemagerte Menschen.

Die Kellerwohnung bei Mary bleibt für die Familie Frankenstein nur ein kurzes Zwischenspiel auf ihrer Flucht vor der Naziverfolgung. Irgendwann an einem Vormittag im Januar 1945 treffen Brandbomben das Gebäude. Walter Frankenstein berichtet: »Da es unsere einzige Bleibe war, haben Mary und ich versucht zu löschen. Leonie stand mit den Kindern auf der Straße. An meiner Seite war ein SS-Sturmbannführer. Wir kämpften zusammen gegen die Flammen, aber es brannte alles ab. Und dann standen wir auf der Straße, ich hatte eine

kleine Rauchvergiftung, und wir wußten nicht, wohin. Da kam dieser Sturmbannführer vorbei: Wie heißen Sie? – Kranz. – Herr Kranz, morgen melden Sie sich in meinem Büro, und ich werde Ihnen eine Wohnung besorgen. Und weil Sie so tapfer gekämpft haben, werde ich Sie für einen Orden vorschlagen.« Natürlich ist Walter Frankenstein nicht hingegangen.
Nachdem ihr Versteck niedergebrannt ist, sind die Frankensteins völlig verzweifelt. Wo sollen sie mit ihren zwei kleinen Kindern nun hin? Walter Frankenstein setzt seinen Bericht fort: »Als wir da auf der Straße standen, kam eine ehemalige Mitarbeiterin von Mary vorbei – also ein Straßenmädchen. Wir hatten sie ab und zu in der Wohnung getroffen, sie wußte aber nicht, wer wir waren. Ach Gott, die armen Kinder, wo kommt ihr denn jetzt hin, sagte sie.« Dieses Mal ist es Leonie, die all ihren Mut zusammennimmt und die Prostituierte mit der schlichten Wahrheit konfrontiert: »Ich habe gesagt: Ich werde dir die Wahrheit sagen. Wir sind Juden. Wir sind illegal. Wir wissen nicht, wohin. Da zog sie einen Schlüssel aus ihrer Tasche und sagte: Hier. Ich habe meine Schlüssel verloren, ihr habt sie irgendwo gefunden. Ich weiß von nichts. Mich seht ihr nicht mehr, aber ihr könnt dort bleiben.«
Familie Frankenstein wird durch Fräulein Dora, wie sich die vielleicht dreißigjährige Prostituierte nennt, gerettet. Sie beziehen deren möblierte Zweizimmerwohnung am Curth-Damm 4 in Berlin-Kreuzberg. Walter Frankenstein: »Wir blieben dort so unauffällig wie möglich. Ich habe die Wohnung kaum mehr verlassen. Wenn es unbedingt nötig war, dann ist Leonie mit den Kindern nach draußen gegangen.« Sie erinnert sich, wie Geschosse in den Straßen einschlugen und sie gerannt und gerannt ist, um sich und die Kinder in Sicherheit zu bringen.
Anfang April 1945 zeichnet sich das Ende der Nazidiktatur in Berlin ab. Noch arbeiten die meisten Fabriken. Sogar eini-

ge wenige Kinos bleiben geöffnet. Die Briefträger tragen die Post aus, Zeitungen erscheinen, und die Mülltonnen werden regelmäßig geleert. Doch schon drei Wochen später fliegen die ersten sowjetischen Granaten in die Außenbezirke. Am 25. April 1945 ist Berlin eingeschlossen. Die Nazis befehlen die Verteidigung. In heftigen Straßenkämpfen erobern die Sowjets Stadtteil für Stadtteil. Noch einmal müssen Tausende Menschen sterben, darunter viele Zivilisten und Halbwüchsige, die zum »Volkssturm« eingezogen worden sind.

Die letzten Tage des Zweiten Weltkriegs verbringt Familie Frankenstein im Bunker der U-Bahn am Kottbusser Tor in Kreuzberg. Walter Frankenstein erzählt: »Als der Artilleriebeschuß eingesetzt hatte, sind wir in den Bunker in der U-Bahn gegangen. Dort gab es eine Art Kombüsen mit zweistöckigen Betten. Da legte ich mich auf das obere Bett, Strohsack darüber, und unten lagen Leonie und die Kinder. Von draußen hörte man Maschinengewehre. Die Front rückte näher und näher. Aber bevor die Sowjets kamen, kamen erst einmal SS-Männer. Die wollten den Bunker unter Wasser setzen. Sie sagten, für deutsche Frauen und Kinder sei es nicht angebracht, das Kriegsende zu erleben. Die Frauen redeten auf sie ein, daß sie das nicht machen könnten. Dann zogen sie ab. Und dann wurden wir befreit.« Es ist der 28. April 1945.

»Der erste Russe kam in den Bunker, und ich habe mich gezeigt«, sagt Walter Frankenstein. Seine Frau ergänzt: »Wir haben Glück gehabt. Wir gaben uns gleich als Juden zu erkennen. Ein russischer Offizier brachte uns zu seiner Kompanie. Er küßte mir die Hände und umarmte mich.« Doch bald kommen unter den sowjetischen Offizieren Zweifel auf. »Sie sagten, es hätten schon so viele Deutsche behauptet, Juden zu sein. Seit 1936 gebe es doch gar keine Juden mehr in Deutschland. Und dann hätten sie uns im Keller zusammen mit deutschen Frauen und Kindern gefunden«, sagt sie. Sie können sie davon überzeugen, daß sie wirklich bisher illegal lebende Juden in Berlin sind.

Das ist keineswegs selbstverständlich. Manchen Überlebenden gelingt es gegenüber den sowjetischen Soldaten nicht, ihre wahre Identität glaubhaft zu machen. Sie besitzen keine Papiere mehr, um es beweisen zu können. Sie sprechen auch kein Jiddisch, wie die Sowjets jüdischer Abstammung, und erscheinen so erst recht verdächtig. Viele werden verhaftet. Es hat Fälle gegeben, bei denen überlebende Juden als vorgeblich besonders verdächtige Nazis in Arbeitslager nach Polen geschickt werden. Einige kommen erst Jahre später zurück.

Als die Frankensteins befreit werden, ist die Schlacht um Berlin noch nicht beendet. Die Sowjets bringen sie deshalb in eine ihrer Kommandostellen. Leonie Frankenstein erinnert sich: »Mein Mann bekam Wodka eingeschenkt, und nicht zu knapp.« Walter Frankenstein: »Ich hatte vier Tage nichts gegessen. Ich war bald sternhagelblau.« Leonie Frankenstein: »Sie fragten mich, wo mein Mann sei. Ich zeigte nur auf den Besoffenen. Da haben sie gelacht.« Sie berichtet weiter: »Manche der Russen sprachen einige Worte Deutsch. Einer von ihnen sagte zu mir, alle seine Schwestern seien von den Deutschen vergewaltigt worden. Ein Wunder, daß man mich in Ruhe gelassen hat.«

Sie erhalten von einem Major einen provisorischen Ausweis, der sie schützen soll. Zugleich bedeutet man ihnen, daß es in der Stadt wegen der andauernden Kämpfe noch zu gefährlich sei, und schickt sie deshalb von der Front weg. Leonie Frankenstein: »Wir gehen auf die Straße, und da steht eine russische Wache und sagt: Komm, Frau! Da sagte ich: Nichts da! Ich bin Jüdin!«

Leonie Frankenstein ist jetzt 23 Jahre alt. Sie ist nicht mehr die ängstliche junge Frau, die bei Beginn der Illegalität kein einziges Wort herausgebracht hätte, wenn sie denn im Zug nach Leipzig kontrolliert worden wäre. Sie kann sich wehren. Sie hat gelernt, mit offenem Gesicht die glatte Unwahrheit zu sagen, wenn es um ihr Leben geht. Sie kennt die Tricks und Verhaltensweisen im Untergrund. Sie hat unter unmöglichen Bedingungen zwei Kinder zur Welt gebracht. Im Februar 1943, als die Gestapo sie in das Sammellager für die Deportation verschleppt, leistet sie erfolgreich Widerstand. »Nicht mit uns«, so umreißt sie ihren Entschluß im Jahre 1943, in die Illegalität zu gehen. Sie wird sich immer weiter wehren, wenn es gegen Unrecht geht.

Walter Frankenstein war zu Beginn der Illegalität 18 Jahre alt. Fast noch ein Jugendlicher. Jetzt ist er noch nicht 21. In normalen Verhältnissen hätten Leonie und Walter in diesen zwei Jahren vielleicht eine Familie gegründet und eine größere Wohnung bezogen. Die Kinder wären der ganze Stolz der Großmütter gewesen. Die Frankensteins wären abends ab und zu zum Tanzen oder ins Kino gegangen, ihre Mütter hätten sich derweil um die Babys gekümmert. Walter hätte ein Architekturstudium aufgenommen, Leonie ihre Ausbildung zur Kindergärtnerin beendet.

Doch jetzt stehen Leonie und Walter Frankenstein mit ihren beiden Kindern vor dem Nichts. Es gibt keine Großmütter für Peter-Uri und Michael: Sie und die anderen Verwandten hat man abgeholt. Sie sind nicht wieder aufgetaucht. Die vierköpfige Familie Frankenstein ist schwer unterernährt. Sie haben kein Zuhause, keine Arbeit, keine Kleidung außer der, die sie am Leibe tragen. Walter Frankenstein hat einzig die Blechschachtel mit den Familienbildern, seine Geburtsurkunde und wenige weitere Papiere retten können. Was soll jetzt aus ihnen werden?

Die russischen Soldaten wollen die Frankensteins davon überzeugen, in die Sowjetunion zu emigrieren. »Ihr müßt nach

Rußland, Rußland Paradies«, habe einer der Offiziere gesagt, erinnert sich Walter Frankenstein. Er aber erzählt von seinen beiden Brüdern in Palästina, zu denen es ihn hinziehe. Das verstehen die Soldaten. »Dann sagte der Mann zu uns, daß die Stellung nicht sicher sei. Die Deutschen könnten zu einem Gegenangriff antreten.« Der Offizier berichtet von einem internationalen Komitee mit Sitz in Landsberg an der Warthe, das für alle Zwangsarbeiter, KZ-Häftlinge und illegal Überlebende zuständig sei. Er stellt für die Familie entsprechende Passierscheine aus. Ob der Offizier die Familie nur loswerden will, ob es tatsächlich Gerüchte um ein solches Komitee gibt, ist nicht mehr zu klären. Tatsächlich existiert es nicht. Erst Monate später gründen die Amerikaner in Landsberg ein Lager für die befreiten Juden – allerdings nicht in Landsberg an der Warthe (heute Gorzów Wielkopolski in Polen), sondern in Landsberg am Lech in Oberbayern.

Die Familie Frankenstein weiß nicht, daß sie in die Irre geführt wird. Bis nach Landsberg sind es weit über 100 Kilometer. Sie erhalten Militärverpflegung. Die erste Nacht verbringen sie in einer Schule am Stadtrand. Vom Schulhof aus feuert die ganze Nacht über eine Katjuscha-Batterie unter gewaltigem Lärm auf Berlin. Am nächsten Tag geht es weiter, über Felder und Wiesen, mitten im Chaos der deutschen Niederlage. Walter Frankenstein baut auf den Kinderwagen von Michael einen Holzsitz, damit Peter-Uri darauf sitzen kann. Sie treffen an einer Bahnlinie auf deutsche Zwangsarbeiter, die unter sowjetischer Aufsicht die Gleise reparieren. Sie entgehen nur mit Mühe dem Befehl, selbst zur Arbeit eingeteilt zu werden. Ein freundlicher Offizier lädt die Familie zur Fahrt mit einem Güterzug ein, verspricht, daß der Zug am nächsten Morgen in Landsberg sei. Doch am Morgen ist der Zug kaum 100 Meter weit gekommen. Irgendwann erreichen sie Landsberg.

Walter Frankenstein berichtet: »Dort war nichts außer einer

1 Beate Cäcilie Kranz, geborene Adler (ca. 1941). Leonie Frankensteins Mutter wurde 1944 im Alter von 42 Jahren in Auschwitz ermordet.

2 Anna Rachel Adler, geborene Wasserstrom (undat.). Leonie Rosner lebte bis zum Tod der geliebten Großmutter 1931 bei ihren Großeltern in Leipzig.

3 Martha Fein (ca. 1910). Sie heiratete 1920 Max Frankenstein, 1924 wurde der Sohn Walter Frankenstein geboren.

4 Max Frankenstein als Soldat im Ersten Weltkrieg. Der Vater von Walter Frankenstein starb schon 1929.

5 »Schankwirtschaft und Kaufhaus Klein jr. Inh. Max Frankenstein«: In diesem Haus in der westpreußischen Kleinstadt Flatow verlebte Walter Frankenstein seine Kinderjahre.

6 Abschied im Jahre 1934: Anläßlich der Emigration von Martin Frankenstein nach Palästina entstand dieses Bild der drei Brüder Martin (links), Walter (Mitte) und Manfred Frankenstein (rechts) im heimischen Flatow.

7 Walter Frankenstein an seinem ersten Schultag am 1. April 1930 in Flatow.

8 Leonie Rosner an ihrem ersten Schultag 1927 in Leipzig.

9 Gröningen bei Magdeburg: Beate und Theodor Kranz, aus dem Fenster blickt seine Schwester Charlotte Anderfuhr mit ihrer Tochter (ca. 1936). Charlotte Anderfuhr versteckte im Sommer 1943 Leonie Frankenstein und ihren Sohn Peter-Uri bei sich in Gröningen.

10 Kinder des jüdischen Auerbach'schen Waisenhauses in Berlin (1937), 2. v. rechts: Direktor Jonas Plaut. Hier lebte Walter Frankenstein von 1936 bis 1941, hier lernte er im Herbst 1941 Leonie Rosner kennen.

11 Leonie Rosner mit ihrem Stiefvater Theodor Kranz in einer Leipziger Badeanstalt (ca. 1937).

12 Walter Frankenstein als Sechzehnjähriger 1940 während seines kurzen Aufenthalts im jüdischen Waisenhaus Berlin-Pankow.

13 Das letzte Bild von Martha Frankenstein: Walter Frankensteins Mutter wurde Anfang März 1943 im Alter von 57 Jahren von Berlin nach Auschwitz deportiert und dort ermordet.

14 Arthur Katz am Petziner See bei Flatow, ein Jugendfreund von Walter Frankensteins Bruder Manfred (ca. 1930). Ebenfalls als Jude verfolgt und in Berlin untergetaucht, war Arthur Katz einer der wichtigsten Helfer für Leonie und Walter Frankenstein in der Zeit ihrer Verfolgung.

15 Leonie Frankenstein mit ihrem Sohn Peter-Uri 1944 in Briesenhorst. In dem Dorf lebten sie unter den falschen Namen Martha und Peter Gerhard.

16 Edith Berlow (ca. 1934). Sie half vielen verfolgten Juden selbstlos in der Nazizeit und beteiligte sich an der Widerstandsgruppe »Gemeinschaft für Frieden und Aufbau«. Auch die Familie Frankenstein verdankt Edith Berlow ihr Überleben.

17 Die ersten Fotos von Walter,
Leonie und Peter-Uri Frankenstein kurz
nach der Befreiung 1945 in Berlin.

18 Auf dem Weg in eine neue Heimat, 1946: In Greifenberg in Oberbayern wurden junge jüdische Überlebende auf ihr künftiges Leben in Palästina vorbereitet. Walter Frankenstein brachte ihnen Verteidigungstechniken bei.

19 Die San Dimitrio / Latrun nach ihrer Ankunft in Haifa im November 1946. Mehr als 1200 Holocaust-Überlebende, unter ihnen auch Walter Frankenstein, versuchten mit diesem Schiff nach Palästina zu kommen, doch die britische Mandatsmacht verhinderte ihre Einreise.

20 In einem britischen Internierungslager auf der Insel Zypern: Walter Frankenstein fotografierte seine Gruppe 1947.

21 Nach der Internierung auf Zypern wurden Walter Frankenstein und seine Freunde 1947 in Atlit, einem Lager für illegal einreisende Flüchtlinge in der Nähe von Haifa, eingesperrt. Er kam erst nach Monaten frei.

22 Die Familie Frankenstein an der israelischen Mittelmeerküste (1955).

23 Leonie und Walter Frankenstein 1992 bei einem Besuch
in ihrer alten Heimat Berlin vor dem Haus am Wannsee,
in dem die Nazis 1942 die Ermordung der europäischen Juden
organisierten.

russischen Kommandantur. Wir gingen dorthin und sagten, daß wir Juden seien, die illegal in Deutschland überlebt haben. Jetzt wollten wir nach Palästina. ›Warum nach Palästina? Warum nicht nach Rußland?‹ Wieder dieselbe Geschichte. ›Vorläufig bleibt ihr erst einmal hier.‹ Wir bekamen eine Wohnung, ein ganzes Haus. Dann passierte tagelang nichts mehr. Die Wohnung war sehr schön, aber was sollten wir in Landsberg? Wir gingen wieder zur Kommandantur, sagten, daß wir jetzt wieder zurück nach Berlin wollten. Da ging gerade ein Militärtransport nach Berlin ab, die Autos waren schon voll beladen. Der Offizier holte vier, fünf Mann von einem Wagen herunter, und wir stiegen mit dem Kinderwagen auf. So fuhren wir nach Berlin zurück. Aber wir mußten schon vor der Stadtgrenze wieder aussteigen, weil die Russen keine Zivilisten auf den Militärtransporten mitnehmen durften. Es war schon dunkel, und es bestand eine Ausgangssperre.«
An nächsten Tag gelangt die Familie zu Fuß nach Berlin zurück, wieder zum Kottbusser Tor in Kreuzberg. Sie übernachten in einem Bunker zusammen mit anderen Deutschen, Leuten, denen sie schon am Tag ihrer Befreiung in der U-Bahn begegnet sind.
Leonie und Walter Frankenstein sind sich nicht mehr sicher, ob ihre Rückkehr kurz vor, am oder kurz nach dem 8. Mai erfolgt ist. Spätestens wenige Tage nach ihrer Ankunft in Berlin tritt die bedingungslose Kapitulation Deutschlands in Kraft. Seit dem 2. Mai 1945 gegen 15 Uhr schweigen in Berlin die Waffen. Die Naziherrschaft ist beendet. Walter Frankenstein erinnert sich, daß sie bald Kontakte zu deutschen Kommunisten aufgenommen haben, die im Stadtteil Neukölln eine Gruppe gründen. »Wir erzählten ein bißchen von uns und sagten, daß wir eine Wohnung bräuchten. Sie boten uns eine Vierzimmerwohnung in Neukölln in der Emser Straße 6 an. Da hatten vorher Nazis gewohnt.« Das Haus in dem Arbei-

terbezirk gehört zu den besseren Gebäuden und ist mit Balkonen ausgestattet, die Wohnung bestens möbliert. Was aus den Vormietern geworden ist, wissen die Frankensteins nicht, es ist ihnen auch gleichgültig. In der Wohnung finden sie Papiere der NSDAP, eine Parteiuniform – und eine Pistole. Walter Frankenstein: »Ich nahm die Pistole in die Hand und die Uniform unter den Arm und lief damit zu dieser kommunistischen Zelle. Ich war ja so naiv: Wenn mich ein Russe gesehen hätte, der hätte mich glatt auf der Straße erschossen.«
Familie Frankenstein bezieht die Neuköllner Wohnung in der Nähe des S-Bahn-Damms. Ihr erster Versuch, Deutschland auf dem schnellsten Weg zu verlassen, ist gescheitert. Doch bleiben wollen sie deshalb auf keinen Fall. Leonie Frankenstein sagt: »Wir wollten mit diesen Deutschen nicht zusammenleben. Ich hätte sie alle umbringen können. Die Russen haben damals gesagt, sie wollten aus ganz Deutschland einen Kartoffelacker machen. Wir dachten: Sollen sie es nur machen! Wir hätten diese wirklich elegant eingerichtete Wohnung mit ihren schönen Möbeln behalten können. Die vier Zimmer hätte uns keiner mehr weggenommen. Mit der Arbeit hätte es auch schon irgendwie geklappt. Aber wir wollten nichts wie weg.« Die elegante ältere Dame wirkt noch heute in ihrer Stockholmer Wohnung aufgebracht, wenn sie an die unmittelbare Nachkriegszeit in Deutschland denkt: »Diese Deutschen erzählten: Oh, wir haben von nichts gewußt. Wir kennen auch einen Juden, der sehr nett gewesen ist. – Es wurde einem übel davon.«
Bei einer Fahrt mit der U-Bahn in Berlin 1945 hört Leonie Frankenstein eine Frau sagen, daß sich diese Ausländer in Berlin schon wieder überall breitmachten. »Da bin ich mit dem Regenschirm auf sie losgegangen!«

9 Spurensuche: Die Menschen

Die Nazis haben etwa sechs Millionen europäische Juden ermordet, nur etwa 1,2 Millionen überleben. Im Mai 1945 weiß niemand unter den Verfolgten um diese Dimensionen des Holocaust. Diejenigen, die die Nazizeit illegal überstanden haben, tauchen wie die Familie Frankenstein wieder im legalen Leben auf. Andere Juden sind den Lagern entkommen, weil sie mit »arischen« Deutschen verheiratet sind. Was aus denjenigen Menschen geworden ist, die deportiert wurden, darüber gibt es zwar erste Informationen – doch viele Menschen klammern sich an die Hoffnung, daß ihre Verwandten oder Freunde zu den ganz wenigen gehören könnten, die nicht ermordet worden sind. Diejenigen, denen rechtzeitig die Flucht aus Deutschland gelungen ist, wissen nichts vom Schicksal ihrer Angehörigen, die das rettende Ausland nicht mehr erreicht haben. Es gibt keine Telefonleitungen nach Deutschland, die Post arbeitet langsam und unzuverlässig, und außerdem – an wen sollten sie sich überhaupt wenden?
Der Suchdienst des Internationalen Roten Kreuzes ist eine erste Adresse, an die viele Überlebende schreiben. Doch auch dort sind die Listen unvollständig. Im Ausland schalten viele der ausgewanderten deutschen Juden verzweifelt Anzeigen. »Ich suche meinen Bruder Hugo Mayer (früherer Amtsgerichtsrat) aus Essen an der Ruhr und Sohn Hans Guenter. Für jede Auskunft dankbar Siegfried Mayer, São Paulo.« »Wer kann Auskunft geben über Rechtsanwalt Dr. Fritz Freund aus Darmstadt und Ehefrau Hilde Freund aus Michelsburg,

beide in Theresienstadt von 1942 bis 1944«, lautet der Text einer anderen Anzeige. Der Absender lebt in England. Erna Kahn fragt aus New York: »Wer kann Auskunft geben über meinen Jungen Bernhard Kahn geboren 30. Juli 1930 in Kaiserslautern und seinen Vater Eugen Kahn geboren 13. August 1905 in Eschweiler?« Eine einzige Ausgabe der deutschjüdischen Zeitung *Aufbau* in New York verzeichnet weit über 100 solche Hilferufe.[72] Der *Aufbau* listet im November 1945 über mehrere Seiten die Namen und Adressen derjenigen auf, die zwischenzeitlich in Berlin wiederaufgetaucht sind. Dabei: »Frankenstein, Walter, Flatow, 30.6.24, Neukölln, Emserstr. 6, Frankenstein, Leonie, gebor. Rosner, Leipzig, 21.9.21, Neukölln, Emserstr. 6, Frankenstein, Peter, Berlin, 20.1.43, Neukölln, Emserstr. 6, Frankenstein, Michael, Landsberg, 26.9.44, Neukölln, Emserstr. 6«.[73] Doch die allermeisten Vermißten finden sich nicht. Erst allmählich wird klar, daß sie sich nie mehr finden lassen werden.

Die Berliner Überlebenden melden sich bei der wieder entstehenden Jüdischen Gemeinde und werden dort in langen Listen eingetragen. Auch Familie Frankenstein fährt zur ausgebrannten Großen Synagoge an der Oranienburger Straße und läßt sich registrieren. »Wir bitten, Herrn Walter Frankenstein und seine Frau Leonie sowie die Kinder Peter und Michael gemäß Magistratsverordnung vom 25.7.1945 Abt. Ernährung B 2b in die nächst höhere Lebensmittelstufe einzuordnen«, heißt es in einer von der Gemeinde ausgestellten Bescheinigung.[74] Im August 1945 wird in Berlin im Auftrag der Alliierten ein Verzeichnis aller Juden angelegt, die entweder aus den Lagern zurückgekehrt sind oder im Versteck überlebt haben. Auf Seite 19 ist Familie Frankenstein als illegal überlebend aufgeführt.[75] Die Liste umfaßt die Namen von 3100 Menschen. Davon haben knapp 1000 illegal überlebt. Doch im Sommer 1945 sind noch nicht alle in die Stadt zurückgekehrt. Zudem haben sich einige nicht bei der Jüdischen Gemeinde gemeldet. In den folgenden Jahren wird die Statistik deshalb vervollständigt. Das Ergebnis: Etwa 8000 Berliner Juden haben den Naziterror überlebt. Von ihnen waren etwa 4700 durch die Ehe mit einem »arischen« Partner vor der Deportation geschützt. Rund 1900 kehrten aus den Lagern zurück. Und rund 1700 überlebten wie Familie Frankenstein im Untergrund.

Die Berliner Jüdische Gemeinde hatte im Jahre 1933 etwa 160000 Mitglieder. 90000 gelang die Auswanderung. 7000 starben in der Stadt, größtenteils durch Suizid. 55000 Menschen sind in den Lagern ermordet worden.[76]

In anderen deutschen Städten gab es deutlich weniger illegal überlebende Juden. Mehr als die Hälfte aller Fälle läßt sich für Berlin nachweisen.[77] Das hat seine Ursache darin, daß nahezu die Hälfte aller deutschen Juden vor Beginn der Deportationen in der Hauptstadt lebten. Über die Zahl derjenigen Illegalen, die während der NS-Verfolgung durch die Gestapo gefaßt worden sind, existieren nur begründete Schätzungen. Danach könnten 5000 bis 7000 Juden in den Untergrund gegangen sein. Möglicherweise war ihre Zahl aber auch noch höher. Höchstens jeder dritte hat also die Illegalität überlebt.

Nahezu jeder illegale Jude benötigte Hilfe durch »Arier«. Nur die wenigsten haben durch die Unterstützung eines einzelnen Helfers die Nazizeit durchgestanden. Kaum einer hatte das Glück, sich in einem dauerhaften Versteck über mehrere Jahre hinweg verbergen zu können. Die meisten waren auf ein ganzes Netz von Helfern angewiesen, darunter viele Unbekannte. Es sind Fälle dokumentiert, bei denen 50 oder gar 60 Menschen notwendig waren, um einen Juden zu retten. Waren es also weit mehr als 100000 »gute Deutsche«, die ihren Nachbarn in höchster Not beigestanden haben, wie es rein rechnerisch naheliegt? Wohl nicht. Viele der nichtjüdischen

Helfer waren gleich für mehrere Verfolgte aktiv – so wie Edith Berlow, die ihr Haus für die Illegalen öffnete.[78] Sie ist auch aus einem anderen Grund ein gutes Beispiel für den mutigen Widerstand gegen das Naziregime und die Solidarität mit den verfolgten Juden: Sie war eine Frau. Und besonders Frauen haben zwischen 1941 und 1945 das große Risiko auf sich genommen, jüdische Menschen zu retten.[79]

Daneben aber halfen Juden anderen Juden. Sie tauschten Adressen aus, unterstützten einander mit Lebensmitteln und sorgten für ein wenig Solidarität in der feindlichen Umgebung. Die Familie Frankenstein hätte ohne die Hilfe von »arischen« Freunden, Verwandten und Unbekannten nicht überleben können – aber auch nicht ohne die Unterstützung von Juden wie Arthur Katz, Heinrich Grünbaum und weiterer Illegaler.

Leonie und Walter Frankenstein wissen im Frühling 1945 in Berlin nicht, was aus ihren Angehörigen geworden ist. Leonie ist zwar von der Ermordung ihrer Mutter durch den Stiefvater informiert. Doch was aus all den anderen Verwandten geworden ist, davon hat sie keine Ahnung. Walter weiß nur, daß seine Mutter Ende Februar 1943 abgeholt worden ist. Aber wohin hat man sie gebracht, und lebt sie vielleicht doch noch? Was ist aus Onkel Selmar geworden, der zusammen mit Tante Ottilie nach Theresienstadt deportiert worden ist? Hat vielleicht Fritz Hirschfeld in Lodz überlebt? Und wo sind die Freunde geblieben, die Helfer in der Illegalität und die Kollegen von der Zwangsarbeit beim Reichssicherheitshauptamt? Was ist mit den Kindern und Erziehern des Auerbach'schen Waisenhauses passiert?

Die Familie

Familie Frankenstein erfährt erst mit den Jahren und Jahrzehnten die ganze Wahrheit. Der Mediziner Werner Schmidt, Sohn einer Schwester von Walters Mutter Martha, wird zur ersten Anlaufstelle bei der Suche nach Familienangehörigen. Seine Mutter Johanna, die einen christlichen Mann geheiratet hat, überlebt das Ghetto Theresienstadt. Dann sind da noch Walters Brüder Martin und Manfred, die rechtzeitig nach Palästina ausgewandert sind, ebenso wie Manfred Fein, ein Cousin. Eine Cousine hat durch ihre Ehe mit einem »Arier« überlebt. Der ganze große Rest der Familie ist tot, ermordet von den Nazis.[80] Walters Mutter Martha ist am 2. März 1943 mit dem Zug in Auschwitz angekommen. Danach hat man nie mehr etwas von ihr gehört, sie gilt als verschollen. Martha Frankenstein wird 57 Jahre alt. Dr. Selmar Frankenstein und seine Frau Ottilie erreichen am 4. Oktober 1942 Theresienstadt mit dem dritten großen Alterstransport aus Berlin. Nicht einmal drei Wochen später, am 24. Oktober, ist er verstorben. Überlebende berichten, daß sich Selmar Frankenstein das Leben genommen hat. Seine Frau Ottilie stirbt nur wenige Tage später am 29. Oktober 1942. Selmar Frankenstein wird 71 Jahre alt, seine Frau 66. Fritz Hirschfeld, der sozialdemokratische Redakteur aus Danzig, wird aus Lodz in ein Lager nahe Lublin im besetzten Polen verschleppt.[81] Sein genaues Todesdatum ist unbekannt. Flora Hirschfeld, eine Schwester der ersten Frau von Walters Vater, kommt Anfang September 1942 nach Theresienstadt. Von dort wird sie in den Osten deportiert. Sie stirbt am 31. Oktober 1942 im weißrussischen Minsk mit 68 Jahren. Walter Frankensteins Onkel Benno Fein wird zusammen mit seiner Frau bei Minsk ermordet. Seine Tochter Helga entkommt nach Großbritannien. Sie bricht bei der Nachricht über die Deportation ihrer Eltern zusammen und erholt sich nie wieder. Sie stirbt in einem israelischen Pflegeheim.

Von den 11500 Juden, die im Jahre 1933 in Leipzig lebten, tauchen nach dem Krieg nur wenige hundert wieder auf. Von den Familienangehörigen Leonie Frankensteins ist niemand

darunter. Ihrem Onkel Max Rosner gelingt als einzigem um
1937 die Emigration. Er wandert nach Palästina aus, heiratet
dort und stirbt in den 1960er Jahren. Ihr Vater Josef Rosner muß mit seiner zweiten Frau Anna zu Beginn der 1940er
Jahre in ein »Judenhaus« in der Humboldtstraße 31 nahe
des Hauptbahnhofs ziehen. Beide leisten Zwangsarbeit. Das
Ehepaar ist auf einer Liste für die Deportation nach Riga am
21. Februar 1942 verzeichnet, wird aber »wegen Arbeits-
einsatz« wieder gestrichen. Ihre letzte Adresse in Leipzig ist
die Packhofstraße 1, auch ein »Judenhaus«. Am 17. Februar
1943 werden sie zusammen mit anderen Leidensgenossen
auf offenen Lastwagen in die nördlich von Leipzig gelegene
Kleinstadt Delitzsch gebracht. Von dort fährt sie ein Zug
nach Berlin. Am 26. Februar 1943 folgt die Deportation nach
Auschwitz. Josef Rosner und seine Frau Anna werden beide
im Alter von 46 Jahren ermordet.
Eine Tante von Leonie Frankenstein, Hilda Hilsenrath, flüchtet mit ihrer Familie nach Belgien. Sie wird von der Mordmaschine der Nazis eingeholt und stirbt am 13. Januar 1945
im französischen St. Afrique. David Rosner, ein Bruder des
Vaters, kommt am 19. Dezember 1939 ins Konzentrationslager Sachsenhausen. Von dort deportiert man ihn 1941 ins
Konzentrationslager Ravensbrück. Am 22. Mai 1942 wird er
in der Tötungsanstalt Bernburg ermordet.
Leonie Frankensteins Großvater Jakob Abraham Adler hat
nach dem Tod der Großmutter im Jahre 1931 erneut geheiratet. Seine jüdische Frau Auguste ist zwar in Hannover geboren, sie besitzt jedoch die polnische Staatsangehörigkeit.
Nach der Aufgabe des Einzelhandelsgeschäfts und der Vierzimmerwohnung muß das Ehepaar in eine kleinere Wohnung
in der Elsterstraße 6 ziehen. Zuletzt gemeldet sind beide dort
1938. Im gleichen Jahr findet mit der »Polenaktion« die erste große Deportation statt. Polen will nach dem »Anschluß«

Österreichs an das Deutsche Reich am 13. März verhindern, daß die seit Jahrzehnten dort und in Deutschland lebenden Juden wegen der antisemitischen Verfolgung nach Polen einreisen. Nach einer polnischen Verordnung sollten sämtliche Pässe von Auslandspolen nur noch dann gültig bleiben, wenn dies ein besonderer Vermerk des jeweiligen Konsulats bestätigt. Das lief darauf hinaus, daß insgesamt 70000 in Deutschland und Österreich lebende Juden mit polnischer Staatsangehörigkeit Ende Oktober 1938 staatenlos werden sollten. Die Nazis nehmen diese Pläne zum willkommenen Anlaß für die Deportation der polnischen Juden. Sie erhalten Aufenthaltsverbote und werden meist zu Hause von der Gestapo abgefangen und zu den Bahnhöfen gebracht. Ihren gesamten Hausstand müssen sie zurücklassen. Die Reichsbahn bringt sie in Sonderzügen zur polnischen Grenze. Sie sollen zu Fuß die grüne Grenze überqueren. Doch Polen verweigert die Einreise. Tagelang irren Zehntausende im Grenzgebiet herum, bis Polen die Unglücklichen schließlich doch noch aufnimmt. Nachdem Polen 1939 von Deutschland besetzt worden ist, werden die meisten in die Vernichtungslager deportiert und dort ermordet.

In Leipzig sind 1938 3364 Juden mit polnischer Staatsangehörigkeit registriert.[82] Am 28. Oktober früh morgens wecken Schutz- und Kriminalpolizei die Menschen und erklären sie für verhaftet. Nur wenige Dinge können in höchster Eile gepackt werden, alle Wertsachen müssen zurückbleiben. Mit Lastwagen werden die Juden zur Turnhalle der Höheren Israelitischen Schule gebracht, die als Sammellager dient. Der erste von vier Deportationszügen verläßt Leipzig an diesem Tag um 9 Uhr morgens. Fast 1300 Menschen finden auf dem Gelände des polnischen Konsulats in Leipzig Zuflucht und entgehen so der Massenabschiebung. Aus Leipzig werden mehr als 1500 Menschen an die polnische Grenze deportiert. Darunter befinden sich auch Auguste und Jakob Adler. Sie müssen außerhalb eines Bahnhofs aussteigen und mit ihrem Gepäck zu Fuß, bewacht von SS und Polizei, losziehen. Mitten in der Nacht erreicht der Treck Leipziger Juden einen Ort. Am nächsten Tag erfahren die Abgeschobenen, daß sie in Polen sind. Die weitere Leidensgeschichte von Auguste und Jakob Adler ist nicht bekannt, aber offenbar gelangen sie nach Warschau. Im dortigen jüdischen Ghetto werden sie wahrscheinlich 1942 oder 1943 ermordet.

Arno Wasserstrom ist 1933 als Direktor des Bankhauses Kroch ein wohlhabender Mann. Der Bruder von Leonies 1931 verstorbener Großmutter Anna ist mit seiner christlichen Frau Ida Anna verheiratet, seine Bindungen zum Judentum sind soweit gelöst, daß er zeitweise aus der Gemeinde austritt. Mit der Machtübernahme der Nazis beginnt sein wirtschaftlicher Abstieg. Den Direktorenposten muß der 1879 geborene Arno Wasserstrom schon bald abgeben, danach schlägt er sich als Kaufmann durch. 1938/39 bemüht er sich vergeblich um seine Auswanderung in die USA oder in die Schweiz. In einem Fragebogen der Reichsvereinigung der Juden in Deutschland, Abteilung Wanderung, aus dem Jahre 1940, werden unter »bisherige Auswanderungsbemühungen« die Wartenummern 63011/12 des Ehepaares für ein US-Visum notiert. Arno Wasserstrom ist zwischenzeitlich schwer erkrankt: »Linksseitig gelähmt, fast blind«, heißt es in dem Formular zu der Frage, ob »der Besucher oder eines der Familienmitglieder an schwere körperliche Arbeit gewöhnt und hierzu imstande« ist.[83] Ab 1939 muß das Ehepaar Wasserstrom häufig umziehen. Zuletzt lebt es in dem »Judenhaus« Humboldtstraße 15 zur Untermiete. Am 7. August 1942 stirbt Arno Wasserstrom in einem Leipziger Krankenhaus. Er ist 63 Jahre alt geworden. Seine Urne wird am 16. August 1942 auf dem Jüdischen Friedhof beigesetzt. Über das Schicksal seiner Frau ist nichts bekannt.[84]

Leonie Frankensteins christlicher Stiefvater Theodor Kranz überlebt die Nazizeit. Kurz nach der Deportation seiner Ehefrau nach Auschwitz wird die gemeinsame Wohnung in der Dresdner Straße 14 Anfang Dezember 1943 ausgebombt. Theodor Kranz zieht zu seiner Mutter, die ebenfalls in Leipzig wohnt. Nach dem Krieg arbeitet er beim Reichsbahn-Ausbesserungswerk Leipzig-Engelsdorf und heiratet erneut. Sein rebellischer Geist ist ihm geblieben. Nachdem er gegen die Arbeitsbedingungen protestiert hat, muß Theodor Kranz 1952 aus der DDR flüchten. Über West-Berlin erreicht er die Bundesrepublik und läßt sich mit seiner Frau in Dortmund nieder. Die Beziehungen zu seiner Stieftochter Leonie und deren Familie bleiben sein Leben lang herzlich: Regelmäßig besucht er Familie Frankenstein in Schweden und seine Verwandten in Gröningen in der DDR. Eine Weiterbildung hat der Tischler nie absolviert, deswegen bleibt der künstlerisch begabte Mann bis zu seiner Verrentung ungelernter Arbeiter.
1959 beantragen Theodor Kranz und Leonie Frankenstein als Erbengemeinschaft bei der Bundesrepublik Deutschland eine Entschädigung für die Haft und die Ermordung der Ehefrau beziehungsweise Mutter. Für »Schaden an Freiheit« und »Schaden an beruflichem Fortkommen« werden Theodor Kranz ein Jahr später exakt 195,25 Mark ausgezahlt, ein Viertel der Gesamtsumme. Empört schreibt er an die Behörde: »Zwölf Jahre hindurch durfte mich jeder Schmutzfink ungestraft wegen meiner ehelichen Verbindung ein Judenschwein nennen. Zwölf bzw. zehn Jahre waren wir all den Diskriminierungen ausgesetzt, von denen heute keiner mehr eine wahrhaben will. Zu den tausend Ängsten des Krieges kamen die um die illegal in Ruinen vegetierende Vierkopf-Familie meiner Stieftochter, ganz abgesehen davon, was uns allein daraus für materielle Anspannung erwuchs, die entsetzt zu sehen selbstverständlich eine absolute Unmöglichkeit ist, allein um des

Menschentums willen, das doch von den Rechtsvorgängen so in den Dreck getreten wurde – kurz, alle Schande, alles Leid, man glaubt es abgegolten zu haben mit 195,25 DM, meinem ›gesetzlichen Anteil‹.«[85]

Seine letzten Lebensjahre verbringt Theodor Kranz in der Kleinstadt Übach-Palenberg bei Aachen. Er stirbt 1980 im Alter von 83 Jahren.

Die Helfer

Edith Berlow und ihr jüdischer Freund Kurt Hirschfeld arbeiten 1944 weiter für die »Gemeinschaft für Frieden und Aufbau«. Die Widerstandsgruppe bringt noch ein drittes Flugblatt heraus, das sich erneut gegen den Krieg wendet. Sie bedrohen die jüdischen Gestapo-Spitzel mittels fingierter Todesurteile. Der aus dem Ghetto Theresienstadt entkommene Werner Scharff plant sogar, in Berlin lebende Juden mit Waffengewalt zu retten. Dazu will er kurz vor Kriegsende das letzte große Sammellager und Gefängnis für Juden im Jüdischen Krankenhaus in der Schulstraße stürmen.

Doch dazu kommt es nicht mehr. Im April 1944 gelingen der Gestapo erste Verhaftungen aus dem Kreis der Widerstandsgruppe. Die Ehefrau eines zum Tode verurteilten Wehrmachtsoffiziers verrät eine der Beteiligten, als diese die Frau für die Gruppe anwerben will. Es dauert dennoch ein halbes Jahr, bis die Nazis genügend Material zusammengetragen haben, um die »Gemeinschaft für Frieden und Aufbau« zu zerschlagen. Werner Scharff und seine Frau Gertrud, die sich zeitweise zusammen mit Familie Frankenstein unter dem Namen Irma Dreger bei Arthur Ketzer aufgehalten hat, werden in ihrem Versteck in einem Sommerhaus in dem Dorf Prieros südöstlich von Berlin verhaftet. In Luckenwalde kommen Hans Winkler und seine Bekannten in Haft. Auch Fancia Grün, die Freundin von Werner Scharff, entgeht nicht der Gestapo. Nach einer zweiten Verhaftungswelle im Dezember 1944 gibt es die »Gemeinschaft für Frieden und Aufbau« nicht mehr. Der Volksgerichtshof beraumt für den 23. April 1945 die Verhandlung an. Der Vormarsch der Roten Armee macht den Termin zunichte. Am ersten Tag der geplanten Verhandlung setzt sich das Gericht ab, kurz darauf erobern sowjetische Truppen die Stadt. Alle Widerständler, die im Potsdamer Gefängnis inhaftiert worden sind, kommen frei. Die jüdischen Mitglieder sind jedoch in Konzentrationslager geschickt worden. Viele von ihnen werden ermordet. Werner Scharff, der Kopf der Gruppe, wird am 16. März 1945 im Konzentrationslager Sachsenhausen erschossen. Fancia Grün kommt nach Theresienstadt und wird dort am 3. März 1945 »zur Abschreckung« erschossen. Gertrud Scharff überlebt im Gefängnis. Sowjetische Truppen befreien sie. Sie wandert später in die USA aus, heiratet erneut und stirbt 1999 im Alter von 84 Jahren unter dem Namen Gertrude Solomon in Florida.

Arthur Ketzer, der die Familie Frankenstein bis zur Ausbombung des pharmazeutischen Betriebs in der Königsallee 23 versteckt gehalten hat, wird am 7. Oktober 1944 verhaftet. Er muß in »Schutzhaft« ins »Arbeitserziehungslager« Berlin-Wuhlheide, das von der Berliner Gestapo betrieben wird. Dort sind vor allem ausländische Arbeiter inhaftiert, denen die Gestapo »Arbeitsscheue« vorwirft. Sie leben in Baracken und müssen oft mehr als 12 Stunden auf Baustellen der Reichsbahn Zwangsarbeit leisten. Viele werden gefoltert, gequält und ermordet. Arthur Ketzer gehört zu den politischen Gefangenen. Sein Rechtsanwalt schreibt später: »Ich habe in Erfahrung gebracht, daß Herr Ketzer nicht nur wegen Unterstützung von Juden, sondern auch wegen Beihilfe zu Hochverrat in Haft genommen war.«[86] Der Mitgefangene Dolf Johan Marie van der Ven aus den Niederlanden stellt Ketzer später ein glänzendes Zeugnis aus: »Er als Deutscher bekam regelmäßig Pakete, die

Herr Ketzer immer mit uns teilte, obwohl er die Lebensmittel selbst ganz gut gebrauchen konnte. [...] Daß Herr Ketzer uns nicht nur mit Worten, sondern mit Taten stets zur Seite gestanden hat, zeigt eine absolute Kameradschaftlichkeit, die seine Mitgefangenen, Deutsche, Franzosen oder Holländer zu schätzen wissen. Und deswegen sind wir Herrn Ketzer sehr viel Dank schuldig.«[87] Am 17. Februar 1945 kommt Arthur Ketzer durch Bestechung der Lagerleitung frei. Vor einer drohenden erneuten Verhaftung setzt er sich nach Bayern ab. Arthur Ketzer ist am 23. Februar 1980 nahe Lichtenfels mit 83 Jahren gestorben.

Im Jahr 2007 ehrt ihn die israelische Holocaust-Gedenkstätte Yad Vashem auf Antrag von Leonie und Walter Frankenstein für seine große Hilfe für verfolgte Juden postum als »Gerechten unter den Völkern«. Es ist die höchste Ehrung, die der Staat Israel an Nichtjuden vergibt. »Wer immer ein Menschenleben rettet, hat damit gleichsam die ganze Welt gerettet«, steht auf der aus diesem Anlaß verliehenen Urkunde. Es sind Worte aus dem Talmud. Arthur Ketzers Name ist auf einer Gedenktafel im »Garten der Gerechten« in Jerusalem verewigt. Als »Gerechte unter den Völkern« wird dort an über 22 000 Frauen und Männer erinnert, die Juden während der Nazizeit in höchster Not beistanden. Darunter sind etwas mehr als 450 Deutsche.

Edith Berlow, die wichtigste Helferin der Familie Frankenstein, entkommt der Gestapo. Offenbar hat keiner ihrer inhaftierten Freunde ihre Adresse preisgegeben. Auch ihre Wohnung in der Grunewalder Villa bleibt von Durchsuchungen unbehelligt. Wie knapp sie den Nazis entronnen ist, hat Edith Berlow selbst beschrieben: »Werner Scharff kam zu mir und fragte, ob er in meiner Wohnung ein Treffen veranstalten könnte. Ich weiß noch wie heute, ich stand in der Küche, habe mich am Herd umgedreht und habe gesagt: Werner, ich habe Angst. Ich

kann es nicht machen. Er sagte, das könne er absolut verstehen. Ein paar Tage später ist er verhaftet worden.«[88]
Edith Berlows jüdischer Freund Dr. Kurt Hirschfeld, den sie mehr als zwei Jahre in ihrer Wohnung versteckt hielt, verbringt die letzten Tage der Naziherrschaft im Wünsdorfer Sommerhaus des Schauspielers Hans Söhnker, der mit Ediths Schwester Charlotte verheiratet ist. Nach seiner Befreiung arbeitet der Mediziner schon am nächsten Tag im Wünsdorfer Militärkrankenhaus.[89] Am 1. Juni 1945 heiraten Edith Berlow und Kurt Hirschfeld in Berlin – endlich, denn während der Nazizeit war die Eheschließung zwischen einem Juden und einer »Arierin« verboten. Kurz darauf wird er Chefarzt am Berliner Rudolf-Virchow-Krankenhaus. Dort fühlt sich Dr. Hirschfeld bald geschnitten, er klagt über Neider und Antisemiten. 1948 emigrieren beide nach New York.[90] Sie arbeitet als Sekretärin, er baut seine eigene Praxis auf. Dr. Kurt Hirschfeldt stirbt 1971 im Alter von 73 Jahren. Seine Frau entschließt sich danach zur Rückkehr nach Berlin. 1992 wird Edith Hirschfeldt auf Initiative von Leonie und Walter Frankenstein von der israelischen Gedenkstätte Yad Vashem als »Gerechte unter den Völkern« ausgezeichnet. Drei Jahre später stirbt sie im Alter von 92 Jahren.
Walter Frankenstein hat Edith Berlow kurz nach der Befreiung in ihrer Wohnung besucht, um ihr zu danken. Im Sommer 1945 begegnet er auch Sofie Döring, die ihn monatelang in ihrer Wohnung versteckt hat, und berichtet ihr von seiner bevorstehenden Auswanderung nach Palästina. Sofie Dörings Hilfe für untergetauchte Juden ist nicht verraten worden. Sie lebt noch bis 1963 in der Emser Straße 16, der Wohnung, in der Walter Frankenstein und sein Freund Arthur Katz versteckt waren. 1966 ist sie im Alter von 64 Jahren gestorben.
Arthur Katz entkommt den Nazis, wird aber bei der Befreiung beinahe von den Sowjets erschossen. Fünf russische Sol-

daten, die seinen Beteuerungen, daß er Jude ist, keinen Glauben schenken, schleppen ihn in einen Keller. Erst im letzten Moment entdeckt einer von ihnen in Arthur Katz' Brusttasche den Judenstern.[91] Arthur Katz arbeitet später für den Ost-Berliner Rundfunk und danach für den RIAS Berlin. 1948 wandert er nach Großbritannien aus und heiratet dort. Er stirbt 1986 im Alter von 76 Jahren.

Auch Heinrich Grünbaum, der, selbst illegal lebend, Walter Frankenstein bisweilen mit Lebensmitteln versorgt hat, wird nicht entdeckt. Er heiratet nach dem Krieg seine Freundin Alice, die rechtzeitig nach England entkommen ist. Später emigrieren beide nach New York. Der gelernte Kürschner eröffnet dort eine Pelzwerkstatt. Er stirbt im Jahr 1973.

Eva Reich, die die Familie Frankenstein um die Jahreswende 1943/44 in ihrer Wohnung aufgenommen hat, geht nach Großbritannien und trifft dort ihren Vater Felix Reich wieder, den früheren Direktor der Israelitischen Taubstummen-Anstalt in Berlin-Weißensee. Später wandert sie nach Buenos Aires aus und heiratet dort. 1993 besucht sie zur Eröffnung einer Ausstellung über das Taubstummenheim noch einmal Berlin.

Charlotte Anderfuhr, die Leonie Frankenstein und ihren Sohn Peter-Uri 1943 für kurze Zeit in ihrem Haus in Gröningen versteckt hat, bleibt ihr ganzes Leben in der Kleinstadt. Ihre Hilfe wird von den Nazis nicht aufgedeckt. Die Schwester von Theodor Kranz stirbt 1994 in Gröningen.

Der »Halbjude« Rudi Cohn, der das Ehepaar Frankenstein 1943 in einer Baubude versteckte, überlebt die Nazizeit. Nach dem Krieg wandert er ins Ausland aus.

Von einigen Helfern konnte die Identität nicht geklärt werden. Was aus dem älteren Tischler Koch geworden ist, der Walter Frankenstein in seiner Leipziger Werkstatt beherbergte, ist nicht bekannt. Dasselbe gilt für die Bordellbetreiberin Mary, die die vierköpfige Familie Frankenstein in ihrer Kellerwohnung versteckte, und die Prostituierte vom Berliner Curth-Damm, von der nur der Name Dora bekannt ist.

Freunde, Lehrer und Kollegen

Als Leonie Rosner als Zwölfjährige kurz nach der Machtübernahme der Nazis zum zionistischen Jugendbund Habonim kommt, wird sie von ihrer besten Freundin Inge Rosenthal eingeführt. Dieser gelingt rechtzeitig die Ausreise nach Palästina. Sie heiratet in Israel und bekommt zwei Töchter. Auch die meisten Schüler und Lehrer von der Jugend-Alija-Schule in Berlin entkommen rechtzeitig aus Deutschland. Dr. Franz Ollendorff, der zu Leonies Schulzeit 1935/36 die Wohngemeinschaft der externen Schüler leitete, wird später zum zweiten Direktor der Institution berufen. Im März 1937 emigriert er nach Palästina, wird Professor für Elektrotechnik am Technion in der Hafenstadt Haifa und begründet dort eine eigene Fakultät. 1960 verleiht ihm die Technische Universität Berlin, die ihn bei der Machtübernahme der Nazis entlassen hatte, die Ehrendoktorwürde. Sein ehemaliger Schüler Yehoshua Zeevi erinnert sich, daß Franz Ollendorff sein Leben lang intensiv über seine Zeit an der Berliner Jugend-Alija-Schule nachdachte und viel darüber diskutierte. Professor Ollendorff stirbt im Dezember 1981. Xiel (Yekutiel) Federmann ist 1935 Direktor der Jugend-Alija-Schule. Er verläßt Deutschland 1938 und kommt zunächst nach London. Im März 1940 erreicht er Palästina.[92] Nach dem Krieg übernimmt er die Pension Käte Dan an der Strandpromenade von Tel Aviv. Aus dem kleinen Hotelbetrieb entwickelt sich im Lauf der Jahrzehnte die bekannte israelische Dan-Hotelkette unter Federmanns Leitung. Er stirbt im Januar 2002.

Die vierköpfige Familie Henschel, bei der Leonie Rosner 1938 in Leipzig als Kindermädchen gearbeitet hat, erreicht im Ja-

nuar 1939 Uruguay. Hans Henschel schlägt sich zunächst mit dem Verkauf von Karnevalsartikeln durch und begründet später einen Metallbetrieb. Käthe Henschel wird nur 35 Jahre alt. Sie stirbt 1945 in Uruguay, ihr Mann Hans 1968 im Alter von 59 Jahren. Gabriela, die von Leonie Rosner als Baby betreut worden ist, lebt heute in der argentinischen Hauptstadt Buenos Aires. Ihre Schwester Eva Maria ist von Uruguay nach Spanien ausgewandert und wohnt in Barcelona.
Die Leiterin des Jüdischen Seminars für Kindergärtnerinnen und Hortnerinnen Margarethe Fraenkel, bei der Leonie Rosner einige Monate zur Ausbildung war, muß nach Schließung der Schule durch die Nazis 1942 verschiedene Arbeiten annehmen. Sie verläßt Berlin, überlebt die Verfolgung und stirbt 1946 in Frankfurt am Main.
Philipp Cahn, der letzte Direktor der Israelitischen Taubstummen-Anstalt in Berlin-Weißensee, wird am 17. Mai 1943 nach Theresienstadt deportiert und im selben Jahr im Alter von 56 Jahren ermordet.
Heinz Bukowzker, Walter Frankensteins Schulkamerad in Flatow, lebt zu Beginn der 1940er Jahre in Berlin. Er und seine Mutter Grete werden am 3. März 1943 nach Auschwitz deportiert. Beide gelten als verschollen. Mithäftlinge berichteten später, daß Heinz Bukowzker bei einem Fluchtversuch erschossen wurde.
Walters Klassenlehrerin an der jüdischen Schule in der Berliner Rykestraße, Erna Samuel, wird am 29. November 1942 nach Auschwitz deportiert und dort ermordet.
Von den zehn Kollegen Walter Frankensteins bei der Zwangsarbeit für die SS überlebt nur einer: Max Schwarzwälder. Er ist mit einer »Arierin« verheiratet. Weil aus der Ehe zwei Kinder hervorgegangen sind, gilt die Ehe als »privilegiert«. Max Schwarzwälder wird nicht deportiert und meldet sich nach der Befreiung bei der Jüdischen Gemeinde Berlin. Auch Wal-

ters Polier Arthur Michelsohn lebt in »privilegierter Mischehe« mit einer Christin. Walter Frankenstein kann sich daran erinnern, daß er ihn 1944 oder 1945 zufällig auf der Straße getroffen hat: »Der schaute mich nur an und sagte: Walter, du lebst?« Am 1. Mai 1945, einen Tag vor dem Waffenstillstand in Berlin, erschießen die Nazis den früheren Architekten Arthur Michelsohn unter ungeklärten Umständen in einem Bunker in Berlin-Friedrichshain. Auf der Beerdigungsanmeldungskarte ist als Todesursache vermerkt: »getötet durch SS«.[93] Alle anderen Kollegen kommen schon im März 1943 kurz nach der »Fabrikaktion« nach Auschwitz. Darunter ist auch Willy Holz, zuvor einer von Walter Frankensteins Lehrern an der jüdischen Bauschule. Keiner von ihnen kehrt zurück.

Die Kinder und Erzieher des Auerbach'schen Waisenhauses

Als Leonie und Walter Frankenstein im Spätherbst 1941 das Auerbach'sche Waisenhaus verlassen, verlieren sie rasch den Kontakt. Er sagt: »Von den alten Auerbachern war ja fast niemand mehr da. Da gab es die Kinder aus dem Pankower Waisenhaus, die nach der Zwangsschließung gekommen waren. Aber mit denen hatte ich nicht so viel am Hut. Einige Freunde, die im Auerbach lebten, kamen ein paarmal zu Besuch.« Schon bald müssen Leonie und Walter Zwangsarbeit leisten. Das junge Paar hat genug damit zu tun, den schwierigen Alltag zu organisieren.

Einigen Erziehern gelingt die rechtzeitige Auswanderung. Dazu zählt Ilse Löwenstern, die am 9. November 1938 als amtierende Direktorin die Pogromnacht durchstand. Sie flüchtet kurz vor Kriegsbeginn 1939 nach Indien. Dort arbeitet sie zunächst als Erzieherin für eine britische Familie und später an einer Schule im Himalaja. Nach Kriegsende kommt sie nach Palästina, entschließt sich dann aber zur Rückkehr nach Deutschland, wo sie bis zu ihrer Pensionierung als Lehrerin arbeitet. Heute lebt Ilse Löwenstern bald hundertjährig in einer westdeutschen Stadt. Regelmäßig telefoniert Walter Frankenstein von Schweden aus mit seiner ehemaligen Erzieherin. Auch der Erzieher Heinz Frank, dessen Namen er während der Illegalität zeitweise annahm, emigriert und lebt später in Kanada. Der langjährige Direktor Jonas Plaut gelangt 1939 mit seiner Frau Selma nach Großbritannien und geht von dort weiter in die USA, wo er 1948 gestorben ist. Selma Plaut wird 102 Jahre alt und stirbt 1992 in den USA.

Der jüdische Gestapo-Spitzel Günther Abrahamsohn, der 1940 und 1941 als Erzieher im Auerbach'schen Waisenhaus gearbeitet hat, wird am 3. Mai 1945 von sowjetischen Soldaten verhaftet. Danach kommt er wieder frei und studiert Architektur an der Technischen Universität Braunschweig. Das Berliner Landgericht verurteilt Abrahamsohn 1952 wegen Freiheitsberaubung zu fünf Monaten Haft. Das Urteil wird in der Revision aufgehoben. Günther Abrahamsohn arbeitet als Architekt und promoviert 1957 in Essen. Danach verliert sich seine Spur.[94]

Viele Jugendliche erreichen vor Beginn des Kriegs noch das rettende Ausland. Es sind vor allem die schon etwas Älteren, die von den »Kindertransporten« nach Großbritannien und in andere Länder profitieren.

Im Jahr 1942 ist an eine den Traditionen gemäße Erziehung im Auerbach'schen Waisenhaus nicht mehr zu denken. Die meisten Erzieher sind inzwischen ausgewandert. Direktor Kurt Crohn gelingt es noch, bei einem seiner Jugendlichen den Nachweis über eine nichtjüdische Großmutter beizubringen. Das rettet diesem später das Leben. Kurt Crohn selbst wird im Februar 1942 zum Rücktritt gezwungen, weil die Gestapo die angebliche Unordnung im Haus moniert.[95] Ob er noch einen Nachfolger hatte, ist nicht bekannt. Nach den Zöglin-

gen aus dem Pankower Waisenhaus weisen die Nazis 1942 auch die Kinder eines Kleinkinderheims zu den Auerbachern ein. Am 1. April bringen Möbelwagen die in ihren Bettchen liegenden Babys in die Schönhauser Allee 162. Dort wird der linke Flügel des Gebäudes für sie frei gemacht.⁹⁶ Das Haus heißt jetzt offiziell »Kinderheim Schönhauser Allee 162«.
Durch Bombenabwürfe in der unmittelbaren Umgebung gehen die Fenster des Waisenhauses zu Bruch. Glas läßt sich für die jüdische Einrichtung nicht mehr auftreiben. Mit Pappe, Papier und alten Laken werden die Fenster notdürftig abgedichtet. Trotzdem wird es mit Beginn des Herbstes 1942 entsetzlich kalt. Das Haus ist mit weit über 200 Kindern überfüllt, denn viele Waisen aus anderen deutschen Städten werden zu den Auerbachern geschickt, weil dort die jüdischen Waisenhäuser schon von den Nazis geschlossen worden sind.
Die ersten Kinder werden von der Gestapo abgeholt. Der Augenzeuge Werner Jacobowitz erinnert sich: »Die mußten so, wie sie waren, aus dem Schlaf raus, auf die Lastwagen steigen. Im Nachthemd. Sie konnten sich nicht mal richtig Schuhe anziehen oder sich warme Sachen umhängen, und es war bitter kalt. Die kamen so in die verschlossenen Wagen und verschwanden für immer.«⁹⁷
Im Spätherbst 1942 werden die Baruch Auerbach'schen Waisenerziehungsanstalten für immer geschlossen. Unterlagen dazu sind nicht mehr vorhanden. Alles, was übriggeblieben ist, sind die Transportlisten über die Deportation der Kinder und ihrer Erzieher.⁹⁸ Am 19. Oktober 1942 verläßt der »21. Berliner Osttransport« den Güterbahnhof Berlin-Moabit mit dem Ziel Riga im besetzen Lettland. Im Zug sind 959 Menschen, ihr Durchschnittsalter beträgt 37 Jahre. Unter ihnen befinden sich 56 Kinder aus dem Waisenhaus. Einige von ihnen sind erst wenige Jahre alt wie Johanna Klein, die mit vier Jahren deportiert wird. In diesem Zug ist auch der zehnjäh-

rige Gert Rosenthal, um den sich Walter Frankenstein seinerzeit gekümmert hatte. Die meisten Kinder und Jugendlichen sind zwischen neun und 16 Jahren alt, das jüngste zählt gerade einmal ein Jahr. Offenbar freiwillig hat sich der Erzieher Peter Süssmann zur Reise gemeldet, um den Kindern beizustehen. Außerdem ist der Lehrling Egon Strassner dabei. Beide gehören in Riga zu den Männern, die dort verschiedenen Arbeitskommandos zugeteilt werden. Alle anderen Menschen einschließlich der Kinder werden sofort nach ihrer Ankunft in den Wäldern um Riga in Gruben erschossen. Von den 81 in Riga zur Arbeit eingeteilten Männern überleben nur 17. Egon Strassner stirbt am 21. Februar 1945 im Alter von 20 Jahren im Konzentrationslager Buchenwald, Peter Süssmann am 1. März 1945 im Alter von 25 Jahren ebenfalls in Buchenwald. Walter Frankenstein erinnert sich an Peter Süssmann: »Er war ein äußerst gebildeter Mensch. Er hat im Auerbach'schen Waisenhaus Kurse in Astronomie und Mathematik gegeben und Theateraufführungen organisiert.«

Der zweite große Transport geht nach Auschwitz. Am 29. November 1942 verläßt der »23. Berliner Osttransport« Berlin. Unter den 998 Insassen befinden sich 66 Kinder aus dem Auerbach'schen Waisenhaus, darunter viele Kleinkinder aus dem Säuglingsheim und ehemalige Schüler der Israelitischen Taubstummen-Anstalt in Berlin-Weißensee. Außerdem sind zwei Erzieher im Zug.

Es ist nur schwer vorstellbar, was in den Tagen vor dem Transport geschehen ist. Haben SS-Männer die Babys in die Lastwagen gehoben, die sie zur Großen Hamburger Straße gebracht haben? Oder mußten das die Erzieher und die älteren Kinder erledigen? Gab es dort Milch und Brei für sie? Haben die zur Unterstützung der Nazis gepreßten Ordner der Jüdischen Gemeinde im Berliner Sammellager noch Decken für den tagelangen Transport der Kleinen mit dem Zug nach

Osten organisieren können? Und dann Auschwitz: Man will sich nicht fragen, was an der Rampe geschehen ist, als der Zug mit seinem Viehwaggon voller Kinder in dem Vernichtungslager eintraf. Von den Kindern und Erziehern aus dem Auerbach'schen Waisenhaus hat niemand überlebt. Die Jüngste, Cilla Fuks, ist Ende November 1942, als der Zug mit ihr nach Auschwitz unterwegs ist, zehn Monate alt. 21 Kinder haben noch nicht ihr viertes Lebensjahr erreicht, als sie ermordet werden. 15 weitere sind unter sechs Jahren alt, zehn zwischen sechs und zehn.

Die Deportationen am 19. Oktober 1942 und am 29. November 1942 sind nicht die einzigen Transporte mit den letzten Kindern des Waisenhauses, nur die größten. Andere Züge gehen am 5. September und 26. Oktober 1942 nach Riga ab. Einzelne ehemalige Bewohner kommen am 2. Januar, 3. März und am 19. April 1943 nach Auschwitz. Gerd Puncher hat seinen Freund Walter Frankenstein noch nach seinem Auszug aus dem Waisenhaus besucht. Er wird schon am 2. April 1942 als Siebzehnjähriger in den Osten deportiert und gilt als verschollen. Die Wirtschaftspraktikantin Eva Fleischmann kommt am 17. Mai 1943 nach Auschwitz und wird dort ebenfalls ermordet. Die Brüder Alfred und Günter Przywoznik sind offenbar die einzigen ehemaligen Auerbacher, die das Konzentrationslager überleben. Sie melden sich nach dem Krieg bei der Berliner Jüdischen Gemeinde und wandern später nach Australien aus. Einem früheren Auerbacher gelingt die Flucht in die Schweiz. Er emigriert später nach Israel.

Direktor Kurt Crohn wird im November 1942 zum Ordnungsdienst im Sammellager in der Großen Hamburger Straße verpflichtet. Das Waisenhaus ist längst aufgelöst und die Kinder ermordet, da ergeht im Januar 1943 gegen ihn und seine Frau Susanne eine Anzeige wegen angeblicher Verschwendung von Lebensmitteln während seiner Zeit als Direktor.[99] Moniert

werden unter anderem, daß 9 Kilogramm Käse, 4,1 Kilogramm Quark und 467 Eier »unberechtigt beantragt und verbraucht« worden sind. Ein Kriminalsekretär notiert, daß Kurt Crohn als Direktor des Pankower Waisenhauses »während des Unterrichts wiederholt politische Bemerkungen gemacht haben soll«. Bei einer Vernehmung durch die Gestapo gibt Kurt Crohn an, für die Lebensmittel-Bedarfsberechnungen sei sein Sekretär zuständig gewesen. Der aber ist nicht mehr greifbar. »Der Jude Max Israel Gottheiner, Verlagsbuchhändler, zuletzt Angestellter der jüdischen Kultusvereinigung in Berlin, ist nach Feststellung beim Einwohnermeldeamt am 14.11.1941 als nach Minsk polizeilich zur Abmeldung gelangt«, heißt es in einem Bericht der Gestapo vom Februar 1943. Er ist nie wieder aufgetaucht und gilt als verschollen.
Zu einem Urteil kommt es nicht mehr. Ende März 1943 meldet die Gestapo dem Generalstaatsanwalt beim Landgericht Berlin: »Die Juden Susanne Sara und Kurt Israel Crohn sind zur Evakuierung gemeldet worden« – »Evakuierung« ist der Tarnname der Nazis für die Deportation. Kurt Crohn wird zusammen mit seiner Frau Susanne und der gemeinsamen Tochter Renate am 1. Juli 1943 nach Theresienstadt deportiert. Von dort kommt er am 28. September 1944 nach Auschwitz, wo er im Alter von 48 Jahren ermordet wird. Seine Frau und Tochter überleben den Holocaust und wandern später nach Israel aus.
Von den vier Juden aus dem Umfeld des Auerbach'schen Waisenhauses, die wie Leonie und Walter Frankenstein untertauchen, kommt nur Hans Rosenthal durch. Der spätere ZDF-Quizmaster versteckt sich in der Laubenkolonie »Dreieinigkeit« bei Berlin.[100] Ende der 1960er Jahre trifft Walter Frankenstein ihn in Berlin wieder: »Das war dasselbe Hänschen Rosenthal, wie er es 25 Jahre zuvor gewesen ist. Überhaupt nicht eingebildet, weil er berühmt geworden war. Das

war eine sehr herzliche Begegnung.« Später telefonieren Walter Frankenstein und Hans Rosenthal noch ab und an miteinander. Hans Rosenthal stirbt am 10. Februar 1987 mit 61 Jahren.

Die anderen drei Versteckten werden entdeckt und ermordet. Die Säuglingspflegerin Nanni Tuchler wird spätestens am 6. Mai 1944 verhaftet und am 19. Mai desselben Jahres im Alter von 20 Jahren nach Auschwitz deportiert. Horst Tichauer gerät schon vor dem 15. Dezember 1943 in Haft und kommt nach Theresienstadt. Er wird in Auschwitz ermordet. Auch Gerda Wohlgemuth stirbt in Auschwitz.

Nach der Deportation der letzten Kinder übernimmt die Reichsjugendführung des Gebietes Berlin das Gebäude in der Schönhauser Allee 162. Die Hitlerjugend zieht ein. Kurz danach wird das ehemalige Auerbach'sche Waisenhaus mit seiner Synagoge des Nordens von Bomben vollständig zerstört.

10 Nur fort aus Deutschland

In Berlin-Neukölln warten Leonie und Walter Frankenstein im Sommer 1945 auf eine Gelegenheit, Deutschland zu verlassen. Berlin wird in einen britischen, einen französischen, einen sowjetischen und einen amerikanischen Sektor aufgeteilt, Neukölln gehört zum US-Sektor. Die Entnazifizierung beginnt. Zunächst gehen die Alliierten äußerst strikt gegen Nazis und ihre Unterstützer vor. Wer der NSDAP angehört hat, verliert alle öffentlichen Ämter. Später erscheint in der US-Zone der berühmt gewordene Fragebogen, dessen 131 Fragen jeder erwachsene Deutsche zu beantworten hat. Unterschieden wird zwischen Hauptschuldigen, Belasteten, Minderbelasteten, Mitläufern und Entlasteten. Aber manche Deutsche glauben schon, sie könnten das Rad wieder zurückdrehen. Sind die »Opfer des Faschismus«, wie die rassistisch und politisch Verfolgten offiziell genannt werden, nicht viel zu sehr privilegiert?
In ihrer Vierzimmerwohnung in der Emser Straße 6 erhält Familie Frankenstein Besuch vom Hausmeister. Die früheren Bewohner möchten ihre Wohnung wieder beziehen. Der Hausherr war Funktionär der NSDAP, das geht aus den von Walter Frankenstein gefundenen Dokumenten eindeutig hervor. Aber Leonie und Walter Frankenstein haben gelernt, sich zu wehren. Leonie Frankenstein: »Es hieß, man müsse beweisen, daß jemand ein Verbrechen begangen hat. Aber die Wohnung diesen Nazis zurückgeben – wir haben gesagt, das komme überhaupt nicht in Frage. Dann ist dieser Hausmeister wieder

erschienen und schlug vor, wir könnten doch zwei Zimmer abgeben. Wir lehnten wieder ab. Da erklärte der Mann, dann müsse er leider zur Polizei gehen. Da sagten wir: Die Zeit ist vorbei, in der wir Angst vor der deutschen Polizei hatten. Sie sind vor Gericht gegangen. Dort erklärte ich, daß man es uns nicht zumuten könne, mit den Mördern unserer Mütter eine Wohnung zu teilen.« Ein US-Kommandeur im Rathaus Neukölln entscheidet, daß die ehemaligen Bewohner kein Recht auf den Einzug erhalten.

Walter Frankenstein sucht eine Arbeit. Der Bezirk Neukölln, Referat Jugend, stellt ihn als Sportlehrer für die »Freizeitspiele 1945« an.[101] Dafür gibt es kein Geld, aber zusätzliche Lebensmittel. Zwar erhalten »Opfer des Faschismus« höhere Rationen als die anderen Berliner. Dennoch ist die Versorgung prekär. Ein Arbeiter erhält täglich auf seine Karte 500 Gramm Brot, 65 Gramm Fleisch, 15 Gramm Fett, 60 Gramm Nährmittel, 20 Gramm Zucker und 400 Gramm Kartoffeln. Hochwertige Lebensmittel gibt es nur auf dem florierenden Schwarzmarkt. Arbeitsplätze sind rar. Bis zur Ankunft der West-Alliierten haben die Sowjets den größten Teil der nicht zerstörten Industriebetriebe demontiert. Das historische Zentrum ist ein einziges Trümmerfeld. Wohnraum ist äußerst knapp, es kommt zu Zwangseinweisungen. Die Versorgung mit Wasser, Gas und Strom stockt bisweilen. Zunächst beginnt die Beseitigung des Schutts: Ab dem 1. Juni können alle jungen Berlinerinnen zur Trümmerbeseitigung zwangsverpflichtet werden. Wer dem nicht Folge leistet, dem droht der Entzug der Lebensmittelkarten.

Die deutsche Kohleproduktion kann den Mindestbedarf nicht befriedigen. Um an Brennmaterial zu kommen, holzen die Berliner im Winter 1945/46 den Tiergarten ab. Viele Menschen sind durch die unzureichende Ernährung geschwächt. Zwischen Oktober 1945 und März 1946 sterben über 60000

Berliner. Viele von ihnen erfrieren. Walter Frankenstein zerhackt im Herbst 1945 die gediegenen Möbel in der Wohnung Emser Straße 6 und verfeuert das Holz in den Zimmeröfen.
Alliierte Soldaten verbreiten in ihren Heimatländern Nachrichten über die schwierige Lage der Juden im Nachkriegs-Berlin. Um den Überlebenden zu helfen, etabliert das jüdische American Joint Distribution Committee, kurz Joint genannt, im Oktober 1945 eine Außenstelle in der Stadt. Ihr erster Leiter wird Philip Skorneck. Er hat die undankbare Aufgabe, festzulegen, wer in den Genuß von zusätzlichen Lebensmitteln kommen darf, denn nicht nur die jüdischen Überlebenden wenden sich an die Hilfsorganisation. Doch die Möglichkeiten sind begrenzt. Skorneck beginnt mit der Ausgabe von Essenspaketen für Juden. Leonie Frankenstein erinnert sich, ein- oder zweimal kleine Pakete erhalten zu haben. Doch schon für die christlichen Ehepartner von »Mischehen« reichen die Rationen nicht aus.
Viele der Lebensmittel kommen von der UNRRA, der United Nations Relief and Rehabilitation Administration. Diese Unterorganisation der Vereinten Nationen kümmert sich um Hilfe und Rückkehr für die von den Nazis Verschleppten, egal aus welchem Land und welcher Religion.
Am Ende des Kriegs sind es rund sieben Millionen Menschen, die, zur Zwangsarbeit oder in Konzentrationslager deportiert, wieder nach Hause zurückkehren möchten oder eine neue Heimat suchen. Für diese Unglücklichen entsteht ein neuer Begriff: Displaced Persons oder abgekürzt DPs. Nicht dazu zählen die deutschen Flüchtlinge aus den Gebieten, die Polen und der Sowjetunion zugeschlagen werden. Die Alliierten sind bemüht, die DPs möglichst rasch wieder in ihre Herkunftsorte zu bringen. Im Westen Deutschlands entstehen schon bald große Flüchtlingscamps. In der US-Zone werden sie ab November 1945 der UNRRA unterstellt. Bis Ende 1945

sind etwa sechs Millionen Menschen repatriiert. Doch die Alliierten machen zunächst keinen Unterschied zwischen Juden und Nichtjuden. Ihnen erscheint selbstverständlich, daß auch die überlebenden Juden wieder an ihren Ursprungsort zurückkehren. Sie übersehen dabei, daß es diese Orte meist gar nicht mehr gibt. Juden, die aus den befreiten Lagern nach Polen zurückkehren, finden dort nichts mehr – keine Verwandten, keine Freunde, keine Bleibe. Von ehemals etwa 3,3 Millionen Juden in Polen leben im Herbst 1945 nur noch 80000. Hinzu kommen etwa 175000 polnische Juden, die den Krieg in der Sowjetunion überlebt haben und die bald darauf zurückkehren. Die große Mehrheit ist ermordet worden, und in den Häusern, die nicht der Zerstörung zum Opfer gefallen sind, leben längst christliche Polen, die nicht zu einem Auszug bereit sind. Im Gegenteil: Schon im August 1945 kommt es in Polen zu ersten antisemitischen Ausschreitungen. In Krakau stürmt eine Menschenmenge die Synagoge und tötet zehn Menschen, viele werden verletzt. Nach einer Untersuchung der polnischen Regierung werden zwischen dem Rückzug der Deutschen im November 1944 und Oktober 1945 351 Juden ermordet. Und die Pogrome gehen weiter, alte christliche Vorurteile leben wieder auf. In der Stadt Kielce fallen im Juli 1946 42 Juden dem Mob zum Opfer.
Die Jewish Agency, die Vertretung der Juden im britischen Mandatsgebiet Palästina, begreift, daß sie den Heimatlosen helfen muß. Soldaten der Jüdischen Brigade, in der die britische Armee jüdische Soldaten aus Palästina zusammengefaßt hat, sind die ersten, die in direkten Kontakt mit den jüdischen Überlebenden kommen. Sie begegnen ihnen in Italien oder in Deutschland. Sie unterstützen sie, soweit es ihnen möglich ist. Doch wenn es darum gehen soll, Tausende nach Erez Israel zu bringen, benötigt man eine starke Organisation. Zudem hat Großbritannien die Einwanderungsquoten drastisch gesenkt:

Von 1939 an durften innerhalb von fünf Jahren maximal 75 000 Juden einwandern. 1945 bekräftigt die britische Regierung, daß pro Monat höchsten 1500 Einwanderungszertifikate ausgegeben werden dürfen. Will die Jewish Agency die Überlebenden wirklich nach Palästina bringen, dann kann ihr das nur durch illegale Einwanderung gelingen.
Alija Bet, so lautet die hebräische Bezeichnung für die illegale Einwanderung (in der wörtlichen Übersetzung: Aufstieg B). Zuständig dafür ist seit 1938 das Institut für den Aufstieg B, Mossad Le-Alija Bet, das zu diesem Zeitpunkt noch nichts mit dem später legendären Geheimdienst zu tun hat. Schon kurz vor und während des Kriegs war es dem Mossad gelungen, Juden mit mehr als 60 Fahrten über die Donau und das Mittelmeer vor dem Holocaust zu retten. Fast 20 000 Menschen konnten so nach Palästina geschmuggelt werden. Doch es gab auch viele Mißerfolge und Opfer, Schiffe wurden von den Briten abgefangen und die Insassen nach Mauritius statt ins Gelobte Land gebracht. Die größte Katastrophe ereignete sich im Februar 1942, als das Schiff Struma unter ungeklärten Umständen auf hoher See unterging und fast 800 Menschen in den Tod riß. 1945 wird die Organisation aktiviert, um die Überlebenden nach Palästina zu lotsen. Anfangs vermutet man in Jerusalem, es gehe vielleicht um 5000 Menschen. Tatsächlich werden bis zur Gründung des Staates Israel im Jahr 1948 mehr als 60 000 Überlebende über die Alija Bet per Schiff das Land erreichen.[102] Mit Hilfe der jüdischen Fluchthilfe verlassen bis 1948 insgesamt etwa 250 000 Menschen ihre alte Heimat in Europa. Viele von ihnen lassen sich später in den USA, Kanada, Lateinamerika und Australien nieder.
1945 geht es zunächst darum, die verbliebenen osteuropäischen Juden an einen Ort zu bringen, wo sie keiner direkten Gefahr für Leib und Leben ausgesetzt sind, wo die Lebensverhältnisse besser sind und von wo aus man die Weiterreise

nach Palästina organisieren kann. Keine Gegend eignet sich dafür besser als ausgerechnet das besetzte Deutschland. So kommt es zu der paradoxen Situation, daß die Zahl der jüdischen DPs in den großen Lagern in Westdeutschland und Österreich nicht sinkt, sondern immer weiter steigt. Überlebende und Abgesandte aus Palästina, *Schlichim* genannt, arbeiten gemeinsam für die Fluchthilfeorganisation Bricha (hebr.: Flucht), organisieren die Reise über die Grenzen und Demarkationslinien nach Palästina.

In Deutschland müssen die in den Lagern befreiten jüdischen Überlebenden in den ersten Monaten unter furchtbaren Bedingungen leben. In den DP-Camps gibt es zuwenig Kleidung und Lebensmittel. Manche müssen weiter in ihrer gestreiften KZ-Kleidung umherlaufen. Sie leben hinter Stacheldraht, haben keinen Kontakt zur Außenwelt. Ein von US-Präsident Harry S. Truman in Auftrag gegebener Untersuchungsbericht kommt im August 1945 zu dem niederschmetternden Ergebnis: »Es scheint, wir behandelten die Juden wie die Nazis mit dem Unterschied, daß wir sie nicht umbringen.«[103] Als Konsequenz werden in der US-Zone besondere Lager für die jüdischen Überlebenden eingerichtet, in denen eine bessere Versorgung sichergestellt ist. Die Menschen erhalten eine Selbstverwaltung. Es entwickeln sich jüdische Zeitungen und Kulturgruppen. Das größte Lager entsteht auf dem ehemaligen Wehrmachtskasernengelände im oberbayerischen Landsberg am Lech.

In Berlin registriert Philip Skorneck vom Joint eine wachsende Zahl von polnischen Juden, die in die Westsektoren der Stadt drängen. Die ersten kommen im August 1945, und danach reißt der Strom nicht mehr ab. »Bis Ende Dezember sind zwischen 10 000 und 11 500 osteuropäische Juden durch Berlin gekommen«, heißt es in seinem Bericht.[104] Berlin ist einer der Zielpunkte für die Flucht der Juden nach Westen. Auf der

sogenannten Nordroute schmuggeln polnische Überlebende ihre Glaubensbrüder von Stettin aus, das gerade polnisch geworden ist, nach Berlin. Der Transport erfolgt mit Lastwagen, die russischen Grenzsoldaten werden bestochen. In Berlin existiert eine Gruppe von acht Bricha-Männern aus Polen. In der Stadt entstehen neue Flüchtlingslager. Philip Skorneck vom Joint und die UNRRA helfen bei der Weiterreise und organisieren den Transport von bis zu 200 Menschen am Tag in die britische Zone. Dort fungieren Wehrmachtskasernen nahe des ehemaligen Konzentrationslagers Bergen-Belsen als DP-Camp. Weil aber Großbritannien als Mandatsmacht Palästinas jede illegale Einwanderung besonders scharf verfolgt, versuchen viele Überlebende, möglichst unauffällig im Zug oder auf Lastwagen in die US-Zone weiterzureisen. Sie lassen sich in Bayern registrieren.[105] Ein anderer Weg der Bricha führt über die deutsch-tschechische Grenze. In Bayern entstehen kurzzeitig viele kleine jüdische Gemeinden osteuropäischer Überlebender. In der Kleinstadt Cham wird zunächst nur ein Zeltlager errichtet, in Schwandorf versorgt eine koschere Küche 150 Menschen, in Deggendorf drängen sich weit über 1000 Menschen. Bis zum Sommer 1946 erhöht sich die Zahl der jüdischen DPs in der US-Zone so auf mehr als 140 000.[106]
In Berlin treffen Leonie und Walter Frankenstein bei einem ihrer Besuche in den Räumen der Jüdischen Gemeinde im Herbst 1945 auf Soldaten der Jüdischen Brigade in der britischen Armee. Sie warnen eindringlich vor dem bevorstehenden Winter in der Stadt und empfehlen dringend die baldige Abreise. Bei Leonie und Walter rennen sie damit offene Türen ein, denn beide warten seit Monaten auf die Möglichkeit zur Auswanderung. Palästina ist für sie das einzig vorstellbare Ziel. Doch Einwanderungspapiere für die Einreise können die Männer von der Bricha der ganzen Familie nicht bieten. Leonie Frankenstein berichtet: »Zuerst schlug man uns vor, ich

solle die Kinder alleine nach Palästina schicken. Dort könnten sich dann Walters Brüder um sie kümmern. Alleine! Michael war noch nicht einmal ein Jahr alt. Das konnte ich nicht. Dann hieß es, ich könne mit den Kindern zusammen von Berlin nach Palästina fliegen. Ein amerikanisches Flugzeug würde uns mitnehmen. Als wir zu dem vereinbarten Treffpunkt kamen, war von einem Flugzeug nicht mehr die Rede. Wir sollten mit dem Zug fahren und weiter mit einem Schiff. Und was ist mit meinem Mann? habe ich gefragt. In sechs Wochen ist er bei Ihnen, versprachen die Leute, und das habe ich geglaubt.« Walter Frankenstein erinnert sich: »Sie sagten: Du schickst deine Frau mit den Kindern so schnell wie möglich nach Palästina. Du kommst rasch hinterher.« Es sollten fast zwei Jahre werden.

Philip Skorneck vom Berliner Joint-Büro schreibt im Februar 1946 an die Zentrale in New York: »Im November arbeiteten wir mit der Jewish Agency zusammen und konnten so den Transport von 44 Kindern nach Paris und weiter nach Palästina organisieren.«[107] An Bord dieses Zugs sind Leonie, Peter und Michael Frankenstein. Alle drei besitzen das begehrte Einwanderungszertifikat. Endlich können sie das verhaßte Deutschland hinter sich lassen. In der französischen Hauptstadt kommt die Gruppe zunächst für einige Tage in einem Kloster unter, bis die Weiterfahrt nach Marseille geklärt ist. Dort soll die Seereise beginnen. Ein Marseiller Kinderheim nimmt die Auswanderer auf. Aber dann entstehen Schwierigkeiten. Leonie Frankenstein: »Das Kinderheim lag oberhalb der Stadt und war sehr schön. Aber eigentlich war es gar nicht schön, denn dort wurden wir eingeschlossen. Das Schiff kam und kam nicht. Ich weiß nicht mehr, wie viele Wochen wir dort verbracht haben. Dann bekamen die Kinder die Masern. Da konnten wir wegen der Ansteckungsgefahr erst recht nicht losfahren.«

Erst Anfang 1946 legt der Dampfer mit Leonie, Peter und Michael und den anderen Müttern und Kindern in Marseille ab. In ihrer Kabine erlebt Leonie Frankenstein eine Überraschung: »Dort waren schon zwei junge Männer drin. Sie erklärten, sie würden illegal nach Palästina fahren. Ich hätte den Mund zu halten. Natürlich habe ich sie nicht hinausgeworfen. Wir wollten nur weg!« Leonie Frankenstein nimmt einen leichten Abschied vom kriegszerstörten Europa. Das Passagierschiff mit Ziel Beirut nimmt Kurs auf Alexandria in Ägypten. Von dort geht es nach Haifa in Palästina.
Walter Frankenstein bleibt nicht mehr lange in Berlin. Die Fluchtorganisation Bricha hat ihn, ohne daß er es selbst so richtig mitbekommt, unter ihre Fittiche genommen. Er soll nach München reisen, um dort einen Kontaktmann im Deutschen Museum zu treffen. Dann soll es weitergehen. Walter Frankenstein hat vergessen, wie er eigentlich in die bayerische Landeshauptstadt gekommen ist. Wahrscheinlich haben ihn die Männer von der Bricha zunächst, wie in anderen Fällen auch, zu einer Bahnstation außerhalb von Berlin gebracht. Dort erhält er vermutlich gefälschte Interzonen-Papiere für die Reise mit dem Zug, denn Deutsche dürfen 1945 nur mit besonderer Genehmigung quer durch das Land reisen. Es ist der 15. Dezember 1945. Walter Frankenstein reist alleine. Am nächsten Tag kommt er auf dem Münchner Hauptbahnhof an. »Dort fragte ich einen Bayern nach dem Weg zum Deutschen Museum. Der erklärte mir eine halbe Stunde lang mit Händen und Füßen den Weg. Er sprach einen so starken Dialekt, daß ich kein einziges Wort verstand. Ich habe den Weg dann selbst gesucht und das Museum gefunden. Die Tür war offen, ich ging hinein, doch es war niemand da. Es kam an diesem Tag auch niemand mehr. Ich übernachtete auf einer Bank im Museum. Am nächsten Morgen traf ein Mann ein, dem Akzent nach ein polnischer

oder rumänischer Jude, fragte nach meinem Namen und nahm mich mit.«
Der Unbekannte bringt Walter mit einem Auto der UNRRA in ein oberbayerisches Dorf am Ammersee. »Du fährst in ein Ausbildungslager. Von dort schickt man dich weiter«, habe er gesagt, erinnert sich Walter Frankenstein. Sie erreichen das 500 Einwohner zählende Greifenberg. Dort sagt man ihm: »Hier arbeitest du jetzt. Du sollst die Kondition der Jungs und Mädchen aufbauen und ihnen Verteidigungstechniken beibringen.« Von dem versprochenen baldigen Wiedersehen mit seiner Frau und den Kindern in Palästina ist nicht mehr die Rede.
In Greifenberg besteht erst seit wenigen Tagen ein Ausbildungslager für Juden aus Osteuropa, die die US-Zone erreicht haben.[108] Es gehört zum jüdischen DP-Camp im nahen Landsberg am Lech. In den überfüllten Gebäuden der ehemaligen Saarburgkasernen sind im Dezember 1945 über 6000 Überlebende untergebracht. Die US-Army beschlagnahmt zudem Häuser von Landsbergern und bringt dort weitere Flüchtlinge unter. Die Überlebenden kommen aus ganz Osteuropa: Die meisten stammen aus Litauen, Estland, Lettland, Ungarn, Polen und Rumänien. Sie entwickeln eine neue jüdische Identität. Auf einer Friedens-Siegeskundgebung in Landsberg erklärt Jacob Oleiski im August 1945: »Nein, wir sind keine Polen, trotzdem wir in Polen geboren sind; wir sind keine Litauer, wenn auch unsere Wiege einstmals in Litauen gestanden haben mag; wir sind keine Rumänen, wenn wir auch in Rumänien das Licht der Welt erblickt haben. Wir sind Juden!«[109]
Viele junge Menschen unter den Lagerinsassen wünschen die Gründung landwirtschaftlicher und handwerklicher Betriebe, um sich auf ihr Leben in Palästina vorbereiten zu können. So entstehen rund um Landsberg mehrere Kibbuzim – darunter der Kibbuz Nocham in Greifenberg. Dort gibt es bald Schnei-

derlehrgänge, und eine Schlosserei wird eingerichtet. Außerdem sollen die Jugendlichen möglichst schon vor ihrer Ankunft in Palästina, wo ein Krieg zwischen Juden und Arabern droht, eine paramilitärische Ausbildung erhalten. Und deshalb kommt Walter Frankenstein nach Greifenberg – der im illegalen Leben erfahrene junge Mann soll sie unterrichten.
Walter Frankenstein berichtet: »Ich war der einzige deutsche Jude in der ganzen Gesellschaft, und man lachte mich aus, weil ich kein Jiddisch wie die osteuropäischen Juden sprach. Deshalb begann ich jiddische Zeitungen zu lesen und lernte so die Sprache sehr schnell. Die anderen Jugendlichen kamen von überallher: aus dem Baltikum, aus Ungarn, der Tschechoslowakei. Unter ihnen waren Kinder, die bei den Partisanen überlebt hatten oder in der Roten Armee. In Greifenberg habe ich die Jugendlichen mit vielen sportlichen Übungen auf Vordermann gebracht.«
Der Kibbuz Nocham ist im Gebäudekomplex des ehemaligen Mineralbades Theresienbad untergebracht. Während der Nazizeit baute die NSDAP das Gebäude zu einer Führerinnenschule des Bundes deutscher Mädel (BdM) um. Betreiber war die NS-Organisation »Glaube und Schönheit«. Ab 1942 bis zum Ende des Kriegs diente Theresienbad als Lazarett.[110]
Die jüdischen DPs richten neben der Schlosserei eine Tischlerei, eine Lederwerkstatt und einen Reparaturbetrieb für Radios ein. Eine kleine Gärtnerei entsteht. Walter Frankenstein: »Wir hatten auch einen Kuhstall. Die UNRRA brachte uns drei Kühe. Die wurden oft mit Fleischsuppe gefüttert. Wir hatten ja von nichts eine Ahnung.« In dem großen Haus mit dem Seitenflügel werden Theaterstücke inszeniert, und es wird Hebräisch gelernt. Der deutsche Hausmeister, der schon zu Zeiten der BdM-Schule im Theresienbad agierte, darf im Kibbuz weiter arbeiten. Versorgt werden die Kibbuzniks mit Lebensmitteln von der UNRRA. Die Rationen sind reichlich.

Walter Frankenstein: »Als ich nach Greifenberg kam, bestand dort schon eine Gruppe von ungefähr 40 oder 50 Personen. Danach kamen noch einzelne nach. Zum Schluß müssen wir um die 90 Menschen gewesen sein.« Mit den deutschen Dorfbewohnern entwickelt sich ein reger Tauschhandel. Kaffee und Zigaretten haben die Kibbuzniks mehr als genug. Dafür erhalten sie von den Bauern frisches Fleisch und andere Dinge. Heribert Hübsch aus Greifenberg, Jahrgang 1925, erinnert sich, daß seine Mutter alle zwei Wochen bei einem Juden namens Zeev Kaffee erstanden hat: »Die Leute sprachen alle Jiddisch, deshalb war eine Verständigung leicht möglich.« Sonst gibt es keine Kontakte zwischen Juden und Deutschen. Man geht sich aus dem Weg.
Die Überlebenden fassen in Greifenberg neuen Mut. Nach den Qualen der Nazizeit beginnt für die etwas Älteren ein neues Leben. Für die ganz Jungen, die sich nur an Ghettos und Lager erinnern können, ist es ihr erstes richtiges Leben überhaupt. Jüdische Feste werden begangen und Hochzeiten gefeiert. Walter Frankenstein schlägt in Stockholm das Fotoalbum auf, sucht und findet ein Bild vom Theresienbad. Vom hölzernen Balkon in der oberen Etage hängen die amerikanische Flagge mit ihren Sternen und Streifen und eine Fahne mit dem Davidstern. Er erzählt: »Magda war Ungarin, und er war Pole und kam aus Lodz. Es gab eine große Hochzeit mit 250 Personen. Ich war der Koch. Und nicht nur das – ich habe auch einen Ochsen geschlachtet. Wir hatten bei einem Bauern Kaffee gegen einen bayerischen Ochsen eingetauscht. Den schlachteten wir im Bad, ganz koscher mit einer Sense.«
Walter Frankenstein ist für das paramilitärische Training zuständig. Er bringt den Jugendlichen die Grundübungen der Kampfsportart Jiu-Jitsu bei, die er noch in Flatow erlernt hatte. Er verwahrt die einzige Pistole des Lagers, eine Parabellum. »Damit sind wir ab und zu in den Wald zu Schieß-

übungen gegangen«, sagt er. Immer wieder fragt er bei der Kibbuz-Leitung nach, wann er denn nach Palästina zu seiner Frau und den Kindern fahren könne. »Es hieß: Du kommst mit dem nächsten Transport mit. Aber nichts passierte. Ich bin gegen die Wand gelaufen.«

Leonie, Peter-Uri und Michael Frankenstein erreichen im Januar oder Februar 1946 mit dem Schiff Palästina. In Haifa gehen sie von Bord. »Ich war ein freier Mensch. Ich brauchte keine Angst mehr vor den Nachbarn zu haben. Oder vor irgend jemandem, der hinter mir herrufen würde: Jude!« Mit Datum von 27. Februar 1946, exakt drei Jahre nach dem Abtauchen in die Illegalität in Berlin, erhalten alle drei Legitimationspapiere für das britische Mandatsgebiet. Leonie Frankenstein ist 24 Jahre alt. Sie hat endlich ihr Ziel erreicht.

Sie ziehen zunächst zur Familie von Walters Bruder Martin. Seine Familie erhält für die drei Neuzugänge Pflegegeld. Bei Martin Frankenstein sieht Leonie nach Jahren ihren Onkel Max wieder, der in den 1930er Jahren aus Leipzig nach Palästina ausgewandert war. Er kümmert sich sofort um die drei, sammelt in der Nachbarschaft Kleider für Peter-Uri und Michael, die nur noch Fetzen anhaben, und verschiebt deshalb sogar seine geplante Hochzeitsreise.

Nach einigen Wochen drängt Walters Bruder auf den Auszug seiner Schwägerin und der Kinder – er will die Belastung nicht länger hinnehmen. Martin will Leonie davon überzeugen, doch in einen Kibbuz zu gehen. Doch sie weiß von Walter, daß er nicht in einer Gemeinschaftssiedlung leben möchte, und auch ihre eigenen Erfahrungen auf Hachschara in Deutschland sprechen gegen einen Kibbuz. Leonie Frankenstein kommt mit ihren Kindern nach Hadera, einer Kleinstadt nahe am Meer auf halbem Weg zwischen Tel Aviv und Haifa. Sie berichtet: »Hadera war ein Nest. Wir sind zum Sozialbüro gegangen. Dort war eine sehr nette Dame. Die hat uns eine Einzimmerwohnung verschafft. Und dann habe ich drei Stühlchen, drei Tellerchen, drei Gäbelchen, drei Messerchen, ein Kinderbett und zwei Betten für den Uri und mich bekommen. Ich besaß einen roten Manchesterrock und eine weiße Bluse.« Drei Einzimmerwohnungen ergeben ein kleines Haus, eine Toilette befindet sich draußen. Dieses Viertel in Hadera ist rasch für deutsche und österreichische Flüchtlinge aus dem Boden gestampft worden, die während des Kriegs illegal nach Palästina gekommen und von den Briten bis 1945 auf der Insel Mauritius interniert worden waren. In der Nachbarschaft leben Juden, deren Kibbuz wegen der arabischen Überfälle evakuiert werden mußte. Leonie Frankenstein hat kaum ihre Wohnung bezogen, da bricht sie sich ein Bein. Sie liegt sechs Wochen lang in Gips in ihrem Zimmer. Die Nachbarn helfen. »Sie brachten mir und den Kindern Essen. Micha war ja noch in den Windeln, und sie haben ihn gewickelt. Die Söhne einer Nachbarin, die das KZ überlebt hatten, kümmerten sich um die Kinder. Das war wirklich rührend.«

Doch von ihrem Mann erhält Leonie Frankenstein keinerlei Nachrichten. Dabei sollte er doch längst ebenfalls in Palästina eingetroffen sein.

Das Ziel der Fluchthilfeorganisation Bricha ist es, möglichst viele der Holocaust-Überlebenden nach Palästina zu bringen. Der Mossad richtet unter höchster Geheimhaltung sein europäisches Hauptquartier in Paris ein. Er ist für den eigentlichen Seetransport über das Mittelmeer zuständig. Das erste der illegalen Schiffe verläßt Italien am 21. August 1945 und kann unbemerkt am Strand von Caesarea in Palästina landen. Doch es faßt nur 35 Menschen. Bis zum Jahresende gehen weitere sieben Boote aus Italien und Griechenland ab. Zusammengenommen sind weniger als 1000 Einwanderer an Bord. Wenn die Alija Bet nicht ein Tropfen auf den heißen Stein bleiben soll, sind ganz andere Dimensionen gefordert.

Großbritannien ist alarmiert. Die Mandatsmacht in Palästina erwartet eine Welle illegaler Einwanderung und trifft militärische Vorbereitungen. Zur Ausstellung von mehr Einwanderungszertifikaten ist London nicht bereit. Den Vorschlag von US-Präsident Truman im August 1945, 100000 Holocaust-Überlebenden die Einreise nach Palästina zu gestatten, lehnt die Regierung ab. In London befürchtet man für den Fall einer jüdischen Massenimmigration eine Ausweitung der arabischen Proteste. So hängt ein Erfolg der Bricha davon ab, ohne Aufsehen Schiffe zu kaufen und mit diesen so unauffällig wie möglich Palästina zu erreichen. Zuvor müssen die Reisenden illegal über mehrere Grenzen gebracht werden.

Von 1946 an gelingt es der britischen Marine, mehr und mehr der Einwanderungsschiffe vor ihrer heimlichen Landung an einem palästinensischen Strand abzufangen. Schiffe und Flugzeuge suchen die Küstengewässer ab, bringen die Schiffe auf und schleppen sie in den Hafen von Haifa. Die Schiffe werden beschlagnahmt, die Einwanderer kommen in das Gefängnis von Atlit. In diesem mit Stacheldraht umgebenen Lager südlich von Haifa werden schon seit 1938 illegale Immigranten interniert. Ihre Einreise wird auf die Einwanderungsquote von 1500 Menschen monatlich angerechnet. Dennoch wird die Alija Bet unvermindert fortgesetzt. Für die Zionisten geht es nicht länger nur um den praktischen Erfolg der Operation. Die Einwanderung wird zum Instrument der Propaganda. Mit jedem neuen Schiff – ob erfolgreich gelandet oder nicht – verstärkt sich in der westlichen Welt das Unverständnis über das Vereinigte Königreich, das die Überlebenden des Holocaust daran hindert, ein neues Leben in Erez Israel zu beginnen.

Ab 1946 stechen die Boote nicht länger nur von Italien und, in kleinerem Maßstab, von Griechenland in See. Zu Beginn des Jahres haben die Kommandeure des Mossad beschlossen, ihre Schiffe auch von Frankreich und dem Balkan abzuschicken.

Außerdem kauft man nun wesentlich größere Dampfer, damit mehr Einwanderer Palästina erreichen können. In Palästina steigen unterdessen die Spannungen zwischen britischen Militärs und der jüdischen Bevölkerung. Die Verbände der jüdischen Untergrundarmee Hagana zerstören Straßen und Eisenbahnverbindungen. Radikale Untergrundgruppen wie Irgun und Lechi drängen darauf, die Mandatsmacht direkt anzugreifen. Sie verlangen die freie Einwanderung und die Gründung eines jüdischen Staates und können dabei auf die Unterstützung der jüdischen Bevölkerung bauen. Ihre terroristischen Methoden stoßen dagegen auf breite Ablehnung. Die Briten reagieren auf die Anschläge mit Festnahmen, Hausdurchsuchungen und Ausgangssperren. Bei einem Irgun-Anschlag auf das King-David-Hotel in Jerusalem im Juli 1946 sterben 90 Menschen. Im gesprengten Südflügel des Gebäudes waren Teile der Mandatsverwaltung untergebracht. Die Behörden erlassen drastische Notstandsgesetze.
Anfang Juli 1946 ist für Walter Frankenstein die quälende Wartezeit im Kibbuz Greifenberg in Bayern beendet. Für ihn und seine Gruppe beginnt eine streng geheime Reise nach Frankreich. Walter Frankenstein berichtet: »Wir fuhren auf amerikanischen Militärlastwagen, die von einem Jeep geführt waren. In dem Jeep saßen offiziell Amerikaner, aber in Wahrheit … Über die deutsch-französische Grenze kamen wir nach Belfort. Dort waren gedeckte Tische auf dem Marktplatz aufgestellt. Der Bürgermeister begrüßte uns: Hier kämen die zukünftigen Bürger Frankreichs, sagte er. Das Ganze war natürlich arrangiert. Wir sollten den Eindruck erwecken, als wären wir französische Einwanderer. Die Rede des Bürgermeisters war kaum beendet, da saßen wir schon wieder auf den Lastwagen.« Am 14. Juli, dem französischen Nationalfeiertag, erreicht die Gruppe Lyon. Walter Frankenstein und seine Gruppe mischen sich unter das Volk und feiern mit. Wenig

später erreichen sie ihr vorläufiges Ziel, die südfranzösische Hafenstadt Marseille.

In England macht sich derweil der zweiundzwanzigjährige Walter Braun mit einer Gruppe junger Zionisten auf den Weg nach Frankreich. Der Kölner ist 1939 mit einem »Kindertransport« nach Großbritannien entkommen. Auch er will über Marseille illegal Palästina erreichen. Walter Braun erreicht Marseille etwa zur selben Zeit wie Walter Frankenstein. Beide werden für einige Tage mit ihren Gruppen in einem heruntergekommenen Schloß untergebracht und sehen sich dort zum ersten Mal. Das Schloß gehörte einem geflüchteten Nazi-Kollaborateur. Außerdem richtet die Bricha sieben weitere Flüchtlingsheime zum Teil in ehemaligen französischen Kasernen ein. Zusammen könnten dort bis zu 5000 Auswanderungswillige untergebracht werden. Lebensmittel und Kleidung werden vom Joint in Paris geliefert.

Üblicherweise beträgt die Wartezeit für die Einwanderer nach Palästina bis zur Abfahrt eines Schiffs in den Ausgangshäfen einige Wochen. Tatsächlich verläßt die Yagur Frankreich schon am 29. Juli 1946 mit 754 Menschen an Bord. Doch der Mossad hat mit den jungen Männern andere Pläne. Während Walter Braun sich um die Versorgung der neu ankommenden Einwanderergruppen in der provisorischen Unterkunft im Schloß kümmert, wird Walter Frankenstein zum Hafen von Marseille gebracht. »Da kamen zwei oder drei Abgesandte aus Palästina. Die erklärten mir, daß ich dabei helfen solle, Schiffe umzurüsten. Sie führten mich in die Arbeit ein. Das erste Schiff, mit dem ich es zu tun bekam, war ein Zweimaster, also ein Segler. Der war aus Griechenland gekommen, auch die Besatzung war griechisch. Bei der Ankunft in Marseille hatte es eine Ladung Zigaretten an Bord. Es kamen Möbelwagen, die Proviant geladen hatten – amerikanische Militärpakete. Die wurden abgeladen, die Zigaretten aufgeladen und ins Land geschmuggelt. Meine Aufgabe war es, die Polizisten am Hafentor zu bestechen. Sie haben Zigaretten bekommen. Die Matrosen bekamen ihre Heuer, und dann wurde das Schiff zurechtgemacht.« Walter Frankenstein wohnt im Hafen und erhält Militärverpflegung. »Die Männer gaben mir den Auftrag, und ich habe ihn ausgeführt. Ich benötigte ihre Hilfe nicht, und sie konnten sich auf mich verlassen. Das war alles.« Er trägt wieder, wie zur Nazizeit, einen Decknamen: Aus Walter Frankenstein wird Iankelvic.

Die Schiffe, die der Mossad für die Reise nach Palästina kauft, müssen billig sein, denn der Bricha mangelt es ständig an Geld. So werden Boote gekauft, die für eine Fahrt mit vielen Passagieren durch das Mittelmeer denkbar ungeeignet sind. Meist sind es uralte Küstendampfer, die eigentlich nur zum Transport von Fracht gebaut sind. Übernahme und Ausrüstung der Schiffe für den Personentransport müssen im geheimen erfolgen, damit die Agenten des britischen Secret Service nicht vorab über eine Fahrt zum britischen Mandatsgebiet informiert sind.

Walter Frankenstein alias Iankelvic leitet den Umbau des griechischen Seglers im Hafen von Marseille. »Es wurden Pritschen eingebaut. Das war für mich keine ganz fremde Aufgabe. Ich mußte nicht selbst Hand anlegen, sondern gab die Anordnungen an die Arbeiter. Außerdem war ich für die Annahme der Lebensmittel verantwortlich. Wir bekamen ein paar Fässer mit Eierpulver und Milchpulver. Die palästinensischen Abgesandten haben drei Pistolen und etwas Sprengstoff oder Munition mitgebracht. Die versteckte ich in Holzfässern.« Doch die Sache fliegt auf. Offenbar hat ein griechischer Matrose die Übergabe der Waffen beobachtet und meldet das den Behörden. Walter Frankenstein: »Die Franzosen drückten die Augen zu, solange es um die illegale Einwanderung ging. Aber als nun Waffen ins Spiel kamen, wurde es brenzlig. Die Polizei

ordnete eine Untersuchung an. Sie fanden zwar nichts, aber das Schiff wurde an die Kette gelegt.« Walter Frankenstein wird mit Umbauten an einem anderen Schiff beauftragt, das am 29. September in Marseille vor Anker gegangen ist. Diesmal ist es ein Dampfer. Er trägt den Namen San Dimitrio.
Die San Dimitrio ist ein um 1870 gebautes Küstenschiff mit lediglich 773 Tonnen Wasserverdrängung und Platz für 75 Passagiere. Ausgestattet ist die Nußschale mit einer dreizylindrigen kohlegefeuerten Dampfmaschine.[111] Ein schwedischer Jude hat den Dampfer und sein Schwesterschiff, die San Brasilia, gekauft. Für die Fahrt nach Palästina stehen spanische Matrosen bereit, die in den 1930er Jahren auf seiten der Republikaner gegen den spanischen Diktator Franco gekämpft haben und ihre Heimat nicht mehr betreten dürfen. Bei der Inspektion in Schweden stellen zwei Mossad-Mitarbeiter fest, daß die altersschwachen Schiffe angesichts ihres Zustands unmöglich mit Passagieren an Bord durch die rauhe Nordsee steuern können. Die Mossad-Zentrale in Paris entscheidet deshalb, sie leer nach Südfrankreich zu bringen. Die San Brasilia geht auf einer Sandbank verloren, die Besatzung kann sich retten. Die San Dimitrio erreicht wohlbehalten Marseille.
Leonie Frankenstein wartet in Hadera unterdessen weiter auf ein Lebenszeichen von ihrem Mann. »Ich konnte mir überhaupt nicht vorstellen, wo er war. Keiner hat mir etwas Genaues gesagt. Er müsse wohl in Frankreich sein, hieß es.« Walter Frankenstein: »Es war ja alles geheim. Die wußten ganz genau, wo ich war. Warum sie das meiner Frau nicht sagen konnten, das verstehe ich bis zum heutigen Tag nicht.« Leonie Frankenstein muß sich und die Kinder alleine über Wasser halten. Sie wird Putzfrau mit drei Stellen am Tag. Ihre Hebräisch-Kenntnisse von der Jugend-Alija-Schule in Berlin hat Leonie Frankenstein nahezu vergessen. Sie muß die Sprache zum zweiten Mal erlernen. Doch trotz der Armut ist sie

in Palästina glücklich. Es gibt keine Angst mehr – bis auf die Sorgen um ihren Mann.

Walter Frankenstein hat genug vom ewigen Warten in Marseille: »Ich wußte, daß die San Dimitrio in zwei Tagen abfahren sollte. Da habe ich gesagt, jetzt reiche es aber. Ich wolle endlich zu meiner Familie. Die Männer aus Palästina haben zuerst widersprochen. Am Ende stimmten sie zu.«

11 Illegal ins Gelobte Land

In den Flüchtlingslagern um Marseille laufen seit Wochen die Vorbereitungen für die Fahrt der San Dimitrio nach Palästina. Die spanische Besatzung steht bereit. Dazu kommen einige wenige Juden aus Palästina, darunter ein Funker sowie der Kommandeur Uri Goren. Man ist sich nicht absolut sicher, daß die Abfahrt in einem Hafen stattfinden kann, deshalb müssen die Passagiere auch für den Fall trainiert werden, daß sie nachts von einem einsamen Küstenabschnitt aus einsteigen müssen. Uri Goren beschreibt die Übungen: »Zu verschiedenen Tages- und Nachtzeiten führten wir einen Alarm durch, und binnen kürzester Zeit mußten die Leute ihre Zimmer verlassen und mit vollständigem Gepäck – pro Person 15 Kilogramm – zum Abmarsch antreten. In den Zimmern durfte nichts zurückgelassen werden. […] Nachts schliefen die Leute in ihrer Kleidung, die Rucksäcke fertig gepackt neben sich, da es bei Alarm verboten war, das Licht anzumachen. Nach dem Ende der Aufstellung begannen wir mit unseren Leuten die Trainingseinheiten, bei denen wir auf Berge und Hügel kletterten und wieder hinab zum Strand stiegen. In La Ciotat, wo wir ein Motorschiff hatten, brachten wir die Leute an Bord und kamen übers Meer zurück ins Lager. An diesen Übungen nahmen alle teil – Jugendliche, Frauen und Kleinkinder – ausgenommen Säuglinge und Schwangere.«
Die San Dimitrio ist inzwischen von Walter Frankenstein und weiteren Helfern für die Fahrt von über 1000 Menschen präpariert worden. Im Laderaum türmen sich auf drei und vier

Etagen Holzpritschen. Für jede Person steht ein Raum von 75 Zentimetern Breite, 50 Zentimetern Höhe und 180 Zentimetern Länge zur Verfügung. Die Gänge zwischen den Pritschen sind einen Meter breit. Toiletten, eine Küche, ein Krankenzimmer und ein Raum für Schwangere vervollständigen die Ausstattung. Zwei Elektromotoren regeln die Lüftung für die unter Deck eingepferchten Passagiere, das elektrische System wird mittels eines kleinen Benzinmotors verstärkt, der einen Generator antreibt. Dazu kommen die Funkanlage und – Gasmasken. Die Männer vom Mossad wissen aus Erfahrung, daß die Briten, sollten sie das Schiff entdecken, bevorzugt Tränengas einsetzen, um es zu stürmen.

Die Höchstgeschwindigkeit des Schiffs beträgt maximal neun Knoten. Deshalb werden für 14 Tage Kohle, Lebensmittel und Wasser gebunkert. Pro Kopf und Tag stehen lediglich zwei Liter Trinkwasser zur Verfügung.

Die Abfahrt soll nicht in Marseille, sondern in La Ciotat, einem kleinen Städtchen an der französischen Riviera, stattfinden. Im Morgengrauen des 19. Oktober 1946 werden die Passagiere zum Hafen geleitet. Es sind 1252 Frauen, Kinder und Männer, eine unglaublich hohe Zahl für das winzige Schiff. Die meisten sind zwischen 15 und 30 Jahre alt und kommen aus Polen und den Balkanstaaten. Unter ihnen ist Walter Frankenstein mit seiner Gruppe aus dem bayerischen Kibbuz Greifenberg. Auch Walter Braun, der aus Großbritannien nach Marseille gekommen ist, ist dabei. Das Schiff trägt die Flagge von Panama. Die Passagiere besitzen gefälschte Papiere mit Visa für Bolivien und können eine Reisegenehmigung nach Äthiopien via Beirut und Port Said vorweisen. Doch diese sorgfältigen Vorbereitungen entpuppen sich als weitgehend unnötig. Walter Frankenstein erinnert sich an die französischen Kontrollen: »Da standen ein paar Polizisten und rechneten auf französisch: eins, zwei, drei, vier, fünf. Und

dann wieder zurück: drei, zwei, eins. Sie kamen nie auf die richtige Zahl der Passagiere.« Walter Braun dazu: »Diese Polizisten schliefen im Stehen. Sie standen nur pro forma herum.« Der Kommandeur Uri Goren schreibt, man habe die Polizei davon überzeugen können, daß die Schiffsleitung selbst für die Pässe zuständig sei. Wir wissen nicht, wie viele Päckchen Zigaretten für diese Einsicht notwendig gewesen sind.
Um aus dem Hafen auszulaufen, benötigt das Schiff einen Lotsen. Der aber läßt sich nicht blicken. Gerüchte laufen um, daß der Mann von den Briten bestochen worden sein könnte. Uri Goren entscheidet gegen den Protest der spanischen Besatzung, dennoch abzulegen. Um neun Uhr morgens beginnt die Seereise – und endet beinahe nach wenigen hundert Metern. An der Hafenausfahrt kollidiert die San Dimitrio mit den Felsen des Kais. Walter Frankenstein sagt: »Es gab ein großes Loch an der Seite oberhalb der Wasserlinie. Das haben wir mit Zeltplanen dicht gemacht.« Doch das Schiff ist auch unter Wasser beschädigt worden: Fortan müssen einige Männer Tag und Nacht an den Pumpen arbeiten, um die Räume trocken zu halten.
Endlich bringt ein Schlepper den Dampfer aus dem Hafen auf die hohe See. Damit endet die bisherige Existenz des Schiffs. Aus der San Dimitrio wird die Latrun. Die Zionisten geben allen illegalen Schiffen einen eigenen Kampfnamen. Latrun ist der Name einer Siedlung am Fuß der Berge vor Jerusalem.
Einschließlich der Besatzung und des Mossad sind 785 Männer, 483 Frauen und zehn Kinder an Bord. Ein Baby kommt auf der Latrun zur Welt. Um die Flüchtlinge zu betreuen, ist die Mannschaft viel zu klein. Deshalb erhalten einige der Einwanderer besondere Aufgaben. Walter Frankenstein, dessen Kochkünste aus Greifenberg bekannt sind, wird zum Proviantmeister ernannt und ist damit auch für die Wasserverteilung zuständig. Ein anderer Freiwilliger vermischt versehent-

lich das Süßwasser in den Tanks mit Seewasser. Fortan müssen die Passagiere leicht salziges Wasser trinken. Walter Frankenstein stellt sein Feldbett im Lebensmittellager auf. »Das Essen war ein echtes Problem«, sagt er. »Wir hatten argentinisches Büchsenfleisch an Bord, das war leicht gesalzen. Dann gab es Schiffszwieback, der war steinhart. Der Zwieback war in Ringen geformt, und wir haben dann eine Schnur durchgezogen und ihn über Bord ins Wasser gehängt und aufweichen lassen.« Sein Bekannter Walter Braun bedient die Ventilatoren, mit denen die unter Deck ausharrenden Menschen Frischluft zugeführt bekommen. Dort unten ist es unerträglich eng und stickig. Es riecht nach Erbrochenem, denn viele leiden unter der Seekrankheit. Andere bekommen Durchfall. Nur ab und zu können die Menschen an Deck ein bißchen Luft schnappen, denn für alle wäre der Raum dort viel zu klein. Zudem will man vermeiden, daß britische Flugzeuge durch Menschenansammlungen auf das Schiff aufmerksam werden. Nur schwangere Frauen, Kleinkinder und kranke Kinder erhalten eine Unterkunft auf Deck.
Die Stimmung ist dennoch gut. Walter Frankenstein sagt: »Die Leute waren begeistert – jetzt ging es endlich nach Erez Israel. Ohne diese positive Einstellung wäre alles schiefgegangen.« Mitte Oktober ist das Mittelmeer kein sanftes Gewässer. Schon vor Korsika gerät die Latrun in einen Sturm. Es zeigt sich, daß der Dampfer aufgrund seiner Überladung erhebliche Stabilitätsprobleme hat – die Latrun zeigt zunehmende Schlagseite. Um das Schiff gerade zu halten, müssen Menschen auf Deck auf Befehl von Steuerbord nach Backbord laufen. Der Kommandeur Uri Goren schreibt: »Auf der Kommandobrücke stand stets ein Ordner, und mit Hilfe eines primitiven Lautsprechers lenkte er die Leute auf Deck: Zehn Leute nach links, zwanzig Leute nach rechts, je nach Schlagseite des Schiffs, und so konnte das Ungleichgewicht ausba-

lanciert werden.« Die Latrun kommt viel langsamer voran als erhofft, im Durchschnitt nur fünf oder sechs Seemeilen in der Stunde. Ab und zu bleibt die Maschine zum Entsetzen der Passagiere stehen, kommt dann aber wieder in Gang. Ursprünglich hat man für die Überfahrt nach Palästina mit acht oder neun Tagen gerechnet. Diese Rechnung geht nicht auf.
Auf Höhe der griechischen Insel Kreta gerät die Latrun in ein schweres Unwetter. Uri Goren: »In den Sturmböen neigte sich das Schiff gefährlich mal nach Backbord, mal nach Steuerbord. Wassermassen brachen über Deck herein. Die Leute übergaben sich in einem fort, und bei so manchem brach Hysterie aus. Ich registrierte, daß der Kapitän und seine Matrosen drauf und dran waren, die Nerven zu verlieren. Drei Leute aus der Mannschaft, unter ihnen der Erste Offizier, knieten nieder und beteten zu ihren Göttern.« Der Kapitän empfiehlt dringend, in einer Bucht vor Kreta vor Anker zu gehen, bis sich das Wetter beruhigt hat. Doch das könnte die Entdeckung der Latrun durch die Briten bedeuten, möglicherweise gar die Konfiszierung des Schiffs und die Internierung der Flüchtlinge. Uri Goren wägt dieses Risiko gegen die Gefahr des Schiffbruchs ab. Er will weiterfahren. Viele Passagiere sind körperlich und seelisch am Ende und fürchten den Tod auf hoher See. Die Besatzung verweigert die Weiterfahrt. Es droht eine Meuterei an Bord. Die Mossad-Männer zwingen die Spanier mit vorgehaltenen Waffen, den Kurs Richtung Palästina fortzusetzen. Der Sturm legt sich.
Noch hoffen alle darauf, daß der Dampfer von den Briten unentdeckt bleibt. Der Funker der Latrun hält nun Kontakt mit der Einsatzzentrale in Palästina und wartet auf Befehle. Die Flagge von Panama wird eingezogen. Jetzt weht zur Tarnung eine türkische Fahne. Üblicherweise werden die Flüchtlingsschiffe an der Küste Palästinas in einer einsamen Gegend in seichtem Wasser auf Grund gesetzt. Dann können die

Einwanderer unbehelligt an Land gebracht werden und verschwinden in benachbarten Kibbuzim oder anderen jüdischen Siedlungen, bevor die alarmierten britischen Soldaten eintreffen können. Doch in Wahrheit warten die Mandatsbehörden bereits auf die Latrun. Sie sind offenbar durch einen französischen Zeitungsartikel informiert worden, der kurz vor der Abfahrt des Schiffes veröffentlicht worden ist.
Zehn Tage nach der Abfahrt, am 29. Oktober 1946 um acht Uhr morgens, überfliegt eine britische Aufklärungsmaschine die Latrun. Das Flugzeug kreist über dem Dampfer, offenbar, um Aufnahmen zu machen. In der folgenden Nacht nähert sich ein britischer Zerstörer. Dem Kommandeur Uri Goren sind die guten Englischkenntnisse von Walter Braun aufgefallen, der einige Jahre in Großbritannien gelebt hat. Er wird zum Megaphon gebeten, um mit den Briten zu sprechen. Walter Braun: »Die erste Frage war: Wohin geht ihr? Ich antwortete: Beirut. – Was habt ihr geladen? – Kartoffeln für den Libanon. – Habt ihr illegale Juden an Bord? Da habe ich geantwortet: Es gibt keine illegalen Juden. Zuletzt sagte der britische Kapitän: Wir wissen, daß ihr illegale Juden auf dem Schiff habt. Wir schlagen euch vor, daß ihr umdreht. Wir bringen euch nach Zypern. Da wurde mir der Auftrag gegeben, zu sagen, ob er sich nicht schäme, ein kleines Schiff mit jüdischen ehemaligen KZ-Insassen zu verfolgen.« Die Latrun setzt ihren Kurs fort. Ein spanischer Koch und ein Matrose springen von Bord und erreichen schwimmend das Kriegsschiff. Bald darauf dreht der britische Zerstörer ab. Doch an Bord des Flüchtlingsschiffs wissen nun alle, daß sie entdeckt worden sind. Sie hissen die Flagge mit dem Davidstern. Die Passagiere vernichten ihre Papiere, damit es den Briten unmöglich wird, sie in ihre Heimatländer abzuschieben. Walter Frankenstein zerreißt seine Geburtsurkunde, die er während der Naziverfolgung immer bei sich getragen hat. Er wirft die

Schnipsel ins Meer. Die Blechschachtel mit den Familienbildern behält er bei sich.
Am Morgen des 31. Oktober 1946 kommen Haifa und die Berge des Karmel in Sicht. Die »Operation Bentley« beginnt: Zwei britische Kriegsschiffe erscheinen. Eines nimmt frontal Kurs auf die Latrun und rammt es. Das Schiff bekommt noch stärkere Schlagseite und droht zu kentern. Das andere Kriegsschiff stützt den Dampfer seitwärts ab. Britische Soldaten beginnen damit, die Latrun zu entern. Walter Frankenstein ist an Deck. »Sie haben das Schiff mit Tränengas ertränkt. Sie kamen an Bord, und es begannen Schlägereien. Es gab Verletzte auf beiden Seiten. Wir haben uns nicht freiwillig ergeben. Aber gegen diese Übermacht konnten wir nichts ausrichten.« Die Kriegsschiffe leiten die Latrun in den Hafen von Haifa. Am 1. November 1946 um kurz nach zehn Uhr morgens ist die zwölftägige Seereise beendet, die Juden haben Palästina erreicht. Doch der Versuch, die Einwanderer illegal an Land zu bringen, ist gescheitert. Sie dürfen Erez Israel gar nicht erst betreten.
Die Briten wollen die Flüchtlinge nach Zypern bringen. Auf der britischen Kronkolonie sind seit kurzem Lager für die Juden eingerichtet worden. Sie sollen nicht länger in Palästina selbst auf ihre Entlassung in die Freiheit warten, die dann erfolgt, wenn sie entsprechend der Einwanderungsquote von 1500 Menschen pro Monat ein Zertifikat erhalten. Die von Großbritannien »Operation Iglu« genannte Internierung auf Zypern dient dazu, potentielle weitere Einwanderer von einer Fahrt nach Palästina abzuschrecken. Die Latrun ist das siebte oder achte gekaperte Flüchtlingsschiff, deren Passagiere auf die Insel 150 Kilometer nordwestlich von Palästina gebracht werden sollen.[112]
Im Hafen von Haifa und in der Stadt demonstrieren Tausende Juden gegen die geplante Internierung der Latrun-Pas-

sagiere. Sie sind über den jüdischen Untergrundsender Kol Israel über die Ankunft des Schiffes informiert worden. Die Briten verhängen eine Ausgangssperre und riegeln den Hafen mit Stacheldraht ab. Der normale Schiffsverkehr kommt zum Erliegen. Die jüdische Gemeinschaft versucht in letzter Minute, mit juristischen Mitteln die Einreise der Latrun-Passagiere zu erzwingen. Das geschieht mit einem Präzedenzfall, und der heißt Walter Frankenstein. Sein Bruder Manfred klagt auf seine Freilassung. Ein Rechtsanwalt argumentiert, daß die Verschickung der Flüchtlinge nach Zypern Freiheitsberaubung sei, solange keine entsprechende Verfügung für jeden einzelnen Passagier vorliege. Doch um zum Erfolg zu kommen, müßte Walter Frankenstein seinen Fall in Palästina selbst verfolgen. Jetzt hängt alles davon ab, ihn von Bord zu schmuggeln. Walter Frankenstein wird bei der Einfahrt der Latrun in den Hafen von Haifa bedeutet, er solle sich verstecken. Er wird in Bandagen gewickelt, als ob er schwer verwundet wäre. Doch ein britischer Arzt überprüft die Verbände und entdeckt den Trick. Nur rund eine Stunde nach der Ankunft des Schiffs bilden bewaffnete Soldaten am Kai von Haifa zwei Reihen, die von der Latrun bis zum Truppentransporter Empire Heywood reichen. Die Flüchtlinge leisten passiven Widerstand, weigern sich zu laufen. Sie werden mit körperlicher Gewalt gezwungen, zwischen den Soldaten hindurch wie in einem Spießrutenlauf das Transportschiff nach Famagusta auf Zypern zu besteigen. Unter ihnen ist Walter Frankenstein. Die Empire Heywood und ein Schwesterschiff legen ab. Palästina bleibt für die Holocaust-Überlebenden der Latrun vorläufig ein Traum. Ein britischer Offizier kann noch am selben Tag verkünden, daß die »Operation Bentley« erfolgreich und ohne Zwischenfälle verlaufen sei.[113]
Leonie Frankenstein besitzt in ihrer winzigen Wohnung in Hadera kein Radio. Sie erfährt dennoch, daß ihr Mann in Pa-

lästina angekommen ist. »Nachbarn kamen zu mir. Sie riefen: Dein Mann ist im Hafen, dein Mann ist im Hafen!« Doch bevor sie nach Haifa kommen kann, ist Walter schon nach Zypern gebracht worden. Die Enttäuschung ist riesengroß. Aber immerhin weiß Leonie jetzt nach mehr als einem Jahr völliger Ungewißheit, daß ihr Ehemann am Leben ist und wohin man ihn gebracht hat.

Die Juden Palästinas protestieren mit einem Generalstreik gegen die Verschickung der Latrun-Passagiere. Am 3. November bleiben im ganzen Land die Geschäfte von 12 bis 18 Uhr geschlossen. Die *Palestine Post* schreibt am selben Tag, ein Gericht solle klären, »warum Herr Walter Frankenstein, ein Einwanderer an Bord der Latrun, nicht freigelassen wird beziehungsweise warum ihm nicht erlaubt wird, in Palästina zu bleiben, oder alternativ, warum nicht davon abgesehen wird, ihn in Palästina und/oder auf Zypern zu internieren«.[114] Tatsächlich wird verfügt, daß die Verantwortlichen vor Gericht zu erklären hätten, warum Walter Frankenstein nach Zypern gebracht worden ist.[115] Doch mit Walter Frankensteins Internierung auf Zypern kann der Fall nicht weiterverfolgt werden, weil er sich außerhalb der Jurisdiktion der britisch-palästinensischen Behörden befindet. Der Anwalt zieht die Klage deshalb zurück.[116]

Die kurze Fahrt nach Famagusta ist spannungsgeladen. Die Flüchtlinge schlagen sich mit britischen Matrosen, aber der Widerstand bleibt erfolglos. In der zypriotischen Hafenstadt werden sie ausgebootet. Walter Frankenstein erinnert sich: »Der Gouverneur von Zypern stand am Kai, während wir aus dem Landungsboot ausstiegen. Wir hatten ein Mädchen an Bord, etwa 25 Jahre alt. Sie war im Krieg Offizier bei den Partisanen in Rußland gewesen. Dieses Mädchen stellte sich vor den Gouverneur, beschimpfte ihn und bezichtigte ihn des Antisemitismus. Und dann hat sie ihm ins Gesicht gespuckt.

Er stand da, ohne sich zu rühren.« Zwei Stunden lang protestieren die Flüchtlinge mit einer Sitzblockade im Hafen von Famagusta. Dann werden sie am Nachmittag des 2. November mit Lastwagen ins nahe gelegene Camp Caraolos 63 gebracht. Es gibt keine Häuser oder Baracken, die Flüchtlinge müssen im regnerischen Winter 1946/47 in Zelten der britisch-indischen Armee übernachten. Die Gruppe von Walter Frankenstein aus Greifenberg und Walter Braun sind im selben Lager. Walter Braun mit seinen guten englischen Sprachkenntnissen wird bald zum Übersetzer ernannt. Walter Frankenstein verdingt sich erneut als Koch: »Ich habe für meine Greifenberger gekocht. Wir bekamen kein fertiges Essen, sondern nur die Rohstoffe. Ich baute einen Herd und einen Backofen, die Engländer lieferten das Material: Ziegel, Kalk und Zement. So habe ich unsere Jungs und Mädchen mit Essen versorgt. Es war auch eine gute Beschäftigung, um die Zeit totzuschlagen.« Der Ofen steht im Freien, ein Loch in der Plane verbindet ihn mit der Zeltküche – Walter Frankensteins Reich. Die Greifenberger bekämpfen ihre Internierung mit Humor: Sie nennen sich THM für todhungrig und meschugge und fertigen ein eigenes Emblem aus Stoff an. Es zeigt einen Hering, einen zypriotischen Piaster, einen Eimer und einen Besen.

Die Briten haben auf Zypern ein Netz von Lagern entwickelt.[117] Neben den als »Sommerlager« bezeichneten Camps Caraolos 55, 60, 61, 62 und 63 existieren weitere Lager östlich der Hafenstadt Larnaka. Dort stehen wenigstens Wellblechhütten zur Verfügung. Alle Lager sind mit Stacheldraht eingezäunt, ihr Verlassen verboten. Mehr als 2200 britische Soldaten sind mit der Bewachung der Camps und administrativen Aufgaben beschäftigt. Die deutschsprachige Zeitung *Aufbau* aus New York bringt einen Augenzeugenbericht aus Caraolos: »In der heißen, staubigen Ebene von Zypern, in der Nähe des Hafens

Famagusta, werden 3750 europäische Juden gefangengehalten. [...] Hohe Stacheldrähte, mit drohenden Drahtrollen gekrönt, umgaben uns. Oberhalb der Zäune saßen in Abständen bewaffnete Wachen auf hölzernen Sitzen, auf denen riesige Scheinwerfer aufmontiert waren. Innen standen Zeltreihen, Waschräume aus Wellblech und noch mehr Wachen. [...] Die Juden schlafen auf Holzbrettern, die auf Eisengestellen aufgelegt sind. [...] Betten sind so knapp, daß 300 meiner Gruppe bei der Ankunft auf bloßem Boden schlafen mußten. [...] Bäder gibt es nicht. [...] Vom Lager aus kann man das verführerische blaue Meer sehen, aber der Stacheldraht macht das Schwimmen unmöglich.«[118]

Als die Passagiere der Latrun Famagusta erreichen, sind bereits mehr als 5000 Juden auf Zypern interniert, zum größten Teil osteuropäische Holocaust-Überlebende. Zehntausende kommen in den nächsten Monaten und Jahren dazu. Insgesamt durchlaufen bis zur Staatsgründung Israels 1948 mehr als 52000 Juden die Internierung auf Zypern. In den Lagern selbst existiert eine Selbstverwaltung. Es gibt politische Parteien. Theatervorstellungen, Tanzgruppen und Chöre werden organisiert, Hebräischkurse haben großen Zulauf, Schulen stehen für die Kinder bereit. In einem Kinderdorf werden die vielen Waisenkinder untergebracht, deren Eltern von den Nazis ermordet worden sind. Die Umgangssprache unter den meist jungen Leuten ist Jiddisch, doch in den Lagern kann man fast jede europäische Sprache hören. Heiraten sind häufig, und im Lauf der Geschichte der Lager auf Zypern werden 1926 Kinder geboren. Die Hagana organisiert sogar als Sport getarnte paramilitärische Übungen, bei denen Stöcke die Gewehre ersetzen müssen. Fußballspiele zwischen britischen Soldaten und jüdischen Internierten werden veranstaltet. Die Camps sind in keiner Weise mit deutschen Konzentrationslagern vergleichbar. Aber es sind Gefängnisse. Walter Braun avanciert zum Mitglied des jüdischen Zentralkomitees und wird damit beauftragt, Verhandlungen mit der britischen Armee zu führen. Er darf dazu als einer von wenigen das Lager ab und zu verlassen. Oft geht es um Kleinigkeiten wie fehlende Siebe für Mehl oder verdorbene Lebensmittel. Die jüdische Hilfsorganisation Joint schickt eine Delegation nach Zypern, um den internierten Menschen beizustehen. Ihr Leiter Morris Laub stellt fest, daß die Versorgung unzureichend ist, und sorgt für zusätzliche Lebensmittel, darunter Obst, das sonst überhaupt nicht geliefert wird. Gegen den ständigen Wassermangel kann er nichts ausrichten.

Die Situation ist für viele der internierten Menschen verzweifelt. Sie wollten ein neues, freies Leben in Palästina beginnen. Statt dessen sitzen sie in der staubtrockenen Ebene von Famagusta auf unbestimmte Zeit hinter Stacheldraht fest. Manche bitten die britischen Behörden um ihre Freilassung. Einer der Gefangenen heißt Mosche Kozin. Er schreibt an den englischen König Georg VI.: »Lieber König! Diesen Brief schreibt ein Mann, der seine große Familie verloren hat; die Eltern, drei Brüder, drei Schwestern und ihre Familien mit kleinen Kindern blieben in Polen. Sie wurden von den deutschen Hitler-Männern ermordet. Nur ich (jetzt 38 Jahre alt) und eine Tochter meiner Schwester (24 Jahre alt) blieben am Leben. Zu meinem Glück lebten in Palästina eine Schwester und ein Bruder, die dort auch heute leben. [...] Jetzt bin ich und meine Nichte im Zypern-Camp MUF 3 c/o 60. Ich flehe Ihre Majestät den König um seine Hilfe an. Sagen Sie der palästinensischen Regierung, sie solle mir und meiner Nichte Zertifikate für Palästina geben.«[119] Der Brief hat den König nie erreicht. Er bleibt in der Kolonialbürokratie in Nikosia hängen.

Walter Frankenstein schreibt keine Petition: »Ich verließ mich darauf, daß ich sehr bald herauskommen werde.« Nur ein- oder zweimal verläßt er ohne Erlaubnis das Camp. »Aber das machte ja keinen Sinn. Wenn mich die Briten entdeckt hätten, hätten sie einen Grund gehabt, um mich noch länger auf Zypern festzuhalten.« Er kann endlich Kontakt mit seiner Frau aufnehmen. Zwar kennt Walter Frankenstein nicht einmal ihre Adresse, doch die Briefe gehen an einen seiner Brüder ab, der sie an Leonie weiterleitet.

Nur 750 Menschen dürfen in jedem Monat Zypern in Richtung Palästina verlassen. Das wollen die internierten Juden nicht akzeptieren. Sie akzeptieren die ganze Situation nicht: nicht die Lager, nicht die Zäune, nicht ihren Gefängnisaufenthalt. Es kommt zu Protesten. »Wir haben den Stacheldrahtzaun zum Meer und zwischen den Lagern niedergerissen«, sagt Walter Frankenstein. Sein Freund Walter Braun ist als Dolmetscher anwesend, wenn Soldaten die 750 Frauen, Kinder und Männer abzählen, die monatlich nach Palästina einreisen dürfen. Er erzählt: »Die Soldaten bekamen Geld und die Offiziere Whiskeyflaschen, damit sie nicht so genau zählen sollten. Ein schottischer Sergeant hat gesagt: Ihr wollt die Engländer reinlegen? Dafür nehme ich kein Geld.« So kommen manchmal statt 750 bis zu 1000 Menschen auf die Schiffe.

Es bleibt nicht bei kleinen Bestechungen und friedlichen Protesten. Bei einer Demonstration im Camp Caraolos 55 brennen die Juden mit Molotow-Cocktails britische Verwaltungszelte ab. Die Soldaten schießen erst in die Luft und dann scharf. Der dreißigjährige Holocaust-Überlebende Mosche Lehrer aus Polen wird getötet. Bei einem Anschlag auf eines der britischen Transportschiffe wird die Ocean Vigour durch eine Haftmine beschädigt. Walter Frankenstein: »Wir haben die Täter natürlich geschützt. Wir nahmen sie in unserem Lager auf, damit die Engländer ihnen nicht auf die Spur kamen.« Wichtige Leute schleusen die Internierten in selbstgegrabenen Tunnels aus den Lagern. Die Männer der Hagana beziehungsweise des Mossad sollen nach ihrer Festnahme so schnell wie möglich in Freiheit kommen, damit sie als Helfer für die nächsten illegalen Schiffe wieder zur Verfügung stehen. Fischerboote bringen sie nach Palästina. Türkische Zyprioten bieten sich als Helfer an.

Ende Mai 1947 schickt Morris Laub vom Büro des Joint auf der Mittelmeerinsel ein Telegramm an das Pariser Büro der jüdischen Hilfsorganisation: »Am 19. Mai verließen 1190 Flüchtlinge des Schiffs Latrun Zypern in Richtung Palästina. Sie wurden ins Camp Atlit gebracht. Dies ist eine offizielle Zahl der Armee, obwohl die Quote nur 1125 betrug.«[120] Unter den Entlassenen befindet sich Walter Frankenstein. Er trägt immer noch die Blechschachtel mit den Fotos bei sich. Es ist das einzige, was er aus seinem früheren Leben gerettet hat. Die Bilder sind alles, was von der großen Familie Frankenstein übriggeblieben ist. Bei der Abreise auf Zypern, als alle nach Waffen durchsucht werden, will ein britischer Soldat den Inhalt kontrollieren. »Gib die Schachtel her, hat er verlangt«, erinnert sich Walter Frankenstein. »Die gebe ich nicht aus der Hand«, lautete seine Antwort. »Wir müssen alles kontrollieren.« »Das nicht. Ich kann den Deckel öffnen. Du kannst von oben hineinschauen.« Der Soldat gibt sich damit zufrieden. Auch Walter Frankenstein kommt in das Transitlager in Atlit. Er hat jetzt endlich sein Ziel Palästina erreicht, aber frei ist er deshalb noch lange nicht. Bei seiner Ankunft wird er wie alle Neuzugänge mit dem Pflanzenschutzgift DDT besprüht. Sämtliche Wäsche wird in großen eisernen Tonnen desinfiziert. Danach geht es in eine der vielen Baracken aus Holz und Wellblech. Jeweils etwa 40 Männer schlafen in einer Unterkunft auf harten Pritschen. Die Frauen und Kinder sind in einem eigenen Frauenlager eingesperrt. Der ganze Komplex in der Ebene nahe am Meer ist mit Zäunen und Stacheldraht umgeben. Von Wachtürmen aus beobachten britische Soldaten das Lager und verhindern eine mögliche Flucht.

Walter Frankenstein wird in Atlit wieder Koch: »Es hat mich ja immer in die Küche gezogen. In Atlit war das eine große Blechbaracke.« Die Entlassung zieht sich über Wochen hin, niemand weiß, warum.

Schließlich erfährt Leonie den Aufenthaltsort ihres Mannes. Atlit liegt nicht weit von ihrem Wohnort Hadera entfernt. Leonie fährt hin und bringt die Kinder mit. Es ist ihre erste Begegnung seit 17 Monaten. Doch sie bleiben durch Stacheldraht getrennt. Leonie und die Kinder dürfen nicht zu ihrem Mann und Vater ins Lager. Peter-Uri, der inzwischen vier Jahre alt geworden ist, erkennt seinen Vater kaum wieder. Michael war erst ein Jahr alt, als der Vater ihn zuletzt gesehen hat. Walter Frankenstein: »Wir standen am Stacheldrahtzaun, ich auf der einen, Leonie und die Kinder auf der anderen Seite. Die ersten Worte, die ich überhaupt von meinem Sohn Micha gehört habe, waren: Mama, Kacka!« Er lacht bei dieser Erinnerung und meint verschmitzt: »Also, das habe ich dem Micha bis zum heutigen Tag übelgenommen.«

Die anderen Passagiere der Latrun kommen nach einigen Wochen frei, auch Walter Braun, der zu seinen Eltern nach Tel Aviv fährt, die er acht Jahre lang nicht gesehen hat. Walter Frankenstein bleibt in Haft. Im Juli 1947 wird er in ein anderes Gefangenenlager bei Haifa gebracht. Aber seine Frau Leonie hat gelernt zu kämpfen. Palästina ist ihr Land. Sie setzt Himmel und Hölle in Bewegung, um ihren Mann freizubekommen: »Ich fuhr nach Haifa und habe dort nachgefragt, warum mein Mann gefangengehalten wird. Da hieß es, ich solle in Jerusalem fragen, dem Sitz der Mandatsverwaltung. Ich hatte kein Geld. Also bin ich nach Jerusalem getrampt. Ein Dr. Lutz war zuständig. Der ließ die Akten kommen, darauf stand in großer Schrift ›secret‹, also geheim. Dann sagte er, daß man meinem Mann vorwirft, aktiver Kommunist zu sein.« Die Furcht vor Kommunisten ist zwei Jahre nach Ende

des Zweiten Weltkriegs nicht nur bei den britischen Behörden in Palästina weitverbreitet. Sie wittern besonders unter den illegalen Einwanderern gefährliche Linksradikale, können diese aber trotz spezieller Untersuchungen nicht finden. Das hat einen einfachen Grund: Es gibt sie nicht.
Walter Frankenstein ist zwar ein idealistischer Linker, aber beileibe kein Kommunist. Er meint, daß die Briten ihm damals wegen seiner Arbeit für den Mossad im Hafen von Marseille nachträglich etwas anhängen wollten. Zudem, so erinnert er sich, war sein Einwanderungszertifikat verschwunden – offenbar ist es an einen anderen illegalen Einwanderer verkauft worden. »Sie haben mich zu einem Kommunisten gestempelt, um einen Grund dafür zu haben, mich nicht frei zu geben. Ich habe die Briten damals gehaßt für das, was sie mir angetan haben. Und ich habe ihnen bis heute noch nicht ganz verziehen.«
Erst im August 1947 kommt Walter Frankenstein endlich frei. Die Untersuchung ist offenbar im Sande verlaufen. Leonie holt ihren Mann in dem Gefangenenlager bei Haifa ab. Sie fahren gemeinsam zu den Kindern in die winzige Wohnung nach Hadera – nach Hause. Es ist Walters erstes richtiges Zuhause seit mehr als zehn Jahren, als ihn die Nazis aus seiner Heimatstadt Flatow vertrieben haben. Damals war er noch ein Kind, das sich nicht wehren konnte. Jetzt ist er 23 Jahre alt. Er hat den Nazis widerstanden und seine Familie vor der Ermordung gerettet. Dazu lebte er in Trümmern, einem abgestellten Auto und in einer bombenbeschädigten Wohnung, verdiente Geld im Schwarzhandel, immer unter der Gefahr, bei einer Entdeckung in den Tod deportiert zu werden. Er hat geholfen, überlebende Juden nach Palästina zu bringen und ihnen dort einen neuen Anfang zu ermöglichen. Er ist selbst illegal gereist, mußte ein halbes Jahr in einem Internierungslager auf Zypern verbringen, kam danach in Haft. Das sollte

eigentlich für ein Leben reichen. Walter Frankenstein ist ein zurückhaltender junger Mann geworden, der endlich friedlich mit seiner Frau und den beiden Kindern zusammenleben möchte.

60 Jahre später sucht Walter Frankenstein lange in einer Schublade im Schrank seiner Stockholmer Wohnung, findet schließlich einen alten zerfledderten Ausweis, darin das verblaßte Bild eines attraktiven jungen Mannes. Das Papier ist in den drei Sprachen Englisch, Arabisch und Hebräisch ausgestellt und trägt das Datum vom 15. August 1947. Das Foto zeigt ihn selbst. Das Dokument bescheinigt Walter Frankenstein, legaler Einwanderer in Palästina zu sein.

12 Neubeginn in Israel

Walter Frankenstein zieht zu seiner Frau und den Kindern in die winzige Einzimmerwohnung in Hadera. Er erhält Arbeit als Fliesenleger bei einem jemenitischen Juden. Kurz darauf macht er sich zusammen mit einem ehemaligen deutschen Juden selbständig. »Wir wurden Kompagnons. Aber er war ein Spieler und hat immer den Vorschuß verspielt. Wenn die Arbeit beendet war, gab es kaum noch Geld.« Seine Frau ergänzt: »Ich bin mit den beiden Kindern den weiten Weg zu diesem Mann gelaufen. Dann gab er mir ein paar Piaster. Manchmal ließ er sich auch verleugnen, und seine Frau behauptete, sie habe auch kein Geld.« Walter Frankenstein trennt sich von seinem Kompagnon. »Da ging es etwas besser.« Doch immer wieder wird er für einige Zeit arbeitslos. Die finanzielle Situation der Familie bleibt angespannt.

Nachts wird Walter Frankenstein häufig von der jüdischen militärischen Schutztruppe Hagana geweckt: »Es klopfte an der Tür: Mitkommen! Ich wußte nie, wie lange ich weg sein würde und ob ich am nächsten Tag zur Arbeit gehen könnte. Man hat uns mit Lastwagen hinausgefahren, die letzten Kilometer mußte man laufen. Es war gefährlich.« Es geht in die Nähe arabischer Dörfer, Patrouille schieben. Von Hadera, damals eine Kleinstadt mit etwa 6000 Einwohnern, bis zur arabischen Stadt Tulkarem sind es nur wenige Kilometer. Die Hagana-Männer sollen mögliche arabische Angriffe auf die jüdischen Siedlungen verhindern. 50 Meter von Frankensteins Wohnung entfernt befindet sich eine kleine Konservenfabrik.

Sie wird nachts von Arabern überfallen und ausgeplündert. Walter Frankenstein sagt lapidar: »Damals war es schon ziemlich unruhig. Es gab Bombenanschläge. Dauernd wurde ich aus dem Bett geholt.«
Für die britische Mandatsmacht wird die Situation langsam unhaltbar.[121] Sie hat in dem kleinen Land inzwischen 100 000 Soldaten stationiert, um die widerstreitenden Interessen von Juden und Arabern zu schlichten und die eigene Macht zu festigen. Die arabische Seite wehrt sich gegen die jüdische Einwanderung. Die Juden planen die Gründung eines eigenen Staats. Die Zionisten greifen Briten und Araber gleichermaßen an, die Araber überfallen jüdische Siedlungen. Fast täglich sind Todesopfer zu beklagen. Araber massakrieren jüdische Zivilisten, jüdische Extremisten töten arabische Frauen, Kinder und Männer. Großbritannien schlägt eine Teilung des Landes in Kantone vor, doch das lehnen die Araber ab. Der ehemalige britische Premier Winston Churchill votiert für den Abzug.
Im Februar 1947 gibt Großbritannien bekannt, daß es das Mandat über Palästina an die neugegründeten Vereinten Nationen übergeben wird. Dort wird eine Kommission eingesetzt, die über die Zukunft des Landes berät. Sie empfiehlt der UN-Vollversammlung die Teilung des Landes in zwei Staaten. Die arabische Seite lehnt die Teilung ab, die jüdische reagiert positiv. Am 29. November 1947 stimmen die Vereinten Nationen ab: 33 Staaten, darunter die USA und die Sowjetunion geben dem Teilungsplan ihre Unterstützung, 13 stimmen dagegen, und zehn Länder, darunter Großbritannien, enthalten sich. Für die Juden in Palästina ist es ein Freudentag, für die Araber ein Grund zur Trauer.
Leonie Frankenstein bekommt Angst: »Wir hatten in Hadera Freunde aus Österreich gefunden. Die sagten, die Araber wollten uns alle ins Meer treiben.« Walter ist jetzt fast jede Nacht mit der Hagana auf Patrouille unterwegs.

Wenige Wochen später starten arabische Kämpfer heftige Angriffe auf jüdische Siedlungen. Jerusalem wird von drei Seiten belagert und kurz darauf eingeschlossen. In den jüdischen Stadtteilen gehen die Lebensmittel langsam aus, es droht eine Hungersnot. Im ganzen Land herrschen bürgerkriegsähnliche Zustände. Großbritannien, obwohl immer noch für Ruhe und Ordnung verantwortlich, hält sich aus den Kämpfen heraus und beginnt mit dem vereinbarten Abzug seiner Soldaten. Den Juden gelingt es, im April und Mai 1948 die vollständige Kontrolle über Jaffa, Tiberias und Haifa zu übernehmen. Aus der Hafenstadt Haifa flüchten daraufhin Zehntausende arabische Bewohner. Beiden Seiten geht es darum, ein möglichst großes Territorium zu erobern. Daß es bei den Grenzen des UN-Teilungsplans bleibt, wird immer zweifelhafter.
Am 15. Mai 1948 läuft das britische Mandat für Palästina aus. Am Vortag, kurz vor Beginn des Schabbat, ruft David Ben-Gurion, der Vorsitzende der zionistischen Exekutive in Palästina, im Stadtmuseum von Tel Aviv die Unabhängigkeit des jüdischen Staats Israel aus: »Der furchtbare Massenmord, der in unseren Tagen zur Vernichtung von Millionen von europäischen Juden geführt hat, hat wiederum in einer unwiderleglichen Weise den zwingenden Beweis dafür erbracht, daß das Problem der jüdischen Heimatlosigkeit in der Erneuerung des jüdischen Staatswesens im Lande Israel seine Lösung finden müsse, in der Gründung eines Staates, dessen Tore jedem Juden offen stehen.«[122]
Die Menschen laufen im ganzen Land auf die Straßen und feiern. Leonie Frankenstein erinnert sich: »Es war wunderbar. Ich habe es als sehr feierlich in Erinnerung. Mir sind die Tränen gekommen – welch ein Erlebnis nach all dem, was wir durchgemacht hatten!« Walter Frankenstein weiß, was die Unabhängigkeitserklärung für ihn persönlich bedeutet. Längst hat man ihn gemustert. Aus der Hagana wird die Zahal, die

israelische Armee. »Nachmittags hörten wir die Deklaration. Am Abend war ich schon eingezogen. Kurz darauf ging es auf den Weg in den Süden.«

Mit dem Tag der Unabhängigkeit Israels greifen Truppen aus Ägypten, Jordanien, Syrien, Libanon und dem Irak den jungen Staat an. In den ersten Tagen gelingen ihnen militärische Erfolge. Den Israelis mangelt es an Waffen und Soldaten. Hastig werden neue Einheiten aufgestellt. Die Männer, die aus den Internierungslagern auf Zypern ins Land kommen, werden ohne jede militärische Ausbildung an die Front geschickt. So bietet Israel mehr als 60 000 Soldaten auf. Jeder Dritte ist ein Überlebender des Holocaust. Walter Frankenstein kommt zur Givati-Brigade, die zunächst im Süden gegen Ägypten eingesetzt wird. Er erhält die Personalnummer 27009. Die Einheit besteht vornehmlich aus Neueinwanderern, von denen viele kein Wort Hebräisch verstehen können. Auch Walter Frankenstein hat die Sprache noch nicht richtig erlernt. Er sagt: »Ich bekam einen italienischen Karabiner mit sechsschüssigem Magazin. Aber bei dieser Waffe mußte man jede Kugel einzeln in den Lauf legen. Neben mir stand einer, der kam aus Osteuropa und war vielleicht noch etwas jünger als ich. Der sagte, er habe noch nie im Leben ein Gewehr in der Hand gehalten. Man müsse ihm doch zeigen, wie er damit umgehen solle. Er bekam nur zur Antwort: In der Not schießt auch ein Besen. Hau ab.«

Im Süden bringt die Givati-Brigade den ägyptischen Angriff zum Stehen.[123] Doch die Verluste sind hoch, Verständigungsprobleme und fehlende militärische Ausbildung fordern ihren Preis. Dann wird ein Teil der Brigade eingesetzt, um bei Latrun die Straße in das eingeschlossene Jerusalem freizukämpfen. In der glühenden Sommerhitze tragen die israelischen Soldaten nicht einmal Feldflaschen bei sich. Der Angriff wird abgeschlagen, über 70 Menschen sterben. Walter Franken-

stein: »Da sollte die Polizeistation von Latrun erobert werden. Man hat Welle um Welle geopfert, alles Neueinwanderer. Das war eine vollkommen unnötige Aktion.« Viermal versuchen israelische Soldaten im Unabhängigkeitskrieg Latrun zu erobern. Es gelingt nicht. Erst seit dem Sechstagekrieg 1967 befindet sich Latrun unter israelischer Kontrolle.
Walter Frankenstein ist keiner, der mit Begeisterung von seinen Kriegserlebnissen erzählen mag. Sein letzter militärischer Rang als Sergeant fällt ihm erst nach langem Nachdenken wieder ein. Bei den schwersten Kämpfen liegt er mit einer Verletzung im Militärkrankenhaus. Von seiner Kompanie aus 75 Mann überleben fünf, drei von ihnen bleiben Invaliden. Walter Frankenstein erhält einen Orden, den er erst nach mühevoller Suche in der Stockholmer Wohnung findet. Zuletzt ist er wegen seiner Verletzung am Knie als Militärpolizist im Landesinneren eingesetzt. Er wird zur Wache in einer Garage eingeteilt. So hat er die Möglichkeit, einmal in der Woche Leonie und die Kinder in Hadera zu besuchen. Den freien Tag nutzt er nicht etwa zur Entspannung – er mauert und legt Fliesen, damit die Familie finanziell überleben kann.
Im Herbst 1948 gewinnt die israelische Armee im Krieg mehr und mehr die Oberhand. Inzwischen hat sie Waffenlieferungen und Flugzeuge aus der Tschechoslowakei erhalten. Darunter befinden sich, Ironie der Geschichte, auch mehrere deutsche Messerschmitt-Maschinen aus der Nazizeit. Der Waffenstillstand mit Ägypten wird im Februar 1949 unterzeichnet. Zuletzt schließt Syrien am 20. Juli 1949 eine Waffenruhe. Doch Friedensverhandlungen finden nicht statt. Erst 1979, dreißig Jahre später, tritt mit dem Camp-David-Abkommen zwischen Israel und Ägypten der erste Friedensvertrag mit einem arabischen Staat in Kraft.
1949 hat Israel den Krieg gewonnen und dadurch sein Territorium gegenüber dem UN-Teilungsplan wesentlich erweitern

können. Doch was ist der Preis? Mehr als 6000 israelische Soldaten und Zivilisten sind gefallen, über ein Prozent der jüdischen Bevölkerung Israels. Unter den Toten sind etwa 2000 Überlebende des Holocaust. Die meisten Araber sind aus dem neuen Staat geflüchtet oder wurden vertrieben. Auf arabischer Seite kommt es nicht zu einer Staatsgründung: Das Westjordanland mit der Altstadt Jerusalems wird von Jordanien annektiert. Die für Juden, Muslime und Christen heilige Stadt wird zwischen Israel und Jordanien geteilt. Der Gaza-Streifen geht an Ägypten.

Walter Frankenstein kehrt zu seiner Familie zurück: »Im Oktober oder November 1949 bin ich freigekommen.« Danach kommen noch sechseinhalb Jahre Reservedienst. Ein Zivilistenleben unter Vorbehalt wird möglich. Er arbeitet wieder als Maurer und Fliesenleger. Sie finden eine neue, etwas größere Wohnung in einem Vorort von Hadera. Walter Frankenstein erinnert sich: »Das Haus hatte zwei Zimmer, Küche und eine Dusche. Die Wände bestanden aus halben Ziegelsteinen. Die waren nicht wasserdicht. Wenn es kalt wurde, lief innen das Kondenswasser die Wände herunter. Die Fenster waren undicht. Vor dem Haus gab es eine kleine Veranda.« Weil das Häuschen ein Schwarzbau ist, erhalten die Frankensteins keinen elektrischen Strom. Mit Petroleumlampen kommt ein wenig Licht in die Zimmer. Walter dichtet die Fenster mit einseitig geteerter Pappe ab, damit die Wohnung nicht mehr ganz so feucht ist. Leonie bügelt, kocht und backt mit einem Petroleumkocher, dem in Israel damals berühmten Primus, der manche Hausfrauen schier zur Verzweiflung bringt. »Es ist auch gegangen«, meint Leonie Frankenstein heute. Walter bastelt aus einem Primuskocher eine Art Ofen, damit sie es im Winter warm haben. Er kauft Kaninchen, für die er einen großen Stall zimmert. Jetzt haben sie ab und zu etwas Fleisch zum Essen.

Peter-Uri ist sechs Jahre alt und kommt in die Schule. Sein in Israel ungewöhnlicher Name Peter verschwindet langsam aus dem Alltag, aus Peter-Uri wird nur noch Uri. Die Familie bleibt arm. Aber endlich sind alle beisammen. Sie leben in einem Land, in dem sie keine Angst mehr zu haben brauchen. Leonie Frankenstein: »Ich fand es ideal. Du konntest mit offener Tür schlafen. Ich war in Israel zu Hause.« Sie werden die besondere Beziehung zu diesem Land ihr Leben lang behalten. Wenn es um die Zeit in ihrem Häuschen in Hadera geht, sprudeln die Geschichten nur so aus Leonie und Walter Frankenstein heraus. Die meisten sind sehr lustig.

Da ist die Sache mit Sabinchen: Leonie Frankenstein findet eines Tages Arbeit in einem Schokoladengeschäft. Sie erzählt: »Ich verkaufte Schokolade. Mit dem Geld, das ich verdiente, habe ich selbst Schokolade gekauft. Dann kam einmal eine Frau ins Geschäft und fragte, ob sie mit einem lebenden Huhn bezahlen könne. Das hätte sie eben auf dem Markt gekauft, aber jetzt wollte sie Schokolade essen. Ich habe das Huhn genommen.« Walter Frankenstein: »Wir wollten es am Freitag abend schlachten. Doch dann legte das Huhn kurz vorher ein Ei. Ich schlachte doch kein Huhn, das Eier legt. Wir haben das Tier Sabinchen getauft. Ich habe das Huhn mit einer Schnur angebunden. Es gab da eine Wasserleitung zur Küche. Wir knoteten das eine Ende der Schnur an die Leitung und das andere Ende um Sabinchens Bein. Und dann hieß es: Sabinchen, morgen gibt es ein Ei – oder es geht in den Kochtopf. Sie hat jeden Tag außer am Sonntag ein Ei gelegt. Das muß ein christliches Huhn gewesen sein, denn am Schabbat hat es gelegt. Das ging monatelang so. Auf einmal war Schluß. Da sagte ich: Sabinchen, Kochtopf! Und am nächsten Tag war wieder ein Ei da. Das ging dann noch ein paar Wochen weiter. Aber dann war definitiv Schluß, und Sabinchen ist in den Topf gewandert.«

Die Familie Frankenstein findet Freunde in der neuen Heimat. Walter Braun, mit dem Walter Frankenstein zusammen auf dem Flüchtlingsschiff Latrun und im Lager auf Zypern war, zieht mit seiner Frau in den Kibbuz Mayyam Zwi, nur wenige Kilometer von Hadera entfernt. Sie treffen sich wieder. Auch sein alter Freund Alfred Rosenkranz aus dem Auerbach'schen Waisenhaus, der kurz vor Kriegsausbruch nach England flüchten konnte, lebt inzwischen in Mayyam Zwi. Walter Frankenstein mauert neue Häuser im Kibbuz und baut Fundamente. Bei aller Freundschaft kommt für ihn ein Leben im Kollektiv mit Kinderhaus, gemeinsamer Kasse, Küche und Speisesaal nicht in Frage. »Ich bin kein Herdenvieh«, sagt er. »Ich bin ein zu starker Individualist.«
Sie lernen das Ehepaar Hanna und Zeev Brunner kennen. Zeev Brunner hat 1939 kurz vor dem Einmarsch der Deutschen in die Tschechoslowakei mit einem illegalen Schiff die Donau hinunter und dann über das Mittelmeer Palästina erreicht. Sie haben auch zwei Söhne im Alter von Uri und Michael. Zeev Brunner arbeitet als Bahnhofsvorsteher in Hadera. Er berichtet: »Die gemeinsame Sprache Deutsch verband uns natürlich. Wir freundeten uns sehr an. Meistens haben wir uns am Schabbat getroffen und sind spazierengegangen. Zum Kaffeetrinken fehlte das Geld. Die Kinder spielten zusammen Fußball. Mein größerer Sohn fand die Frankensteins so nett, daß er zu ihnen übersiedeln wollte.«
In Hadera gibt es keine Sehenswürdigkeiten außer einer alten arabischen Karawanserei. Die Stadt ist rasch erbaut worden, und Newe Chaim, der Vorort, in dem die Familie Frankenstein wohnt, besteht aus zusammengewürfelten Häusern und Notunterkünften. An Walters freien Tagen zieht es die Familie oft zum wenige Kilometer entfernten feinen Sandstrand. Sie baden im Mittelmeer mit Blick auf die Ruinen der römischen Festung Caesarea.

Leonie und Walter Frankenstein lieben ihre neue Heimat. Doch die Schwierigkeiten für Walter bei der Arbeit bleiben. Oft erhält er keine korrekte Bezahlung, weil dem Auftraggeber das Geld fehlt. Manchmal bekommt Walter statt Geld nur Schuldscheine. Die lassen sich zwar zu einem späteren Termin einlösen, doch die Familie benötigt das Geld sofort. Deshalb muß Walter Frankenstein die Schuldscheine zu einem Bruchteil ihres Werts vorzeitig einlösen. Und so verdient er auch nur einen Teil des vereinbarten Lohns. Die Frankensteins finden nicht alle Regeln in Israel sinnvoll. Der Einfluß der orthodoxen Juden auf Staat und Gesellschaft geht ihnen, die ihre israelische Nationalität nicht aus der Religion heraus definieren, viel zu weit. Noch heute können sich beide über das Prinzip aufregen, daß am Schabbat, dem einzigen freien Tag in der Woche, der öffentliche Verkehr vollständig ruht. »Die Busse durften nicht fahren«, sagt Walter Frankenstein. »Ich durfte am Schabbat nicht ins Kino gehen. Warum denn? Laß mich doch machen, was ich will!« Politische Parteien spielen in der israelischen Gesellschaft eine überragende Rolle. Wer Mitglied einer Partei ist, kann auf eine gewisse Protektion hoffen. Leonie und Walter Frankenstein sind durchaus politische Menschen mit einer dezidierten Meinung. Aber sie treten in keine Partei ein, aus Prinzip. Sie sind beide Individualisten und halten Abstand zu Gruppen.

Das Verhältnis zu Walter Frankensteins Brüdern Manfred und Martin bleibt distanziert. Walter mag ihnen zunächst nicht verzeihen, daß sie sich so wenig um seine Frau und die Kinder gekümmert haben, als diese 1946 ins Land kamen. Später kommt man wieder zusammen, doch gegenseitige Besuche bleiben selten. Gar nicht vertragen mag sich Walter Frankenstein mit seinem Cousin Manfred Fein, der in Tel Aviv ein eigenes Geschäft aufbaut. Manfred Fein war vor dem Unabhängigkeitskrieg Kämpfer für die radikale nationa-

listische Gruppe Irgun und am Anschlag auf das King-David-Hotel in Jerusalem beteiligt. Walter Frankenstein erblickt darin Fanatismus, und den kann er bis heute nicht ausstehen. Über Jahrzehnte telefonieren sie nicht einmal miteinander. Eine Verwandte vermittelt die notwendigsten Nachrichten zwischen ihnen.
Eine ganz normale Familie sind die Frankensteins nicht. Wie Zehntausende andere Überlebende in Israel sind auch sie vom Holocaust geprägt. Manche Menschen können das Erlebte nicht verarbeiten und sind unfähig, im Alltag zurechtzukommen. Viele fragen sich, warum ausgerechnet sie weiterleben, während ihre Familien ermordet worden sind. Daraus entwickeln sich häufig tiefe Schuldgefühle. Fast alle haben Alpträume, in denen sie die furchtbaren Ereignisse Nacht für Nacht erneut durchstehen müssen. Viele der traumatisierten Menschen kapseln ihre Geschichte tief innen ab und sprechen selbst mit ihren nächsten Angehörigen nicht darüber. Das ist eine Möglichkeit, um mit der schweren Belastung umzugehen. Doch bisweilen brechen die verdrängten Erinnerungen nach Jahren oder Jahrzehnten wieder durch und verursachen schwere seelische Erkrankungen. Leonie und Walter Frankenstein reagieren anders, offensiver: Sie sprechen darüber. Sie reden darüber nicht nur ab und zu, sondern sehr häufig. Ihr Überleben ist jeden Tag aufs neue präsent. Walter Frankenstein: »Das ist nie aus unserem Leben verschwunden. Das war immer da. Es gab keine Periode unseres Lebens, in der wir nicht an die Nazizeit zurückgedacht haben.«
Im jungen Staat Israel stoßen die Überlebenden aus Europa oft auf Unverständnis.[124] Manche Israelis interessieren sich gar nicht für ihr Leiden. Andere nehmen Vergleiche mit ihrem eigenen Leben vor, wo Vergleiche unmöglich sind. »Das kann ja nicht so schlimm gewesen sein. Wir sind damals in Palästina bis zu den Knien im Sand gelaufen«, so lautet die Ant-

wort einer Nachbarin auf Leonie Frankensteins Schilderung, erinnert sie sich. Einige Alteingesessene sehen auf die Neuankömmlinge herab: Haben sie nicht Erez Israel aufgebaut? Was wollen die Neuen dann mit ihren alten Geschichten aus der Diaspora? Das Wissen um den Holocaust ist zunächst gering. Zwar sind die Heldentaten beim jüdischen Aufstand im Warschauer Ghetto bekannt. Vielen Überlebenden wird jedoch entgegen den Tatsachen vorgehalten, sie und die Ermordeten hätten sich nicht richtig gewehrt, sie seien »wie die Schafe zur Schlachtbank« gegangen. Welch geringe Widerstandsmöglichkeiten die Opfer in Wahrheit hatten, wissen viele der »Sabres«, der im Land Geborenen, kaum, ebenso wie die orientalischen Juden, die ab Ende der 1940er Jahre aus den arabischen Staaten ins Land kommen. Leonie Frankenstein sagt: »Meine Schwägerin kam aus dem Jemen und wußte überhaupt nichts. Später hat sie deshalb bei uns um Entschuldigung gebeten. Man habe nur gehört, daß da Juden umgebracht worden wären. Aber das sei ja so weit weg gewesen.« Diese Ignoranz ändert sich erst durchgreifend mit dem Prozeß gegen Adolf Eichmann im Jahr 1961, der im Land ein neues Bewußtsein für die Leidensgeschichte der Überlebenden bewirkt.

Zur neu entstandenen Bundesrepublik Deutschland oder zur DDR unterhält Israel anfangs keinerlei Beziehungen. Es gibt keinen Warenaustausch. Israelische Pässe tragen den Eintrag, sie seien in der ganzen Welt gültig »mit Ausnahme Deutschlands«. Der neue Staat will mit dem Land der Mörder nichts zu tun haben. Viele ältere Jeckes, wie die Einwanderer aus Deutschland in Israel genannt werden, haben jedoch Schwierigkeiten mit der hebräischen Sprache und reden im Alltag lieber Deutsch. Doch das ist verpönt. Die Interessenvertretung der deutschsprachigen Juden Irgun Olej Merkas Europa mahnt in ihrem *Mitteilungsblatt* die Einwanderer immer wieder, schnell Hebräisch zu lernen. Viele Einwanderer legen ihre alten Namen ab und nehmen einen hebräischen Namen an. Doch dazu sind die Frankensteins nicht bereit. Leonie Frankenstein: »Ich habe gesagt: Wir hatten so viele falsche Namen in der Nazizeit. Jetzt bleibt es bei dem.«

Zu Beginn der 1950er Jahre kommt es zu ersten Kontakten zwischen offiziellen Vertretern Israels und der Bundesrepublik Deutschland. Anlaß für die Verhandlungen ist die Entschädigungsfrage.[125] Als Dachorganisation für alle außerhalb Israels lebenden Juden gründet sich die Conference on Jewish Material Claims Against Germany, kurz Claims Conference. Sie und der Staat Israel treten gemeinsam mit der Forderung nach einer Entschädigung für das begangene Unrecht gegenüber der Bundesrepublik Deutschland auf. Die westlichen Alliierten unterstützen diese Auffassung nachdrücklich. Sie finden in Bundeskanzler Konrad Adenauer einen aufgeschlossenen Gesprächspartner. Ob Adenauer nun wirklich um eine Aussöhnung bemüht ist oder ob es ihm lediglich darum geht, die junge Bundesrepublik international wieder salonfähig zu machen, sei dahingestellt. In jedem Fall verbindet der erste Bundeskanzler eine Regelung der Entschädigungsfrage mit der Hoffnung auf ein Ende der Debatte um Kriegsschuld und Verantwortung der Deutschen. Teile der deutschen Bevölkerung lehnen entsprechende Zahlungen strikt ab. So befürworten 1951 in einer Meinungsumfrage 96 Prozent der Befragten Hilfsleistungen für Kriegerwitwen, aber nur 68 Prozent finanzielle Hilfen für Juden.[126] Adenauer setzt sich über die starke antisemitische Minderheit hinweg. Am 27. September 1951 gibt er im Bundestag eine Erklärung ab: »Die Bundesregierung und mit ihr die große Mehrheit des deutschen Volkes sind sich des unermeßlichen Leides bewußt, das in der Zeit des Nationalsozialismus über die Juden in Deutschland und in den besetzten Gebieten gebracht wurde. […] Im Namen des

deutschen Volkes sind aber unsagbare Verbrechen begangen worden, die zur moralischen und materiellen Wiedergutmachung verpflichten, sowohl hinsichtlich der individuellen Schäden, die Juden erlitten haben, als auch des jüdischen Eigentums, für das heute individuell Berechtigte nicht mehr vorhanden sind.«[127]
1952, sieben Jahre nach Ende des Zweiten Weltkriegs, kommt nach langem Ringen eine Vereinbarung zustande. Die Bundesrepublik stimmt Leistungen in Höhe von drei Milliarden Mark für Hilfe und Eingliederung der jüdischen Flüchtlinge und für Vermögensverluste von Juden in den vormals deutsch besetzten Gebieten zu. Mit rund einem Drittel dieser Summe kann Israel deutsche Waren einkaufen, ein weiterer Teil wird für den Einkauf von dringend benötigtem Erdöl verwendet. Die Claims Conference erhält 450 Millionen Mark. Zudem verpflichten sich die Deutschen zur individuellen Entschädigung der Opfer. Sie können Einmalzahlungen oder Renten beantragen. In späteren Jahren wird das bundesdeutsche Gesetz mehrfach deutlich erweitert und verbessert. Von der DDR erhalten die Israelis dagegen keinen Pfennig.
Viele Überlebende geraten in einen kaum lösbaren Zwiespalt. Sollen sie von den Mördern ihrer Verwandten und Freunde Geld annehmen? Oder ist es nur recht und billig, daß die Deutschen endlich für einen kleinen Teil des Terrors wenigstens finanziell geradestehen? Einige sprechen von »Blutgeld«, das man nicht annehmen könne und dürfe. Andere reagieren pragmatischer. Zu ihnen zählen Leonie und Walter Frankenstein. Er sagt: »Wir standen immer auf dem Standpunkt: Jeder Groschen, den die Deutschen bezahlen, ist noch zu wenig für das, was sie uns angetan haben.« Das von Adenauer geprägte Wort »Wiedergutmachung« lehnen sie strikt ab: »Dieses Unrecht kann man nicht wiedergutmachen. Es ist eine Entschädigung. Und voll entschädigen für das, was geschehen ist, kann

man uns nicht«, sagt Walter Frankenstein. Seine Frau ergänzt: »Wie soll man das Leben von Menschen entschädigen, die ermordet worden sind?«
Die Beantragung von Entschädigungszahlungen ist eine furchtbare Arbeit, der kaum einer der Holocaust-Überlebenden gewachsen ist. Die deutsche Seite ist nicht bereit, auf Treu und Glauben Zahlungen zu veranlassen. Die Behörden verlangen vielmehr Beweise. Unterlagen über KZ-Aufenthalte oder verlorenes Eigentum müssen beigebracht werden, andere Überlebende oder Deutsche sollen eidesstattlich bezeugen, was den Opfern widerfahren ist. Dazu ist das Gesetz über die Entschädigung der Opfer des Nationalsozialismus eine Wissenschaft für sich. Da wird unterschieden nach Schaden an Freiheit, Schaden an beruflichem Fortkommen, an Leben und an Körper oder Gesundheit. Es existieren die Kategorien Schaden an Eigentum und Schaden an Vermögen. Manche im Gesetz lapidar als Schäden bezeichnete unfaßbare Unmenschlichkeiten berechtigen zum Empfang einer lebenslangen Rente, andere nur zu einer einmaligen Zahlung. Gegen die Bescheide sind Widerspruch und Klage möglich, doch kaum ein Laie ist in der Lage, die Schriftsätze zu begreifen.
Wie fast alle Überlebende übergibt die Familie Frankenstein die Angelegenheit an einen Juristen. Walter Frankenstein: »Wir sind in Israel von einem Rechtsanwalt angesprochen worden, der sich auf Entschädigungen spezialisiert hatte. Der kassierte 30 Prozent der Auszahlungen für sich. Wir haben uns gesagt: Kommt da was, ist es gut, kommt nichts, ist es auch gut. Aber wir kümmerten uns nicht weiter darum. Der Anwalt hat alle möglichen Vollmachten und weitere Papiere erhalten, wir haben unterschrieben und gewartet.«
Im Oktober 1952 gehen über den Rechtsanwalt Ludwig Eckstein die ersten Anträge der Familie Frankenstein in Deutschland ein. Die Familie meldet für das Tragen des Judensterns

und die sich anschließende illegale Zeit einen Schaden an Freiheit an. Ferner geht es um Leonies zwangsweise abgebrochene Ausbildung als Kindergärtnerin und um Vermögen und Wohnungseinrichtungen von Walters Mutter Martha und seinem Onkel Selmar. Die Akten der Entschädigungsverfahren sind erhalten geblieben – ein umfassendes Konvolut von Mantelbögen, Zeugenaussagen, Aktenvermerken, eidesstattlichen Versicherungen, Kostenrechnungen, Vergleichsvorschlägen, Erklärungen, Zwischenberichten und endgültigen Bescheiden, manches handschriftlich, das meiste mit der Maschine getippt, alles ordentlich in Mappen verwahrt. Dazwischen eine verblichene Bescheinigung der Vereinigung ehemaliger deutscher Juden in Israel von 1954. Darin heißt es: »Wir bescheinigen hiermit, daß Frau F. hier vermögenslos ist. Sie ist mit Walter F. verheiratet. Das Ehepaar hat zwei Kinder. Die 4köpfige Familie bewohnt zwei kleine Zimmer in einer Baracke. Laut Bestätigung verdient Herr F. als Bauarbeiter einen Tageslohn von IL. 6,-. Er hat aber keine ständige Arbeit. Zwecks Beseitigung der akuten Notlage ist daher die umgehende Überweisung der Entschädigungssumme dringend notwendig.«[128] Sechs israelische Pfund entsprechen der heutigen Kaufkraft von 15 Euro. Die deutschen Behörden lassen sich Zeit. Sie prüfen genau und vorschriftsmäßig. Sie verlangen Erbscheine und weitere eidesstattliche Erklärungen. Komplizierte Rechnungen werden angestellt. Es dauert Jahre, bis die Anträge endlich positiv beschieden sind.
Für die von den Nazis gestohlene Wohnungseinrichtung und das eingezogene Vermögen von Dr. Selmar Frankenstein und seiner Frau Ottilie will Deutschland zunächst keinen Pfennig herausrücken. Wiedergutmachungsansprüche bestünden ausschließlich für Ehegatten, Eltern oder Geschwister, wird argumentiert. Erst nach einer Beschwerde und unter Hinweis auf das vorliegende Testament des Verstorbenen erklärt sich

die Behörde zur Entschädigung bereit. In der abschließenden Rechnung der Entschädigungsstelle werden aus 30 957 Reichsmark (einschließlich der von Selmar Frankenstein gezahlten »Judenvermögensabgabe«), die den Mordopfern gestohlen worden sind, exakt 6191,40 DM. Das Geld teilt sich Walter Frankenstein mit einer entfernten Verwandten – abzüglich der Kosten für den Rechtsanwalt.[129]

Walter Frankenstein kann sich heute überhaupt nicht vorstellen, daß diese Summe auch nur annähernd dem realen Verlust durch den Raub der Nazis entspricht. Er erinnert sich an die Einrichtung des japanischen Zimmers mit den zierlichen Möbeln, in dem er sich als Junge zum Mittagsschlaf hinlegen mußte, an die Ölgemälde, die an den Wänden hingen. Er hat recht: Das Amt in Berlin berücksichtigt die Wohnungseinrichtung bei der Entschädigung überhaupt nicht. Wörtlich heißt es: »Es werden zurückgewiesen: a) der Antrag auf Wiedergutmachung für zwangsweise Abgabe von Silber, Gold und Edelsteinen, b) Beschlagnahme einer Sechszimmerwohnung.«[130]

Endgültig abgelehnt wird auch eine Entschädigung für Leonie Frankenstein und die Kinder Uri und Michael während ihres Lebens bei einer Bäuerin in dem Dörfchen Briesenhorst, als sie sich unter dem falschen Namen Martha Gerhard als »arische Deutsche« ausgab. »Ein illegales Leben kann nicht anerkannt werden bei Personen, die durch Verschweigen von Tatsachen oder unrichtige Angaben ihr Leben unter den bestehenden Bedingungen fortführen konnten«, heißt es zur Begründung. Die Antragstellerin und ihre Kinder hätten in Briesenhorst ähnlich wie andere Ausgebombte leben können, argumentiert die Behörde.[131] Das Gesetz verlangt einen Nachweis über ein »Leben unter haftähnlichen Bedingungen«, um einen Freiheitsschaden zu begründen. Alpträume und ständige Angst vor einer Entdeckung sind nicht entschädigungsfähig.

Aber gewiß ist alles streng nach Recht und Gesetz entschieden worden.

Auch die Zahlungen aus Deutschland erlösen die Familie nicht von ihrer schwierigen finanziellen Situation, zumal die Gelder zum größten Teil erst Jahre später eintreffen. Walter Frankenstein baut Bewässerungsgräben in einem Kibbuz. Immer häufiger wird er von Rückenschmerzen gepeinigt. Dann nimmt er eine Arbeit im Jordantal an. Der Grenzfluß zu Jordanien fließt ins Tote Meer und verläuft unterhalb des Meeresspiegels. Selbst im Winter ist es dort sehr warm, im Sommer aber unerträglich heiß. Walter Frankenstein zieht zur nächsten Arbeitsstelle direkt am Toten Meer, ein »schwerer Fehler«, wie er heute zugibt. Diesmal geht es darum, Rohre zu legen, in die Salzwasser zum Verdunsten gepumpt wird, um Pottasche und Salz zu gewinnen. Er muß bei 50 Grad im Schatten bis zum Bauch im warmen Salzwasser stehen und arbeiten. Es gibt keinen Schatten. Walter Frankenstein sagt heute: »Das hat mir den Rest gegeben, dort zu arbeiten und 160 Kilogramm schwere Betonröhren in dieser Hitze zu verlegen. Das war das Ende.« Seine Frau erinnert sich, daß ihr großgewachsener zweiunddreißigjähriger Mann am Ende nur noch 60 Kilo gewogen hat. Er hält die Arbeitsbedingungen als Bauarbeiter in Israel nicht mehr aus und schlägt seiner Frau vor, das Land wieder zu verlassen.

All die Jahre hindurch hat Walter Frankenstein brieflichen Kontakt zu seinem Freund Rolf Rothschild aus dem Auerbach'schen Waisenhaus gehalten, der seit 1939 in Schweden lebt. 1956 fragt er Rolf Rothschild, ob dieser eine Möglichkeit sieht, daß sie in Schweden leben und arbeiten könnten. Rolf Rothschild ist längst schwedischer Staatsbürger geworden und arbeitet als Diplom-Ingenieur für Elektrotechnik. Er findet eine Anstellung für Walter Frankenstein. Das schwedische Konsulat in Tel Aviv will keine Arbeits- und

Aufenthaltserlaubnis ausstellen. Die Familie entschließt sich, mit einem Touristenvisum nach Stockholm zu reisen.
Leonie Frankenstein will eigentlich nicht weg. Israel ist ihr Land. Aber sie liebt ihren Mann mehr noch als das Land. »Meine Heimat zu verlassen: Das tat sehr weh«, sagt sie. Und weiter: »Damals dachte ich nur an das Verlassen Israels. Das neue Land erschreckte mich überhaupt nicht. Davor hatte ich keine Angst. Es war viel schlimmer, eine Heimat zu verlassen, als eine neue zu suchen.« Eine Rückkehr nach Deutschland ist für sie ausgeschlossen. Sie sagt: »Nach Deutschland wollten wir nicht. Es wäre uns dort bestimmt gutgegangen. Aber das kam überhaupt nicht in Frage.« Leonie und Walter Frankenstein sind bis heute bei dieser Meinung geblieben.
Für die Kinder, inzwischen 12 und 13 Jahre alt, ist die Fahrt ein Abenteuer. Sie reisen mit einem Passagierdampfer von Haifa nach Neapel. Leonie Frankenstein erinnert sich: »Haifa ist eine wunderschöne Stadt. Den Blick von der Spitze des Karmel-Bergs auf die Stadt werde ich niemals vergessen. Als wir gefahren sind – es geschah nur Walter zuliebe. Aber dann dachte ich daran, daß meine Söhne, wenn sie erst einmal in dem Alter wären, auf Jahre zum Militär müssen. Das war für mich ein Grund dafür, das Land zu verlassen. Aber ich blieb todunglücklich.« Bis kurz vor der Abreise erzählen sie niemandem davon, daß sie Israel verlassen werden. Einige wenige Juden aus Deutschland haben dem Land bereits den Rücken gekehrt, manche sind gar nach Deutschland zurückgekehrt. Das stößt bei vielen Israelis auf Unverständnis.
So wie die Latrun gerät auch das große Schiff zehn Jahre später wieder in einen schweren Sturm. Aber dieses Mal droht keine andere Gefahr als Seekrankheit. Von Italien fährt die Familie mit dem Zug nach Dortmund zu Theodor Kranz, dem Stiefvater von Leonie. In seiner kleinen Wohnung wartet sie mit den Kindern, bis Walter in Stockholm die Papiere geklärt

hat. Er kann vorläufig bei Rolf Rothschild wohnen. Schon nach wenigen Wochen erhält er die Arbeits- und Aufenthaltserlaubnis für sich und die ganze Familie. Leonie, Uri und Michael kommen nach. Wieder einmal fangen Leonie und Walter Frankenstein ganz von vorne an.

13 Keine Heimat Schweden

Der Start in Schweden gelingt. Schon nach wenigen Monaten kann die Familie im Herbst 1956 eine Zweizimmerwohnung in einer erst zwei Jahre zuvor erbauten Neubausiedlung am Stockholmer Stadtrand beziehen. Das neue Heim ist für vier Personen nicht eben groß, doch im Vergleich zu ihrer Unterkunft in Israel geradezu luxuriös. Endlich verfügen sie über ein richtiges Badezimmer, eine gut eingerichtete Küche, Strom und eine Heizung.
Walter Frankenstein erhält seine erste Arbeit beim Bau der Stockholmer U-Bahn. Er verkleidet die Wände und Säulen der U-Bahn-Station Slussen mit hell- und dunkelblauen Kacheln. Die Arbeit ist hart, doch der Lohn wird in Schweden pünktlich gezahlt und ist höher als in Israel.
Die Frankensteins lernen in Schweden neue Freunde kennen, nicht nur wie die Familie Rothschild emigrierte deutsche Juden, sondern auch viele Einheimische. Die neue Sprache ist für sie zunächst schwierig. Doch Leonie Frankenstein gelingt der Einstieg relativ rasch. Ihr Mann sagt, er habe Schwedisch auf dem Bau gelernt und bald damit begonnen, die Zeitung zu entziffern.
Und doch bleibt eine gewisse Fremdheit. Anders als in Israel werden sich Leonie und Walter Frankenstein in Schweden niemals ganz zu Hause fühlen. Anfang der 1960er Jahre beantragen beide die schwedische Staatsbürgerschaft und erhalten sie 1965. Die bundesdeutsche haben sie nie besessen, und die israelische geben sie nun auf. Auf der israelischen Botschaft

bekommt Leonie Frankenstein zu hören, für sie sei Israel offenbar nur wichtig gewesen, als es darum gegangen sei, vor den Nazis zu flüchten. »Da habe ich dem Mann gesagt, er wisse überhaupt nicht, wovon er redet. Schließlich war ich darauf stolz, was wir für Israel geleistet hatten.« Ihr Mann tritt der Heimatlosigkeit mit Witz entgegen: »Wenn Schweden ein Fußballspiel gewonnen hat, dann habe ich den Kollegen immer gesagt: Wir haben gewonnen. Doch wenn sie eine Niederlage erlitten, meinte ich: Ihr habt verloren.«

»Ich kann mich durchaus über schwedische Politik aufregen. Aber es ist nicht meine«, sagt Leonie Frankenstein. Sie sind niemals in eine Partei eingetreten. Die Distanz bleibt auch nach mehr als 50 Jahren. Ihren Pässen nach sind sie Schweden. Doch als wirkliche Schweden fühlen sie sich bis heute nicht. Ihre wahre Heimat ist die Familie, die Wohnung – aber nicht das Land.

Die Rückenschmerzen, die Walter Frankenstein schon in Israel geplagt haben, werden mit der Zeit immer schlimmer. Die Hausärztin diagnostiziert einen Bandscheibenvorfall. Doch er arbeitet trotzdem weiter. An manchen Tagen kann er sich überhaupt nicht mehr bewegen. Dann kommt die Ärztin nach Hause, gibt ihm eine Spritze, und er macht sich auf den Weg zu irgendeiner Baustelle. 1964 drängt die Ärztin Walter Frankenstein, sich eine körperlich weniger belastende Arbeit zu suchen. Sein Freund Rolf Rothschild weist ihn auf Schulen und Umschulungsmöglichkeiten hin. Anfangs sträubt sich Walter Frankenstein. Er ist jetzt 40 Jahre alt und traut sich nicht zu, beruflich noch einmal von vorne zu beginnen. »Ich fühlte mich zu alt, um nochmals die Schulbank zu drücken. Ich mußte ja auch noch das Abitur nachmachen.« Doch Rolf Rothschild meldet Walter Frankenstein, ohne ihn zu fragen, bei einem Abendgymnasium an. Walter Frankenstein arbeitet tagsüber im Akkord und besucht abends die Schule. Lange hält er das nicht durch. Die Familie hat aus den Entschädigungszahlungen der Bundesrepublik etwas Geld zurücklegen können. Walter Frankenstein gibt den Beruf auf und besucht eine Ganztagsschule, macht dort das Abitur. Anschließend holt er nach mehr als 20 Jahren das nach, was ihm die Nazis verwehrt hatten: Er studiert. Im Winter 1970 besteht er mit 46 Jahren das zweite Ingenieursexamen und findet sofort bei einem großen schwedischen Konzern Arbeit. Walter Frankenstein ist jetzt Statiker und Konstrukteur. Kurz darauf wird er Materialprüfer für den Bau von Atomkraftwerken. Er reist nach Finnland, wo seine Firma am Bau mehrerer Kraftwerke beteiligt ist, prüft dort die Güte des verwendeten Betons und anderer Baumaterialien. Er trägt große Verantwortung, die Arbeit macht ihm Freude. Leonie Frankenstein besucht Ende der 1950er Jahre eine Handelsschule und arbeitet danach bei einer Firma in der Buchführung.

Die Familie kann sich ein Auto und größere Reisen leisten. Sie besuchen die Niederlande und fliegen im Urlaub nach Südeuropa. Nur ein Land bleibt viele Jahre ein weißer Fleck auf der Reiseroute, obwohl sie es doch am besten kennen: Deutschland. Rund 20 Jahre lang betreten sie ihre frühere Heimat nicht – abgesehen von dem kurzen Aufenthalt bei Leonies Stiefvater in Dortmund auf dem Weg nach Schweden 1956. Zu Hause sprechen sie neben Schwedisch auch Deutsch, besonders, wenn Leonie und Walter Frankenstein unter sich sind. Die Söhne verstehen die Sprache in Grundzügen.

Die Zeit ihrer Verfolgung bleibt präsent und wird in der Familie ständig thematisiert. Auf der einen Seite vermissen sie Deutschland. In Stockholm gibt es kein deutsches Theater, und nur wenige Bücher in deutscher Sprache sind erhältlich. Leonie Frankenstein sagt: »Es ist unsere Sprache. Es ist unsere Kultur. Die deutschen Dichter und Schriftsteller gehören zu unserem Leben. Wir sind in diese Kultur hineingeboren worden, wir sind mit ihr verwachsen. Das läßt sich nicht wegwischen.« Einerseits. Auf der anderen Seite bleibt, was Deutschland ihnen angetan hat. Nochmals Leonie Frankenstein: »Wir erlauben es uns nicht, in Deutschland zu Hause zu sein. Wir möchten es gerne – rein empfindungsmäßig. Aber es geht nicht.« Die Familie zwingt sich zur Distanz. Für die beiden Söhne ist das selbstverständlich. Sie waren 1945 ein und zwei Jahre alt und haben selbst keine Erinnerung an die Zeit ihrer Verfolgung. Für das Ehepaar Frankenstein ist es das nicht. Es leidet unter der selbstauferlegten Meidung der alten Heimat.

Mitte der 1960er Jahre sind sie auf einer deutschen Autobahn unterwegs nach Stockholm auf der Rückreise vom Urlaub in den Niederlanden. Nur auf der Durchreise, versteht sich. Irgendwo im Ruhrgebiet steht auf einer der großen blauen Tafeln über den Fahrspuren der Richtungshinweis »Berlin«. Sie sehen sich an, benötigen nicht viele Worte. Walter Frankenstein am Steuer ändert den Kurs, biegt nach Osten ab. Sie fahren nach Berlin.

Ihre alte Heimatstadt hat sich so stark verändert, daß sie sich anfangs kaum zurechtfinden – zumal problemlos nur die westliche Hälfte besucht werden kann. Die Mauer durchschneidet die traditionellen Verkehrsachsen. Leonie und Walter Frankenstein suchen ihre alten Plätze und Straßen und können vieles nicht mehr finden. Das Auerbach'sche Waisenhaus, die Israelitische Taubstummen-Anstalt und ihre Kellerwohnung bei der Bordellbetreiberin Mary liegen im Osten. Der Bombenkrieg hat dort wie im Westen vieles zerstört. Neue Häuser und ganze Stadtviertel sind entstanden. In der Königsallee in Grunewald fragen sie nach Arthur Ketzer, dem Mann, der sie in der pharmazeutischen Fabrik verborgen gehalten hat. Sie hören, daß er in Bayern leben würde. Sofie Döring, die Walter in ihrer teilzerstörten Wohnung in Wilmersdorf aufnahm, ist

inzwischen umgezogen. Edith Hirschfeldt und ihr Mann Kurt leben in New York. Sie suchen den Curth-Damm, wo sie kurz vor der Befreiung in der Wohnung der Prostituierten Dora wohnten, und können die Straße nicht finden. Der Besuch ist eine heilsame Erfahrung. Leonie Frankenstein sagt: »Es war alles sehr fremd. Ich fühlte mich nicht mehr zu Hause.«
Daheim in Schweden reagieren die Söhne Uri und Michael entsetzt, als sie von der Reise ihrer Eltern nach Berlin hören. All die Jahre haben sie aus den Erzählungen ihrer Eltern erfahren, was für ein schreckliches Land Deutschland war. »Ich war sehr erstaunt«, sagt Michael Frankenstein. »Sie hatten doch zuvor so viel Schlechtes über Deutschland berichtet. Und dann dieser Urlaub – das hat mich schockiert. Überall liefen ja noch die alten Nazis herum.« Seitdem sind auch die Söhne zu Besuch in Deutschland gewesen, Michael lebte sogar einmal für kurze Zeit bei einer deutschen Gastfamilie in Köln. Der Vater war als Invalide aus dem Krieg zurückgekommen. Michael war erstaunt über die Toleranz in der Schule und im Alltag. Das Bild Deutschlands veränderte sich für ihn. Doch das Land bleibt für ihn und seinen Bruder fremd.
Seitdem sind Leonie und Walter Frankenstein häufig in ihre alte Heimat gereist. Sie besuchen den Schwarzwald, das Rheintal und Verwandte in Hessen. Dort lebt Familie Schmidt, Nachfahren der Schwester von Walters Mutter Martha. Wenn die Frankensteins zu ihnen kommen, gibt es beinahe nur ein Thema – die Verfolgung. Immer wieder unterziehen sie sich freiwillig der schmerzhaften Erinnerung. Darüber zu sprechen ist ihre Form von Therapie. Doch heilen lassen sich die Wunden der Vergangenheit nicht. Walter Frankenstein fallen in den Gesprächen aber auch die absurden Situationen in der Illegalität wieder ein. Wie war das mit der Wochenschau, deren Film er falsch herum in den Projektor gelegt hatte, so daß die deutschen Soldaten rückwärts liefen? Und damals, als

Marys Pudel aus dem Himmelbettchen in der Kellerwohnung hinausflog, damit der kleine Michael eine Wiege hatte? So gibt es mitten in der Erinnerung an das Elend der Nazizeit hin und wieder auch etwas zum Lachen.

Leonie Frankenstein hat seit ihrer Flucht nach Berlin im September 1943 nie wieder Leipziger Boden betreten. Sie ist mit ihrem Ehemann nach Berlin gefahren, nach Hessen, in den Schwarzwald und ins Ruhrgebiet – aber nicht nach Leipzig, wo die Nazis ihre Mutter nach Auschwitz verschleppt haben. »Ich kann das nicht« sagt sie, »ich will es mir selbst nicht zumuten.« Das Ehepaar hat bei seinen Besuchen in Deutschland auch niemals KZ-Gedenkstätten besucht. Um der Ermordeten zu gedenken, müßten sie das nicht tun, sagt sie.

Es sei schön, nach Deutschland zu kommen, sagen sie. Aber es sei auch schön, wieder zurück nach Hause zu kommen. Zu Hause: Das ist nicht Schweden, nicht Stockholm. Das ist ihre kleine Wohnung in dem Vorort – und die Familie.

Ende der 1960er Jahre sind die Söhne erwachsen geworden, verlassen die elterliche Wohnung und gründen eigene Familien.

Die Beschäftigung der Frankensteins mit der Nazizeit geht über eine Reflexion des eigenen illegalen Lebens weit hinaus. Besonders Walter Frankenstein ist ein Getriebener seiner eigenen Geschichte. Er will mehr über die Hintergründe des Holocaust erfahren, vertieft sich in neue, in Deutschland erschienene Bücher über seine Lebensstationen wie über grundsätzliche Werke zum Thema. Über die Jahre kauft er mehr und mehr Literatur, bis sich die Regale im Schlafzimmer biegen und sich zu einer Fachbibliothek zum Nationalsozialismus entwickeln. Dazwischen stehen die deutschen Klassiker und Belletristik aus Schweden, Deutschland und Israel. Es ist das, was man eine Emigrantenbibliothek nennt – jede Station des Lebens, jedes Land, in dem sie gewohnt haben, ist durch

Bücher repräsentiert. Doch das Deutsche überwiegt eindeutig. Leonie und Walter Frankenstein, ob sie es nun wollen oder nicht, sind jüdische Deutsche im Exil geblieben.

14 Eine Liebe in Stockholm

Von der Stockholmer U-Bahn-Station Slussen mit den von Walter Frankenstein sorgfältig verlegten hell- und dunkelblauen Kacheln sind es 20 Minuten Fahrt bis in den Vorort, in dem die Frankensteins seit mehr als 50 Jahren in derselben kleinen Zweizimmerwohnung leben.
Leonie Frankenstein öffnet die Tür und bittet mich, Platz zu nehmen auf dem Sofa im Wohnzimmer mit Blick ins Grüne. Walter Frankenstein kommt kurz herein, grüßt herzlich. Aber er verschwindet rasch wieder, denn er hat noch in der Küche zu tun, um das Mittagessen vorzubereiten.
Leonie und Walter Frankenstein sind beide weit über 80 Jahre alt. Aber sie leben weiter selbständig, ohne Haushaltshilfen oder Essen auf Rädern. Auch ihr unabhängiges Denken haben sich beide bewahrt. Wie lautet ihre Bilanz?
Das Bittere: Sie sind heimatlos geblieben. Sie fühlen sich nicht als Schweden, aber auch nicht als Deutsche. Niemals wären sie auf die Idee gekommen, die bundesdeutsche Staatsangehörigkeit zu beantragen, die sie selbstverständlich sofort erhalten könnten. Sie verbieten es sich selbst, wieder in Deutschland zu leben, nach dem, was ihnen dort widerfahren ist. Leonie Frankenstein bringt es kurz und knapp auf den Punkt. Sie sagt: »Wir haben es sehr gut hier. Wir sind zufrieden. Wir haben keinen Grund zur Klage. Nur ist Schweden nicht unsere Heimat.«
Schweden sind sie also nicht, Deutsche wollen sie nie wieder sein. Ist ihnen ihre jüdische Identität wichtig?

Nein, lautet ihre übereinstimmende Antwort. Beide betrachten sich als Atheisten. Sie sind nicht Mitglied der Jüdischen Gemeinde und legen seit ihrer Emigration nach Schweden vor über 50 Jahren Wert auf einen gewissen Abstand zu allen jüdischen Institutionen. »Ich versuche zu vergessen, daß ich eine Jüdin bin«, sagt sie. »Wir sind als Kinder von Juden geboren worden. Man hat mir auferlegt, Jude zu sein«, ergänzt er. Walter Frankenstein erinnert sich an seine Kindheit und das Pessach-Fest: »Die Familie hat gemeinsam am Tisch gesessen. Es wurde über die Knechtschaft und den Auszug der Juden aus Ägypten vorgelesen. Das hat mir ganz sicher gut gefallen. Aber ich genoß auch die katholische Mitternachtsmesse mit meinem Kindermädchen in der Kirche. Es war feierlich. Immer aber blieb ich mehr oder weniger ein Zuschauer. Ich konnte nicht mitfühlen. Ich kann das Feierliche mitfühlen im Kreis der Familie, aber nicht das Religiöse.«
Schon gar nicht können sie Stolz empfinden darauf, daß sie Juden sind. Walter Frankenstein erklärt: »Ich muß für meine Taten einstehen. Ich muß die Verantwortung dafür übernehmen, was ich tue. Ich habe niemanden, der sie mir abnimmt. Ein gläubiger Katholik kann in die Kirche gehen und beichten. Ich habe niemanden, bei dem ich beichten könnte und der mir meine Sünden vergibt. Ich muß dafür geradestehen. Ich versuche es. Es kann sein, daß es manchmal nicht ganz so klappt, wie ich es gerne möchte. Aber das habe ich selbst auszubaden.« Stolz könne man auf seine eigene Leistung sein, aber niemals darauf, als was man geboren worden ist, sei es nun als Jude, Muslim oder Christ, Deutscher, Israeli oder Schwede. »Man kann stolz darauf sein, versucht zu haben, ein guter Mensch zu sein«, sagt sie. »Aber weil ich Deutsche oder Schwedin bin? So ein Unsinn!« Ob ihre Enkel nun als Juden oder Nichtjuden aufwachsen, ist für Leonie und Walter Frankenstein nicht entscheidend. Es kommt auf den Men-

schen und seine Taten an, nicht auf Äußerlichkeiten wie Religion oder Nationalität, das ist ihre feste Überzeugung.
Stolz sind Leonie und Walter Frankenstein allerdings auf ihren Widerstand gegen die Nazis, darauf, daß sie untergetaucht sind und sich nicht haben abführen lassen, darauf, daß sie mit ihren beiden Kindern durchgekommen sind. Und stolz sind sie auch auf ihre Aufbauarbeit für den Staat Israel, der Heimat der meisten Holocaust-Überlebenden. Das Land, in dem sie zehn Jahre ihres Lebens verbracht haben, liegt ihnen bis heute am Herzen. Es ist eine stille Identifikation, die sich darin manifestiert, daß sie hoffen und bangen, wenn im Fernsehen wieder einmal von Morden und Selbstmordanschlägen die Rede ist. Israel ist besonders für Leonie Frankenstein eine große Liebe geblieben. Nirgends hat sie sich in ihrem Leben so daheim gefühlt wie in Hadera. Einmal sind sie noch nach Israel zurückgekehrt, zu einem Treffen ehemaliger Zöglinge des Auerbach'schen Waisenhauses. Es sei schrecklich gewesen, dort als Touristen zu sein, die in ein paar Tagen wieder in Sicherheit sein würden, meint Leonie Frankenstein. Von einer demonstrativen Solidarität, mit ständigen Reisen und Bekundungen ihrer Unterstützung für den Zionismus, halten beide gar nichts. Ihre Position ist konsequent: Mit der Emigration nach Schweden sind sie keine Israelis mehr. Entsprechend haben sie die israelische Staatsangehörigkeit aufgegeben. Demzufolge lehnen sie es ab, aus dem sicheren Skandinavien mit guten Ratschlägen an die Israelis aufzuwarten. »Wir gehören nicht mehr dazu«, sagt Walter Frankenstein. »Ich spreche mir das Recht ab, Israel und die israelische Politik zu kritisieren. Ich lebe nicht dort. Ich bin kein Bürger mehr. Ich will mir nicht anmaßen, der gute Zionist zu sein, hier zu sitzen und die anderen leiden zu lassen.« Zwischen den alten Identitätspapieren von Palästina aus den 1940er Jahren liegt ein Zettel. Walter Frankenstein hat darauf vor Jahrzehnten einmal no-

tiert, was er für den Staat Israel geleistet hat: »Meine Jahre im Dienste des jüdischen Staates«, lautet die Überschrift. Und dann: »zwei Jahre Hagana, eineinhalb Jahre Militärdienst, sechseinhalb Jahre Reservesoldat«.

Die Politik in Deutschland verfolgen sie genau und kritisch. Ihr Deutschlandbild ist, wen wundert es, vor allem von den Jahren der Nazizeit und dem Kampf um das Überleben geprägt. Und deshalb, aber nicht nur deshalb, schrillen bei ihnen alle Alarmglocken, wenn sie im deutschen Fernsehen wieder einmal Neonazi-Aufmärsche anschauen müssen. Deshalb sind sie aufs höchste alarmiert, wenn die NPD in einigen Dörfern Mecklenburg-Vorpommerns mehr als 30 Prozent der Stimmen einfährt. Darum finden sie es unfaßbar, daß es immer noch Deutsche gibt, die den Massenmord in Auschwitz leugnen. Leonie und Walter Frankenstein erkennen die Bemühungen der Demokraten in Deutschland durchaus an. Aber wirklich trauen können sie den Deutschen nach allem, was geschehen ist, nicht. Könnte sich die Geschichte nicht doch wiederholen? Sie wollen es nicht ausschließen.

Was sie als deutsche Juden vor über 60 Jahren erleiden mußten, prägt sie und ihre Erinnerungen bis heute. Ihre Geschichte hat ein Happy-End: Leonie und Walter Frankenstein haben Widerstand geleistet und sind 1945 befreit worden. Aber ist das wirklich ein glückliches Ende, wenn man selbst überlebt hat, aber fast alle Verwandten und Freunde ermordet worden sind?

Viele der Bücher, die sich im Schlafzimmer stapeln, handeln vom Nationalsozialismus. Manche Verfolgte haben ihre Erinnerungen über Jahrzehnte in ihrem tiefsten Inneren eingekapselt. Leonie und Walter Frankenstein nicht. Immer haben sie nach den Ursachen gefragt: Wie konnte es geschehen? Walter Frankenstein ist seiner eigenen Geschichte immer wieder nachgegangen, hat dem Schicksal seiner Freunde nachgespürt, hat teure Gedenkbücher mit den Namen der Ermordeten in Deutschland gekauft. Sie haben überlebt. Sie wollen ihre Geschichte erzählen.

Die meisten Juden in Deutschland, die während der NS-Verfolgung ihr Leben im Versteck zu retten versuchten, haben es nicht geschafft. Sie wurden denunziert, oder die Gestapo hat sie ermittelt. Manche sind im Bombenkrieg umgekommen, weil sie keine Bunker betreten durften. Einige sind an Krankheiten gestorben oder haben sich in ihrer Verzweiflung selbst das Leben genommen.

Daß Leonie und Walter Frankenstein mit ihren beiden kleinen Söhnen die Naziverfolgung überlebt haben, widerspricht jeglicher Wahrscheinlichkeit. Sie konnten nicht rechtzeitig das Land verlassen. Sie besaßen weder Geld noch gute Beziehungen, ja nicht einmal falsche Papiere. Sie verfügten nicht über spezielle Kenntnisse. Sie verbargen sich in unsicheren Verstecken, auf Trümmergrundstücken, bei Prostituierten.

Doch sie hatten Mut und Hoffnung. Sie wollten widerstehen. Und es gab einige Deutsche, die ihnen geholfen haben – trotz der Nazi-Gesetze und -Propaganda. Sie und die Frankensteins sind die Helden in dieser Geschichte.

Aus der Zeit ihrer Verfolgung ist große Skepsis geblieben. Viel zu viele Deutsche haben nichts getan oder mitgemacht. Walter Frankenstein sagt: »Es fehlte den Deutschen Courage und Mut.« Sie ergänzt: »Wer hat denn damals geweint, als sie Uri und mich 1943 auf den Lastwagen zur Sammelstelle für die Deportation verladen haben? Niemand. Die Deutschen haben zugeschaut.« Sie wissen um die Hilfe, die sie in der Illegalität von Deutschen erhalten haben. »Wir sind absolut dankbar«, sagt er. »Es war ja nicht selbstverständlich, daß diese Menschen geholfen haben. Sie haben ihr Leben für uns aufs Spiel gesetzt. Leider waren es zu wenige. Weil so wenige geholfen haben, konnten auch nur so wenige überleben.«

Der Kriegsgeneration werfen sie vor, sich niemals wirklich ihrer Verantwortung gestellt zu haben. Sie wollen keine Entschuldigung, würden sie von den Alten auch gar nicht akzeptieren. Er berichtet von einem deutschen Bekannten, der ihm erzählte, er habe nichts von den Judenmorden gewußt: »Der hat die Pogromnacht erlebt, war in der Hitler-Jugend und später im Krieg. Und der will nichts gewußt haben?« Walter Frankenstein hat den Kontakt zu dem Mann einschlafen lassen. »Das kann mich zur Weißglut bringen: Warum können diese Menschen nicht sagen, sie hätten davon gewußt, aber sie hätten weggeschaut und sich nicht darum gekümmert? Das wäre noch akzeptabel. Aber sie behaupten, sie hätten gar nichts gewußt. Das gab es nicht. Wir haben doch selbst mitbekommen, was die Deutschen untereinander geredet haben, welche Informationen von der Ostfront ins Land getragen wurden. Die wußten alle bis auf ganz wenige Ausnahmen Bescheid.«

Ob die Deutschen sich wirklich geändert haben, steht für Leonie und Walter Frankenstein noch nicht endgültig fest. Mit den Alten wollen sie nichts zu tun haben und gehen ihnen aus dem Weg. Ihre Hoffnung sind die nachfolgenden Generationen. Von ihnen erhoffen sie sich mehr Widerstand gegen Rechtsradikale. Deshalb haben sie zugestimmt, daß ihre Lebensgeschichte in Deutschland veröffentlicht wird. Walter Frankenstein: »Wir machen das nicht für uns. Wir wollen aufklären. Einen alten Nazi kann man nicht aufklären. Aber mit jungen Menschen kann ich es zumindest versuchen.«

Die Sorge bleibt – nicht nur gegenüber Deutschland. Es fällt ihnen schwer zu glauben, daß in der Welt eines Tages die Vernunft einziehen könnte. Mit Sorge sehen sie, wie sich religiöser Fanatismus ausbreitet. Sie registrieren Hetze und Propaganda und einen neuen Antisemitismus fundamentalistischer Muslime. Den westlichen Demokratien lasten Leonie und Walter Frankenstein an, sich dagegen nicht ausreichend zu wehren. Er sagt: »Die Demokratien sind zu demokratisch, um den Fanatismus abzuwehren. Ich sehe das in Schweden. Die Neonazis pressen hier ihre CDs und drucken ihre Broschüren. In manchen Moscheen wird Antisemitismus gepredigt. Bei den letzten Kommunalwahlen sind hier Neonazis in verschiedene lokale Parlamente gekommen. Jetzt erhalten sie staatliche Gelder. Vor kurzem hat ein Nazi ein Gut gekauft, das er zu einem Schulungszentrum ausbauen will. Wie weit soll das gehen? Wie kann eine Demokratie das zulassen? Da päppelt eine Demokratie ihre Feinde. Und diese Entwicklung beobachte ich überall, in England, in Frankreich, in Italien. Ich habe mein ganzes Leben lang auf die Vernunft gesetzt. Ich habe gehofft, daß der Nazismus verschwindet. Und er wird immer stärker, ebenso wie der religiöse Fanatismus. Worauf soll ich noch hoffen?« Daß der Judenhaß jemals ausgerottet werden kann, hält er für ausgeschlossen: »Hundert Jahre nachdem der letzte Jude von der Erdkugel verschwunden ist, wird es immer noch Antisemitismus geben.«

Doch trotz ihrer tiefen Skepsis, fatalistisch sind Leonie und Walter Frankenstein deshalb nicht geworden. Sie haben ihr Leben lang gekämpft – für sich selbst, für die Familie, für den Staat Israel, eine neue Heimat für die Überlebenden und für eine bessere Zukunft. Sich zu wehren hat sich für sie gelohnt, und sie wollen ein Beispiel dafür geben, daß der Kampf für Menschlichkeit sich auch für andere lohnen kann. Sie mögen alt und gebrechlich erscheinen. Doch sie sind stark geblieben. Sie haben keine falschen Kompromisse geschlossen, sich niemals verbogen oder sind der herrschenden Meinung hinterhergelaufen. Leonie Frankenstein sagt: »Dies und das soll man tun. Wenn man dieses und jenes erlebt hat, dann muß man so und so geworden sein. Nein! Man muß überhaupt nichts. Immer kommt es auf den Menschen an.« Ihr Ehemann erinnert sich, was ihm seine in Auschwitz ermordete Mutter als Kind mit auf den Weg gegeben hat: »Ich möchte, daß du in deinem Leben so handelst, daß ich mich deiner niemals hätte schämen müssen.« Er hat sich daran gehalten.

Doch Leonie und Walter Frankenstein haben nicht nur ein kämpferisches Leben geführt. Sie sind auch durch ihre große Liebe miteinander verbunden. Seit einem Menschenalter sind sie zusammen, und es scheint so, als seien sie verliebt wie am ersten Tag. »Meine einzige große Liebe«, sagt Walter Frankenstein über seine Frau. Soll das wirklich schon über 65 Jahre her sein, daß sie nachts auf dem großen Herd im Auerbach'schen Waisenhaus getanzt haben, er siebzehn und sie gerade zwanzig Jahre alt?

Es gibt da noch eine Frage, eine einzige Frage, die übriggeblieben ist nach den vielen Treffen in Stockholm mit den schmerzhaften Erinnerungen, nach den Reisen und den Recherchen in Bibliotheken und Archiven. »Gibt es das: die ideale Liebe?« Leonie sieht Walter an. Und Walter Leonie. Und dann kommt wie aus einem Mund die kürzestmögliche Antwort: »Ja!«

Anmerkungen

1 Zur Geschichte des Auerbach'schen Waisenhauses vgl. Matthias Frühauf, »Ein Elternhaus für Waisen. Die Geschichte der Baruch Auerbach'schen Waisenerziehungsanstalten von 1832 bis 1942«, in: *Leben mit der Erinnerung. Jüdische Geschichte in Prenzlauer Berg*, hg. vom Kulturamt Prenzlauer Berg, Berlin 1997, S. 236-254.
2 Zit. nach Jörg H. Fehrs, *Von der Heidereutergasse zum Roseneck. Jüdische Schulen in Berlin 1712-1942*, Berlin 1993, S. 151.
3 Zit. nach Birgit Kirchhöfer, »›Ein Gefühl der Geborgenheit‹. Die jüdische Schule in der Rykestraße 53«, in: *Leben mit der Erinnerung*, S. 296-316, hier S. 308.
4 Zit. nach Reinhard Rürup (Hg.), *Topographie des Terrors*, Berlin 1987, S. 115.
5 Günther B. Ginzel, *Jüdischer Alltag in Deutschland 1933-1945*, Düsseldorf 1984, S. 219.
6 Zum Ghetto Lodz vgl. Hanno Loewy und Gerhard Schoenberner, *»Unser einziger Weg ist Arbeit«. Das Getto in Łódź 1940-1944*, Wien 1990.
7 Zit. nach Marek Andrzejewski, *Opposition und Widerstand in Danzig. 1933 bis 1939*, Bonn 1994, S. 68.
8 Landesarchiv Berlin, C Rep. 118-01, Nr. 866.
9 Undat. Informationen von Edith Hirschfeldt (vgl. auch Anm. 90) zu ihrer Ehrung als »Gerechte unter den Völkern« an die Gedenkstätte Yad Vashem, Archiv der Gedenkstätte Deutscher Widerstand, Berlin. Vgl. Wilhelm Matull, *Ostdeutschlands Arbeiterbewegung. Abriß ihrer Geschichte, Leistung und Opfer*, Würzburg 1973, S. 356, 454 ff. Zu Informationen über Fritz Hirschfeld danke ich Hans-Rainer Sandvoß (Gedenkstatte Deutscher Widerstand, Berlin) und Peter Oliver Loew (Deutsches Polen-Institut, Darmstadt). Die Tätigkeit von Fritz Hirschfeld für den Widerstandskreis um Wilhelm Leuschner wird

von Edith Hirschfeldt erwähnt (Interview mit Edith Hirschfeldt, geführt am 23.11.1992 von Barbara Schieb, Archiv der Gedenkstätte Deutscher Widerstand, Berlin). Auch seine Freundin Lona Berlow bestätigt dies in der Schilderung ihrer Verfolgung (Landesarchiv Berlin, C Rep. 118-01, Nr. 866). Der Wilhelm-Leuschner-Stiftung war davon nichts bekannt. Schreiben der Wilhelm-Leuschner-Stiftung vom 23.4.2007.

10 Interview mit Edith Hirschfeldt, geführt am 23.11.1992 von Barbara Schieb, Archiv der Gedenkstätte Deutscher Widerstand, Berlin. Das Ghetto Lodz wurde intern von einem Judenrat verwaltet, der den Befehlen der Gestapo unterstellt war. Selbstverständlich wäre es der Gestapo möglich gewesen, Fritz Hirschfeld zu entlassen.

11 Centrum Judaicum, Archiv, Berlin, Z 2001/70, Nr. 1.

12 Landesarchiv Berlin, C Rep. 118-01, Nr. 866.

13 Zit. nach Annegret Ehmann u.a., *Die Grunewald-Rampe. Die Deportation der Berliner Juden*, Berlin 1993, S. 83f.

14 Martin Riesenburger, *Das Licht verlösche nicht. Ein Zeugnis aus der Nacht des Faschismus. Predigten*, Berlin 1984, S. 12f., zit. nach Ehmann, *Die Grunewald-Rampe*, S. 144.

15 Bundesarchiv, Berlin, R 8150.51 Bestand Reichsvereinigung. Formal waren Walter Frankenstein und seine Kollegen von der Jüdischen Gemeinde an das Reichssicherheitshauptamt nur ausgeliehen. Die Jüdische Gemeinde zahlte deshalb auch die Löhne aus. In dem vorliegenden Schriftwechsel bemüht sich die Jüdische Gemeinde über die Reichsvereinigung der Juden in Deutschland um Erstattung dieser Kosten durch das SS-Reichssicherheitshauptamt.

16 Centrum Judaicum, Archiv, Berlin, Z 2001/70, Nr. 1. Dort auch die Bestätigungen für die Verleihung des EK II (am 8. März 1916) und des EK I (am 28. Dezember 1916) an Selmar Frankenstein.

17 Testament von Dr. Selmar Israel Frankenstein und Ottilie Sara Frankenstein vom 2. Januar 1942, archiviert beim Amtsgericht Berlin-Charlottenburg.

18 Brandenburgisches Landeshauptarchiv, Potsdam, Rep. 36 A Oberfinanzpräsident Berlin-Brandenburg (II) Nr. 9785.

19 Ebd.

20 Als »Judenbehandler« war Dr. Selmar Frankenstein ein Telefonanschluß in der Wohnung erlaubt. Sonst war Juden der Besitz von Telefonen mit Datum vom 19.7.1940 verboten, ab dem 12.12.1941 war ihnen auch die Benutzung öffentlicher Telefonzellen untersagt.
21 Brandenburgisches Landeshauptarchiv, Potsdam, Rep. 36 A Oberfinanzpräsident Berlin-Brandenburg (II) Nr. 9785.
22 Die Geburt am 20.1.1943 wird vom Jüdischen Krankenhaus verzeichnet, als Mutter wird Leonie Frankenstein unter ihrem Mädchennamen Rosner registriert. Faksimile in: Barbara Schieb, »›Wir hatten gar nichts geplant – wir wußten nur, daß wir nicht mitgehen werden‹. Vom Überleben der Familie Frankenstein in der Illegalität 1943-1945«, in: *Juden in Berlin 1938–1945*, hg. von Beate Meyer und Hermann Simon, Berlin 2000, S. 259–279, hier S. 262.
23 Die Liste der zugelassenen Vornamen für jüdische Neugeborene in: *Jüdische Rundschau*, 30.8.1938, S. 4.
24 Otto Goerke, *Der Kreis Flatow*, Flatow 1918, S. 375. Danach lebten 1774 in Flatow 1072 Juden und 908 Protestanten und Katholiken. Flatow fiel 1772 an Preußen.
25 Landesamt für Bürger- und Ordnungsangelegenheiten, Entschädigungsstelle, Berlin, RegNr. 62317, Verfolgungsschilderung von Arthur Katz. – Arthur Katz' Vater Seelig hatte besonders unter antisemitischen Verfolgungen zu leiden. Die Tageszeitung *Die Grenzmark* stellte ihn am 10./11.12.1938 an den Pranger, weil er angeblich trotz des Verbots geschächtetes Fleisch verkauft hätte.
26 Peter Simonstein Cullman, *History of the Jewish Community of Schneidemühl. 1641 to the Holocaust*, Bergenfield 2006, S. 155ff. Faksimile der Gestapo-Aktennotiz über den Verbleib der Juden aus Schneidemühl und Umgebung ebd., S. 286f. Aus einer von Cullman vorgenommenen Zusammenstellung aller Deportierten des 21. Februar 1940 geht hervor, daß mindestens 11 Menschen aus Flatow verschleppt wurden – ohne den von Cullman nicht erfaßten Arthur Katz. Ebd., S. 176-244.
27 Sächsisches Staatsarchiv, Leipzig, PP-V 4532.
28 *Jüdische Rundschau*, Beilage Kınder-Rundschau, 24.3.1936, S. 5.
29 Palästina-Amt der Jewish Agency for Palestine (Hg.), *Alijah. Informationen für Palästina-Auswanderer*, 8. Aufl. Berlin 1936, S. 45.

30 *Jüdisches Nachrichtenblatt*, 30.6.1939, S. 8. – *Chevra*: hebräisch für Gemeinschaft.
31 *Jüdisches Gemeindeblatt für die Israelitischen Gemeinden in Mannheim, Heidelberg und Ludwigshafen a.Rh.*, Jg. 16, Nr. 21, 3.11.1938, S. 5f.
32 Ende 1935 verlangte der Reichsminister für Erziehung, Wissenschaft und Volksbildung, Bernhard Rust, eine Trennung der jüdischen von den nichtjüdischen Schülern an Volksschulen. Vgl. Willi Holzer, *Jüdische Schulen in Berlin. Am Beispiel der privaten Volksschule der jüdischen Gemeinde Rykestraße*, Berlin 1992, S. 55. Joseph Walk (Hg.), *Das Sonderrecht für die Juden im NS-Staat*, Heidelberg 1996, S. 256, zitiert aus dem Erlaß zur Trennung von Juden und Nichtjuden nach der Pogromnacht 1938: »Nach der ruchlosen Mordtat von Paris kann es keinem deutschen Lehrer […] mehr zugemutet werden, an jüdische Schulkinder Unterricht zu erteilen. Auch versteht es sich von selbst, daß es für deutsche Schüler unerträglich ist, mit Juden in einem Klassenraum zu sitzen.« Runderlaß des Reichsministeriums für Wissenschaft, Erziehung und Volksbildung vom 15.11.1938.
33 Zur Jugend-Alija-Schule vgl. Maren Krüger, *Herbert Sonnenfeld. Ein jüdischer Fotograf in Berlin 1933-1938*, Berlin 1990, S. 78ff.; Palästina-Amt der Jewish Agency for Palestine (Hg.), *Alijah*, S. 31; Jizchak Schwersenz, *Die versteckte Gruppe. Ein jüdischer Lehrer erinnert sich an Deutschland*, Berlin 1988, S. 63ff.; Jizchak Schwersenz, *Zwischen Heimat und Exil. Ein jüdischer Lehrer erzählt Geschichte*, Berlin 1995, S. 83-92. Für Hinweise zur Jugend-Alija-Schule und zur Hachschara in Schniebinchen danke ich Maren Krüger vom Jüdischen Museum Berlin.
34 *Jüdische Rundschau*, 24.12.1937, S. 14. – *Chaverim* (hebr.): Freunde, Genossen. Givat Brenner und Degania sind Kibbuzim in Palästina.
35 Für Informationen über Franz Ollendorff danke ich Prof. Yehoshua Zeevi, Technion Haifa, Israel.
36 Palästina-Amt der Jewish Agency for Palestine (Hg.), *Alijah*, S. 44.
37 Zit. nach Adolf Diamant, *Chronik der Juden in Leipzig*, Chemnitz/Leipzig 1993, S. 606.

38 Für Informationen über die Familie Henschel danke ich der Israelitischen Religionsgemeinde zu Leipzig, der Botschaft von Uruguay in Berlin, der Nueva Congregación Israelita, Uruguay, Eva Maria Plans in Barcelona und Gabriela Henschel de Stossl in Buenos Aires.

39 Zum Jüdischen Seminar für Kindergärtnerinnen und Hortnerinnen vgl. Gudrun Meierhof, *Selbstbehauptung im Chaos. Frauen in der jüdischen Selbsthilfe 1933-1943*, Frankfurt am Main/New York 2002, S. 241ff.

40 Zur Israelitischen Taubstummen-Anstalt vgl. Monika Sonke, »Die Israelitische Taubstummen-Anstalt in Berlin-Weißensee«, in: *»Öffne deine Hand für die Stummen«. Die Geschichte der Israelitischen Taubstummen-Anstalt Berlin-Weißensee 1873 bis 1942*, hg. von Vera Bendt und Nicola Galliner, Berlin 1993, S. 43-77. Für weitere Informationen danke ich Monika Sonke-Weidenbacher, Berlin.

41 Zur Ahndung der Hilfe für Juden im NS-Staat vgl. Beate Kosmala, »Mißglückte Hilfe und ihre Folgen: Die Ahndung der ›Judenbegünstigung‹ durch NS-Verfolgungsbehörden«, in: *Überleben im Untergrund. Bd. 5: Hilfe und Rettung für Juden in Deutschland 1941-1945*, hg. von Beate Kosmala und Claudia Schoppmann, Berlin 2002, S. 205-221.

42 Landesamt für Bürger- und Ordnungsangelegenheiten, Entschädigungsstelle, Berlin, RegNr. 57964, Blatt B22, Eidesstattliche Versicherung von Theodor Kranz vom 3. 4. 1967.

43 Edith Hirschfeld, »Werner Scharff«, in: *Den Unvergessenen. Opfer des Wahns 1933 bis 1945*, hg. von Hermann Maas und Gustav Radbruch, Heidelberg 1952, S. 11-18, hier S. 13. – Zu Edith Berlow, Kurt Hirschfeld, Werner Scharff, Gertrud Scharff und Fancia Grün vgl. Barbara Schieb-Samizadeh, »Die Gemeinschaft für Frieden und Aufbau«, in: *Juden im Widerstand*, hg. von Wilfried Löhken und Werner Vathke, Berlin 1993, S. 37-81. Für weitere Informationen danke ich Barbara Schieb von der Gedenkstätte Deutscher Widerstand, Berlin.

44 Hirschfeld, »Werner Scharff«, S. 13.

45 Cioma Schönhaus, *Der Passfälscher. Die unglaubliche Geschichte eines jungen Grafikers, der im Untergrund gegen die Nazis kämpfte*, Frankfurt am Main 2004.

46 Aufzeichnungen über ein Gespräch von Hans-Rainer Sandvoß mit Lore Dehms am 19.1. und 26.4.1982 in Berlin. Für die Überlassung der Gesprächsnotizen und weitere Hilfen danke ich Hans-Rainer Sandvoß von der Gedenkstätte Deutscher Widerstand, Berlin. Zu Konflikten zwischen Söhnker und den Nazis vgl. Hans Söhnker, ... *und kein Tag zuviel*, Frankfurt am Main 1976, S. 102 f.

47 Interview mit Edith Hirschfeldt, geführt am 23.11.1992 von Barbara Schieb, Archiv der Gedenkstätte Deutscher Widerstand, Berlin.

48 Für Informationen über Theodor Kranz, Charlotte Anderfuhr und ihren Ehemann Ernst Friedrich danke ich ihren Töchtern Margarete König, Ursula Müller und ihrer Enkelin Karola Mehlhorn, Gröningen.

49 Bayerisches Hauptstaatsarchiv, München, 42063/VIII/1923, Entschädigungsakte Arthur Ketzer, Eidesstattliche Erklärung von Dr. J. Auerbach, London, vom 12.7.1947.

50 Ebd., Eidesstattliche Erklärung von Bianca Paneth vom 12.7.1947.

51 Ebd., Schreiben von Hede Glaser an Arthur Ketzer vom 5.8.1947.

52 Ebd., Schreiben von Alice S. Witte an Arthur Ketzer vom 15.8.1947.

53 Sächsisches Staatsarchiv, Leipzig, PP-S Leipzig 8528, Gefangenentagebuch 1943.

54 Niedersächsisches Staatsarchiv, Hannover, Nds. 110 W Acc. 8/90 Nr. 250/15, Entschädigungsakte Theodor Kranz, Dokument 5.

55 Sächsisches Staatsarchiv, Leipzig, PP-M 2164.

56 Für Informationen über die Todesanzeige danke ich Karola Mehlhorn, Gröningen.

57 Hirschfeld, »Werner Scharff«, S. 15.

58 Eugen Herman-Friede, *Für Freudensprünge keine Zeit. Erinnerungen an Illegalität und Aufbegehren 1942-1948*, Berlin 1991, S. 66.

59 Der Austritt erfolgte laut Austrittskartei der Jüdischen Kultusvereinigung im Januar 1941. Centrum Judaicum, Archiv, Berlin, 2A1 (Austrittskartei).

60 Für Informationen über Eva Reich danke ich Monika Sonke-Weidenbacher, Berlin. Der Schriftwechsel zwischen Eva Reich u. a.

und dem letzten Direktor der Israelitischen Taubstummen-Anstalt Berlin-Weißensee, Philipp Cahn und seiner Ehefrau Sophie Cahn, inhaftiert in Theresienstadt, ist archiviert unter: »Copies of the letters of Gudula Cahn, a Jewish refugee in Disley, near Stockport, Cheshire, 1939-1946« (ref M 752), Manchester Archives and Local Studies, unter »Records of the Manchester Jewish Community«.

61 Zur »Gemeinschaft für Frieden und Aufbau« vgl. Schieb-Samizadeh, »Die Gemeinschaft für Frieden und Aufbau«.

62 Zit. nach Barbara Schieb, »Zwischen ›gesundem Menschenverstand‹ und Opferbereitschaft«, in: *Widerstand gegen den Nationalsozialismus*, hg. vom Studienkreis Deutscher Widerstand 1933-1945, Frankfurt am Main 2007, S. 140-157, hier S. 153.

63 Interview mit Edith Hirschfeldt, geführt am 23.11.1992 von Barbara Schieb, Archiv der Gedenkstätte Deutscher Widerstand, Berlin.

64 Zu den jüdischen Spitzeln vgl. Doris Tausendfreund, *Erzwungener Verrat. Jüdische »Greifer« im Dienst der Gestapo 1943-1945*, Berlin 2006.

65 Ebd., S. 111f.

66 Zitat aus Entschließung vom 21.8.1935, in: Josef Wulf, *Kultur im Dritten Reich. Theater und Film*, Frankfurt am Main 1989, S. 39.

67 Peter Wyden, *Stella*, Göttingen 1993, S. 259f. Abraham und Moritz Zajdmann konnten aus dem Zug nach Auschwitz abspringen und überlebten die Nazizeit. Ihre Aussagen spielten im Prozeß gegen Stella Kübler 1957 vor dem Schwurgericht beim Landgericht Berlin eine Rolle, bei dem sie zu zehn Jahren Zuchthaus verurteilt wurde.

68 Betty Müller-Latte, »Erinnerungen einer Gehörlosenlehrerin an ihre Arbeit mit hörgeschädigten Kindern in der Israelitischen Taubstummen-Anstalt in Berlin-Weißensee und in Israel«, in: *Hörgeschädigte Kinder* (1988), Folge 3, S. 159-163, hier S. 160. Für weitere Informationen über Heinrich Grünbaum danke ich Monika Sonke-Weidenbacher, Berlin.

69 Landesamt für Bürger- und Ordnungsangelegenheiten, Entschädigungsstelle, Berlin, RegNr. 57966, Blatt C8, C9, Eidesstattliche Versicherung von Sofie Döring vom 1.12.1953.

70 Wann Walter Frankenstein Unterschlupf bei Sofie Döring fand,

läßt sich nicht mehr exakt rekonstruieren. In einer eidesstattlichen Versicherung gibt Walter Frankenstein an, seit Februar 1944 dort gewohnt zu haben. Es ist aber sehr wahrscheinlich, daß er sich im Datum geirrt hat, da er in Gesprächen mit dem Autor mehrfach erklärte, nach der Zerstörung des Verstecks bei Arthur Ketzer im Februar 1944 eine längere Zeit ohne feste Unterkunft gewesen zu sein. Landesamt für Bürger- und Ordnungsangelegenheiten, Entschädigungsstelle, Berlin, RegNr. 57966, Blatt C5, Eidesstattliche Versicherung von Walter Frankenstein von 1954.

71 Zur Hilfe für illegale Juden durch Prostituierte vgl. Christina Herkommer, »Rettung im Bordell«, in: *Überleben im Dritten Reich. Juden im Untergrund und ihre Helfer*, hg. von Wolfgang Benz, München 2003, S. 143-152.

72 *Aufbau*, 16.11.1945.

73 Ebd.

74 Landesamt für Bürger- und Ordnungsangelegenheiten, Entschädigungsstelle, Berlin, RegNr. 57964, Blatt C11, Bescheinigung vom 22.10.1945.

75 Liste I, Verzeichnis der nach der Befreiung durch die Alliierten in Berlin registrierten Juden, Berlin, August 1945.

76 Stefi Jersch-Wenzel, *Leistung und Schicksal. 300 Jahre Jüdische Gemeinde zu Berlin*, Berlin 1971, S. 25.

77 Beate Kosmala und Claudia Schoppmann, »Überleben im Untergrund«, in: *Überleben im Untergrund*, S. 17-31. Neue Schätzungen gehen von insgesamt 10000 untergetauchten Juden im Deutschen Reich aus. Vgl. Beate Kosmala, »Hilfe für Juden in Deutschland 1938-1945«, in: *Widerstand gegen den Nationalsozialismus*, S. 90-108, hier S. 92.

78 Beate Kosmala schätzt die Zahl der Helfer für illegal lebende Juden in Berlin auf 20000-30000. Kosmala, »Hilfe für Juden«, S. 99.

79 Claudia Schoppmann, »Rettung von Juden: ein kaum beachteter Widerstand von Frauen«, in: *Überleben im Untergrund*, S. 109-126.

80 Alle Angaben über Todesort und -datum in diesem Kapitel stammen, wenn nicht anders angegeben, aus: Bundesarchiv (Hg.), *Gedenkbuch. Opfer der Verfolgung der Juden unter der nationalsozialistischen Gewaltherrschaft in Deutschland 1933-1945*,

Koblenz 2006 (4 Bde.); Freie Universität Berlin (Hg.), *Gedenkbuch Berlin der jüdischen Opfer des Nationalsozialismus*, Berlin 1995; Ellen Bertram, *Menschen ohne Grabstein. Die aus Leipzig deportierten und ermordeten Juden*, Leipzig 2001; Adolf Diamant, *Deportationsbuch der in den Jahren 1942 bis 1945 von Leipzig aus gewaltsam verschickten Juden*, Frankfurt am Main 1991; Yad Vashem, The Central Database of Shoah Victims' Names, www.yadvashem.org/wps/portal/IY_Hon_Entrance.

81 Matull, *Ostdeutschlands Arbeiterbewegung*, S. 462.
82 Zu den »Polenabschiebungen« aus Leipzig 1938 vgl. Steffen Held, »Der Novemberpogrom in Leipzig und die Massenverhaftungen Leipziger Juden 1938/39«, in: *Judaica Lipsiensia. Zur Geschichte der Juden in Leipzig*, hg. von der Ephraim Carlebach Stiftung, Leipzig 1994, S. 194-206.
83 Israelitische Religionsgemeinde zu Leipzig, Archiv, Reichsvereinigung der Juden in Deutschland, Abt. Wanderung, Fragebogen von Saly Arno Israel Wasserstrom vom 25.6.1940.
84 Israelitische Religionsgemeinde zu Leipzig, Archiv, Mitgliedskarteikarte von Arno Wasserstrom, Sterbeurkunde von Saly Arno Israel Wasserstrom vom 10.8.1942, Unterlagen zur Beisetzung von Saly Arno Israel Wasserstrom. Für weitere Informationen danke ich Klaudia Krenn von der Israelitischen Religionsgemeinde zu Leipzig.
85 Niedersächsisches Staatsarchiv, Hannover, Nds. 110 W Acc. 8/90 Nr. 250/15, Schreiben von Theodor Kranz an den Regierungspräsidenten, Hildesheim, Entschädigungsbehörde vom 15.5.1960.
86 Bayerisches Hauptstaatsarchiv, München, 42063/VIII/1923 Entschädigungsakte Arthur Ketzer, Eidesstattliche Erklärung von Dr. Christian Adolf Thom, undat.
87 Ebd., Eidesstattliche Erklärung von Dolf Johan Marie van der Ven vom 8.7.1947.
88 Interview mit Edith Hirschfeldt, geführt am 23.11.1992 von Barbara Schieb, Archiv der Gedenkstätte Deutscher Widerstand, Berlin. Für Informationen über den Lebensweg von Edith Berlow und Kurt Hirschfeld danke ich Barbara Schieb von der Gedenkstätte Deutscher Widerstand, Berlin.
89 Söhnker, *... und kein Tag zuviel*, S. 162ff.

90 Dr. Kurt Hirschfeld hat seinen Nachnamen nach der Befreiung in »Hirschfeldt« geändert. Entsprechend trug seine Ehefrau den Namen Edith Hirschfeldt.
91 Landesamt für Bürger- und Ordnungsangelegenheiten, Entschädigungsstelle, Berlin, RegNr. 62317, Verfolgungsschilderung von Arthur Katz.
92 Für Informationen über Yekutiel Federmann danke ich seinem Sohn Michael Federmann, Tel Aviv, und Ines Sonder vom Moses Mendelssohn Zentrum, Potsdam.
93 Information des Centrum Judaicum Berlin vom 11. 10. 2007.
94 Tausendfreund, *Erzwungener Verrat*, S. 168f.
95 Landesarchiv Berlin, A Rep. 358-02, Nr. 80989.
96 Inge Lammel (Hg.), *Jüdische Lebenswege. Ein kulturhistorischer Streifzug durch Pankow und Niederschönhausen*, Berlin 2007, S. 340.
97 Ulla Jung, »›Ich werde mich wehren.‹ Werner Jacobowitz, ein Überlebender des Auerbach'schen Waisenhauses, Schönhauser Allee 162«, in: *Leben mit der Erinnerung*, S. 49-56, hier S. 52.
98 Bundesarchiv, Berlin, Zsg 138.
99 Landesarchiv Berlin, A Rep. 358-02, Nr. 80989.
100 Hans Rosenthal, *Zwei Leben in Deutschland*, Bergisch Gladbach 1982, S. 59ff.
101 Arbeitsbuch-Ersatzkarte für Walter Frankenstein vom 14. 7. 1945, Privatbesitz der Familie Frankenstein.
102 Die Zahl der zwischen Kriegsende 1945 und der Staatsgründung Israels 1948 über die Alija Bet nach Palästina eingewanderten Juden ist umstritten und liegt zwischen 65 000 und 250 000. Vgl. Tamara Anthony, *Ins Land der Väter oder der Täter? Israel und die Juden in Deutschland nach der Schoah*, Berlin 2004, S. 28f.
103 Zit. nach Joseph M. Hochstein und Murray S. Greenfield, *The Jews' Secret Fleet*, Jerusalem 1988, S. 29.
104 American Jewish Joint Distribution Committee Archives, New York, 45/54, No. 378, Report on Berlin by Philip Skorneck, 21. 2. 1946, S. 13.
105 Zur Bricha über Berlin vgl. Yehuda Bauer, *Flight and Rescue. Brichah*, New York 1970, S. 130ff.
106 Angelika Königseder und Juliane Wetzel, *Lebensmut im War-*

tesaal. Die jüdischen DPs (Displaced Persons) im Nachkriegsdeutschland, Frankfurt am Main 1994, S. 247-268. Die Gesamtzahl der in Deutschland lebenden Juden betrug nach dem Krieg bis zu 250000. Anthony, *Ins Land der Väter oder der Täter?*, S. 24.

107 American Jewish Joint Distribution Committee Archives, New York, 45/54, No. 378, Report on Berlin by Philip Skorneck, 21.2.1946, S. 17.
108 Angelika Eder, *Flüchtige Heimat. Jüdische Displaced Persons in Landsberg am Lech 1945 bis 1950*, München 1998, S. 226f.
109 Ebd., S. 108.
110 Für Informationen über das Theresienbad danke ich Heribert Hübsch, Greifenberg.
111 Zur San Dimitrio vgl. Zeev Venia Hadari, *Second Exodus. The Full Story of Jewish Illegal Immigration to Palestine, 1945-1948*, London 1991, S. 154ff. Zur Überfahrt: Haganah Archives, Tel Aviv, 80/7542/1, 13/8, Zeugenakte: Aus den Erinnerungen von Uri Goren [hebr.].
112 Die Angaben differieren. Laut *Palestine Post* vom 3.11.1946 ist es das siebte Schiff, Morris Laub gibt in einer Aufstellung dagegen an, bei der Latrun handele es sich um das achte Schiff, dessen Passagiere nach Zypern gebracht worden sind. Morris Laub, *Last Barrier to Freedom. Internment of Jewish Holocaust Survivors on Cyprus 1946-1949*, Berkeley 1985, S. 124.
113 *Palestine Post*, 3.11.1946.
114 Ebd.
115 *Jediot Hajom*, 3.11.1946.
116 *Palestine Post*, 5.11.1946.
117 Zu den Internierungslagern auf Zypern vgl. Laub, *Last Barrier to Freedom*, und Stavros Panteli, *Place of Refuge. A History of the Jews in Cyprus*, London 2003, S. 119-133.
118 *Aufbau*, 11.10.1946.
119 Cyprus State Archives, Nicosia, SA1/1133/1946.
120 Haganah Archives, Tel Aviv, 113/GONT/123.
121 Zur politischen Situation in Palästina bis zum UN-Teilungsbeschluß vgl. Tom Segev, *Es war einmal in Palästina. Juden und Araber vor der Staatsgründung Israels*, München 2005, S. 530-575.

122 Zit. nach Hermann Meier-Cronemeyer, *Kleine Geschichte des Zionismus*, Berlin 1980, S. 120.

123 Zum Unabhängigkeitskrieg vgl. Chaim Herzog, *Kriege um Israel 1948 bis 1984*, Frankfurt am Main 1984, S. 17-132.

124 Zum Verhältnis der israelischen Gesellschaft zu den Holocaust-Opfern vgl. Tom Segev, *Die siebte Million. Der Holocaust und Israels Politik der Erinnerung*, Reinbek 1995, S. 209-252.

125 Zur Entschädigung vgl. Segev, *Die siebte Million*, S. 255-338; Constantin Goschler, *Schuld und Schulden. Die Politik der Wiedergutmachung für NS-Verfolgte seit 1945*, Göttingen 2005; Karl Brozik, »Einmalig und voller Lücken. Entschädigung und Rückerstattung«, in: *Täter – Opfer – Folgen. Der Holocaust in Geschichte und Gegenwart*, hg. von Heiner Lichtenstein und Otto R. Romberg, Bonn 1997, S. 183-191.

126 Goschler, *Schuld und Schulden*, S. 133.

127 Zit. nach Segev, *Die siebte Million*, S. 272.

128 Landesamt für Bürger- und Ordnungsangelegenheiten, Entschädigungsstelle, Berlin, RegNr. 57964.

129 Landesamt für Bürger- und Ordnungsangelegenheiten, Entschädigungsstelle, Berlin, RegNr. 4443.

130 Ebd.

131 Landesamt für Bürger- und Ordnungsangelegenheiten, Entschädigungsstelle, Berlin, RegNr. 57964. Die deutsche Rechtspraxis wurde später dahingehend korrigiert, daß auch das illegale Leben unter falschem Namen als Schaden an Freiheit anerkannt wird.

Quellen- und Literaturverzeichnis

Interviews mit:
Walter Braun (2007)
Zeev Brunner (2007)
Heinz Eick (2007)
Heribert Hübsch (2007)
Ilse Löwenstern (2007)
und Leonie und Walter Frankenstein (2005, 2006, 2007)

Archivalien:
American Jewish Joint Distribution Committee Archives, New York
　45/54, No. 378 (Skorneck Report on Berlin, 21st February, 1946)
Archivum Państwowe w Szczecinie, Szczecin
　138, 139 (Gminy Zydowskie na Pomorzu Zachodnim Flatow [Złótow])
　6175 (Naczelne Prezydium Prowincji Pomorskiej Szczecinie)
Bayerisches Hauptstaatsarchiv, München
　42063/VIII/1923
Brandenburgisches Landeshauptarchiv, Potsdam
　Rep. 36 A Oberfinanzpräsident Berlin-Brandenburg (II) Nr. 9785
Bundesarchiv, Berlin
　R 1509 Reichssippenamt (Volkszählung vom 17. Mai 1939)
　R 8150.51 Bestand Reichsvereinigung
　Zsg 138, Zsg 138/287, Nr. 296
Central Zionist Archives, Jerusalem
　S 25/2599
Centrum Judaicum, Archiv, Berlin
　Z 2001/70, Nr. 1 und 2
　2A1 (Austrittskartei)

4. Nr. 1 (OdF-Akten)
4.1, Nr. 557
2D1 (Mitarbeiterverzeichnis der RV von 1941)
Cyprus State Archives, Nicosia
SA1/1133/1946
SA1/915/1946
Gedenkstätte Deutscher Widerstand, Berlin
Interview mit Leonie und Walter Frankenstein,
geführt am 14.7.1991
Interview mit Edith Hirschfeldt, geführt am 23.11.1992
Nachlaß Edith Hirschfeldt
Informationen über Lona Berlow
Haganah Archives, Tel Aviv
80/7542/1, 13/8 (Zeugenakte: Aus den Erinnerungen von Uri Goren [hebr.])
113/GONT/123
Israelitische Religionsgemeinde zu Leipzig, Archiv
Auszüge aus der Mitgliedskartei 1935
Auszüge aus der Wählerliste 1932
Leipziger Adreßbücher 1933 und 1938
Akten zum neuen jüdischen Friedhof Leipzig
Landesamt für Bürger- und Ordnungsangelegenheiten, Entschädigungsstelle, Berlin
RegNr. 4443, 57964, 57965, 57966, 57967, 57968, 62317
Landesarchiv Berlin
A Rep. 358-02, Nr. 80989
C Rep. 118-01, Nr. 866
Niedersächsisches Staatsarchiv, Hannover
Nds. 110 W Acc. 8/90 Nr. 250/15
Sächsisches Staatsarchiv, Leipzig
PP-M 2164, PP-S Leipzig 8528, PP-V 4481, PP-V 4532, PP-V 4548

Literatur:
Andrzejewski, Marek, *Opposition und Widerstand in Danzig. 1933 bis 1939*, Bonn 1994.
Angress, Werner T., »Jüdische Jugend zwischen nationalsozialistischer

Verfolgung und jüdischer Wiedergeburt«, in: *Die Juden im nationalsozialistischen Deutschland 1933-1943*, hg. von Arnold Paucker, Tübingen 1986, S. 211-221.

–, *Generation zwischen Furcht und Hoffnung. Jüdische Jugend im Dritten Reich*, Hamburg 1985.

Anthony, Tamara, *Ins Land der Väter oder der Täter? Israel und die Juden in Deutschland nach der Schoah*, Berlin 2004.

Arbeitsgemeinschaft für Kinder- und Jugend-Alijah (Hg.), *Jugend-Alijah* (Heft 5), Berlin o. J. [1936].

Aschkewitz, Max, *Zur Geschichte der Juden in Westpreußen*, Marburg an der Lahn 1967.

Bauer, Alfred, *Deutscher Spielfilm Almanach 1929-1950*, München 1976.

Bauer, Yehuda, *Flight and Rescue. Brichah*, New York 1970.

Benz, Wolfgang (Hg.), *Überleben im Dritten Reich. Juden im Untergrund und ihre Helfer*, München 2003.

–, *Die Juden in Deutschland 1933-1945. Leben unter nationalsozialistischer Herrschaft*, München 1988.

Bertram, Ellen, *Menschen ohne Grabstein. Die aus Leipzig deportierten und ermordeten Juden*, Leipzig 2001.

Brocke, Michael, Margret Heitmann und Harald Lordick (Hg.), *Zur Geschichte und Kultur der Juden in Ost- und Westpreußen*, Hildesheim 2000.

Broszat, Martin und Norbert Frei (Hg.), *Das Dritte Reich im Überblick. Chronik, Ereignisse, Zusammenhänge*, München 1999.

Brozik, Karl, »Einmalig und voller Lücken. Entschädigung und Rückerstattung«, in: *Täter – Opfer – Folgen. Der Holocaust in Geschichte und Gegenwart*, hg. von Heiner Lichtenstein und Otto R. Romberg, Bonn 1997, S. 183-191.

Bundesarchiv (Hg.), *Gedenkbuch. Opfer der Verfolgung der Juden unter der nationalsozialistischen Gewaltherrschaft in Deutschland 1933-1945*, Koblenz 2006 (4 Bde.).

Cartier, Raymond, *Der Zweite Weltkrieg. 1939-1945*, München 1985.

Cohn, Willy, *Kein Recht, nirgends. Tagebuch vom Untergang des Breslauer Judentums 1933-1941*, hg. von Norbert Conrads, Köln 2007 (2 Bde.).

Cullman, Peter Simonstein, *History of the Jewish Community of Schneidemühl. 1641 to the Holocaust*, Bergenfield 2006.

Deutschkron, Inge, *Ich trug den gelben Stern*, München 2001.
Diamant, Adolf, *Chronik der Juden in Leipzig. Aufstieg, Vernichtung und Neuanfang*, Chemnitz/Leipzig 1993.
–, *Deportationsbuch der in den Jahren 1942 bis 1945 von Leipzig aus gewaltsam verschickten Juden*, Frankfurt am Main 1991.
–, *Gestapo Leipzig. Zur Geschichte einer verbrecherischen Organisation in den Jahren 1933-1945*, Frankfurt am Main 1990.
–, *Zerstörte Synagogen vom November 1938. Eine Bestandsaufnahme*, Frankfurt am Main 1978.
Dietz, Edith, *Den Nazis entronnen. Die Flucht eines jüdischen Mädchens in die Schweiz. Autobiographischer Bericht 1933-1942*, Frankfurt am Main 1990.
Eder, Angelika, *Flüchtige Heimat. Jüdische Displaced Persons in Landsberg am Lech 1945 bis 1950*, München 1998.
Ehmann, Annegret u. a., *Die Grunewald-Rampe. Die Deportation der Berliner Juden*, Berlin 1993.
Escher, Felix, »Entstehung, Wachstum und Niedergang der jüdischen Siedlungen zwischen Polen und Preußen vom 17. bis 19. Jahrhundert«, in: *Deutsche – Polen – Juden*, hg. von Stefi Jersch-Wenzel, Berlin 1987, S. 141-157.
Fehrs, Jörg H., *Von der Heidereutergasse zum Roseneck. Jüdische Schulen in Berlin 1712-1942*, Berlin 1993.
Fiedler, Ruth und Herbert, *Hachschara. Vorbereitung auf Palästina. Schicksalswege*, Berlin 2004.
Freie Universität Berlin (Hg.), *Gedenkbuch Berlin der jüdischen Opfer des Nationalsozialismus*, Berlin 1995.
Frühauf, Matthias, »Ein Elternhaus für Waisen. Die Geschichte der Baruch Auerbach'schen Waisenerziehungsanstalten von 1832 bis 1942«, in: *Leben mit der Erinnerung. Jüdische Geschichte in Prenzlauer Berg*, hg. vom Kulturamt Prenzlauer Berg, Berlin 1997, S. 236-254.
Gilbert, Martin, *Israel. A History*, New York 1998.
Ginzel, Günther B., *Jüdischer Alltag in Deutschland 1933-1945*, Düsseldorf 1984.
Glaß, Peter, »Die Israelitische Taubstummenanstalt für Deutschland Jedide Ilmim 1873-1942«, in: *Juden in Weißensee*, hg. vom Kulturamt Weißensee und Stadtgeschichtliches Museum, Berlin 1994, S. 106-140.

Goerke, Otto, *Der Kreis Flatow*, Flatow 1918.
Goschler, Constantin, *Schuld und Schulden. Die Politik der Wiedergutmachung für NS-Verfolgte seit 1945*, Göttingen 2005.
Gottwaldt, Alfred B. und Diana Schulle, *Die »Judendeportationen« aus dem Deutschen Reich 1941-1945*, Wiesbaden 2005.
Gutman, Israel (Hg.), *Enzyklopädie des Holocaust. Die Verfolgung und Ermordung der europäischen Juden*, Berlin 1993 (3 Bde.).
Hadari, Zeev Venia, *Second Exodus. The Full Story of Jewish Illegal Immigration to Palestine, 1945-1948*, London 1991.
Heimatkreisausschuß für den Kreis Flatow (Hg.), *Heimatbuch für den Kreis Flatow*, Gifhorn 1971.
Held, Steffen, *Zwischen Tradition und Vermächtnis. Die Israelitische Religionsgemeinde zu Leipzig nach 1945*, Hamburg 1995.
–, »Der Novemberpogrom in Leipzig und die Massenverhaftungen Leipziger Juden 1938/39«, in: *Judaica Lipsiensia. Zur Geschichte der Juden in Leipzig*, hg. von der Ephraim Carlebach Stiftung, Leipzig 1994, S. 194-206.
Herkommer, Christina, »Rettung im Bordell«, in: *Überleben im Dritten Reich. Juden im Untergrund und ihre Helfer*, hg. von Wolfgang Benz, München 2003, S. 143-152.
Herman-Friede, Eugen, *Für Freudensprünge keine Zeit. Erinnerungen an Illegalität und Aufbegehren 1942-1948*, Berlin 1991.
Herzog, Chaim, *Kriege um Israel. 1948 bis 1984*, Frankfurt am Main 1984.
Hilberg, Raul, *Sonderzüge nach Auschwitz*, Mainz 1981.
Hillgruber, Andreas und Gerhard Hümmelchen, *Chronik des Zweiten Weltkrieges*, Düsseldorf 1978.
Hirschfeld, Edith, »Werner Scharff«, in: *Den Unvergessenen. Opfer des Wahns 1933 bis 1945*, hg. von Hermann Maas und Gustav Radbruch, Heidelberg 1952, S. 11-18.
Hochstein, Joseph M. und Murray S. Greenfield, *The Jews' Secret Fleet*, Jerusalem 1988.
Holzer, Willi, *Jüdische Schulen in Berlin. Am Beispiel der privaten Volksschule der jüdischen Gemeinde Rykestraße*, Berlin 1992.
Iwaszko, Tadeusz, »Kontakt mit der Außenwelt«, in: *Auschwitz 1940-1945. Studien zur Geschichte des Konzentrations- und Vernichtungslagers Auschwitz* (5 Bde.), hg. von Wacław Długoborski und Franciszek Piper, Oświęcim 1999, Bd. 2, S. 507-522.

Jersch-Wenzel, Stefi, *Leistung und Schicksal. 300 Jahre Jüdische Gemeinde zu Berlin*, Berlin 1971.

Jersch-Wenzel, Stefi und Reinhard Rürup (Hg.), *Quellen zur Geschichte der Juden in den Archiven der neuen Bundesländer*, München 1996.

Jung, Ulla, »›Ich werde mich wehren‹. Werner Jacobowitz, ein Überlebender des Auerbach'schen Waisenhauses, Schönhauser Allee 162«, in: *Leben mit der Erinnerung. Jüdische Geschichte in Prenzlauer Berg*, hg. vom Kulturamt Prenzlauer Berg, Berlin 1997, S. 49-56.

Kabus, Sylvia, *Wir waren die Letzten ... Gespräche mit vertriebenen Leipziger Juden*, Leipzig 2003.

Kemlein, Sophia, »Zur Geschichte der Juden in Westpreußen und Danzig (bis 1943)«, in: *Danzig Gdańsk*, hg. von der Akademie für Lehrerfortbildung Dillingen u. a., Dillingen 1996, S. 94-109.

Kirchhöfer, Birgit, »›Ein Gefühl der Geborgenheit.‹ Die jüdische Schule in der Rykestraße 53«, in: *Leben mit der Erinnerung. Jüdische Geschichte in Prenzlauer Berg*, hg. vom Kulturamt Prenzlauer Berg, Berlin 1997, S. 296-316.

Klemperer, Victor, »*Ich will Zeugnis ablegen bis zum letzten.*« *Tagebücher 1933-1945*, Berlin 1995 (2 Bde.).

Königseder, Angelika und Juliane Wetzel, *Lebensmut im Wartesaal. Die jüdischen DPs (Displaced Persons) im Nachkriegsdeutschland*, Frankfurt am Main 1994.

Koestler, Arthur, *Promise and Fulfilment. Palestine 1917-1949*, London 1949.

Kosmala, Beate, »Hilfe für Juden in Deutschland 1938-1945«, in: *Widerstand gegen den Nationalsozialismus*, hg. vom Studienkreis Deutscher Widerstand 1933-1945, Frankfurt am Main 2007, S. 90-108.

–, »Zwischen Ahnen und Wissen. Flucht vor der Deportation (1941-1943)«, in: *Die Deportation der Juden aus Deutschland*, hg. von Birthe Kundrus und Beate Meyer, Göttingen 2004, S. 135-159.

–, »Mißglückte Hilfe und ihre Folgen: Die Ahndung der ›Judenbegünstigung‹ durch NS-Verfolgungsbehörden«, in: *Überleben im Untergrund. Bd. 5: Hilfe und Rettung für Juden in Deutschland 1941-1945*, hg. von Beate Kosmala und Claudia Schoppmann, Berlin 2002, S. 205-221.

Kosmala, Beate und Claudia Schoppmann, »Überleben im Untergrund«, in: *Überleben im Untergrund*. Bd. 5: *Hilfe und Rettung für Juden in Deutschland 1941-1945*, hg. von Beate Kosmala und Claudia Schoppmann, Berlin 2002, S. 17-31.

Kowalzik, Barbara, *Wir waren eure Nachbarn. Die Juden im Leipziger Waldstraßenviertel*, Leipzig 1996.

Krüger, Maren, *Herbert Sonnenfeld. Ein jüdischer Fotograf in Berlin 1933-1938*, Berlin 1990.

Krüger, Maren und Regina Rahmlow, »Das Leben im Umfeld der Neuen Synagoge: Jüdische Einrichtungen 1826-1943«, in: *»Tuet auf die Pforten«. Die Neue Synagoge 1866-1995*, hg. von der Stiftung Neue Synagoge – Centrum Judaicum, Berlin 1995, S. 165-217.

Kübler, Thomas, »Zur Demografie der jüdisch verfolgten Bürger Leipzigs 1933-1945. Methodik und Ergebnisse«, in: *Judaica Lipsiensia. Zur Geschichte der Juden in Leipzig*, hg. von der Ephraim Carlebach Stiftung, Leipzig 1994, S. 144-154.

Lammel, Inge, *Das Jüdische Waisenhaus in Pankow. Seine Geschichte in Bildern und Dokumenten*, Berlin 2001.

–, (Hg.), *Jüdische Lebenswege. Ein kulturhistorischer Streifzug durch Pankow und Niederschönhausen*, Berlin 2007.

Laqueur, Walter, *Geboren in Deutschland. Der Exodus der jüdischen Jugend nach 1933*, Berlin/München 2000.

Laub, Morris, *Last Barrier to Freedom. Internment of Jewish Holocaust Survivors on Cyprus 1946-1949*, Berkeley 1985.

Loewy, Ernst, *Jugend in Palästina. Briefe an die Eltern 1935-1938*, hg. von Brita Eckert, Berlin 1997.

Loewy, Hanno und Gerhard Schoenberner, *»Unser einziger Weg ist Arbeit.« Das Getto in Łódź 1940-1944*, Wien 1990.

Matull, Wilhelm, *Ostdeutschlands Arbeiterbewegung. Abriß ihrer Geschichte, Leistung und Opfer*, Würzburg 1973.

Meier-Cronemeyer, Hermann, *Kleine Geschichte des Zionismus. Von den Anfängen bis zum Jahr 1948*, Berlin 1980.

–, »Jüdische Jugendbewegung«, in: *Germania Judaica*, Neue Folge 27/28, 8. Jg., Heft 1/2, Köln 1969.

Meierhof, Gudrun, *Selbstbehauptung im Chaos. Frauen in der jüdischen Selbsthilfe 1933-1943*, Frankfurt am Main/New York 2002.

Meierhof, Gudrun, Chana Schütz und Hermann Simon (Hg.), *Aus*

Kindern wurden Briefe. Die Rettung jüdischer Kinder aus Nazi-Deutschland, Berlin 2004.

Melitz, Rudolf (Hg.), *Das ist unser Weg. Junge Juden schildern Umschichtung und Hachschara*, Berlin 1937.

Müller-Latte, Betty, »Erinnerungen einer Gehörlosenlehrerin an ihre Arbeit mit hörgeschädigten Kindern in der Israelitischen Taubstummenanstalt in Berlin-Weißensee und in Israel«, in: *Hörgeschädigte Kinder* (1987), Folge 4, S. 205-210; (1988), Folge 1, S. 38-43; (1988), Folge 2, S. 98-101; (1988), Folge 3, S. 159-163; (1989), Folge 1, S. 38-42.

Muzeum Ziemi Złotówskiej (Hg.), *Pozdrowienia ze Złotówa*, Złotów 2007.

Nicosia, Francis R., »Jewish Farmers in Hitler's Germany. Zionist Occupational Retraining and Nazi ›Jewish Policy‹«, in: *Holocaust and Genocide Studies* 19 (2005), No. 3, S. 365-389.

–, »Der Zionismus in Leipzig im Dritten Reich«, in: *Judaica Lipsiensia. Zur Geschichte der Juden in Leipzig*, hg. von der Ephraim Carlebach Stiftung, Leipzig 1994, S. 167-178.

Niendorf, Mathias, *Minderheiten an der Grenze. Deutsche und Polen in den Kreisen Flatow (Złotów) und Zempelburg (Sępólno Krajeńskie) 1900-1939*, Wiesbaden 1997.

Paetz, Andreas und Karin Weiss (Hg.), »*Hachschara«. Die Vorbereitung junger Juden auf die Auswanderung nach Palästina*, Potsdam 1999.

Palästina-Amt der Jewish Agency for Palestine (Hg.), *Alijah. Informationen für Palästina-Auswanderer*, 8. Aufl. Berlin 1936.

Panteli, Stavros, *Place of Refuge. A History of the Jews in Cyprus*, London 2003.

Paucker, Arnold, *Deutsche Juden im Widerstand 1933-1945. Tatsachen und Probleme*, Berlin 1999.

Philo-Lexikon. Handbuch des jüdischen Wissens, hg. von Emanuel bin Gorion u. a., Berlin 1934.

Plowinski, Kerstin, »Die jüdische Gemeinde Leipzigs auf dem Höhepunkt ihrer Existenz. Zur Berufs- und Sozialstruktur um das Jahr 1925«, in: *Judaica Lipsiensia. Zur Geschichte der Juden in Leipzig*, hg. von der Ephraim Carlebach Stiftung, Leipzig 1994, S. 79-91.

Rosenthal, Hans, *Zwei Leben in Deutschland*, Bergisch Gladbach 1982.

Rürup, Reinhard, *Jüdische Geschichte in Berlin*, Berlin 1995 (2 Bde.).
– (Hg.), *Berlin 1945. Eine Dokumentation*, Berlin 1995.
– (Hg.), *Topographie des Terrors*, Berlin 1987.
Salinger, Eliyahu Kutti, »Nächstes Jahr im Kibbuz«. *Die jüdisch-chaluzische Jugendbewegung in Deutschland zwischen 1933 und 1943*, Paderborn 1998.
Sandvoß, Hans-Rainer, *Widerstand in Wedding und Gesundbrunnen*, hg. von der Gedenkstätte Deutscher Widerstand, Berlin 2003.
–, *Widerstand in Kreuzberg*, hg. von der Gedenkstätte Deutscher Widerstand, Berlin 1996.
Schieb, Barbara, »Zwischen ›gesundem Menschenverstand‹ und Opferbereitschaft«, in: *Widerstand gegen den Nationalsozialismus*, hg. vom Studienkreis Deutscher Widerstand 1933-1945, Frankfurt am Main 2007, S. 140-157.
–, »›Wir hatten gar nichts geplant – wir wußten nur, daß wir nicht mitgehen werden.‹ Vom Überleben der Familie Frankenstein in der Illegalität 1943-1945«, in: *Juden in Berlin 1938-1945*, hg. von Beate Meyer und Hermann Simon, Berlin 2000, S. 259-279.
Schieb-Samizadeh, Barbara, »Die Gemeinschaft für Frieden und Aufbau«, in: *Juden im Widerstand*, hg. von Wilfried Löhken und Werner Vathke, Berlin 1993, S. 37-81.
Schmidt, Werner, *Leben an Grenzen. Autobiographischer Bericht eines Mediziners aus dunkler Zeit*, Frankfurt am Main 1993.
Schönhaus, Cioma, *Der Passfälscher. Die unglaubliche Geschichte eines jungen Grafikers, der im Untergrund gegen die Nazis kämpfte*, Frankfurt am Main 2004.
Schoppmann, Claudia, »›Glückliche Inseln?‹ ›Auf Hachschara‹ in Schniebinchen und Jessen in der Niederlausitz«, in: *»Gestern sind wir gut hier angekommen«. Beiträge zur jüdischen Geschichte in der Niederlausitz. Der Speicher*, Heft 9, hg. vom Kreismuseum Finsterwalde, Finsterwalde 2005, S. 152-178.
–, »Rettung von Juden: ein kaum beachteter Widerstand von Frauen«, in: *Überleben im Untergrund. Bd. 5: Hilfe und Rettung für Juden 1941-1945*, hg. von Beate Kosmala und Claudia Schoppmann, Berlin 2002, S. 109-126.
Schwersenz, Jizchak, *Zwischen Heimat und Exil. Ein jüdischer Lehrer erzählt Geschichte*, Berlin 1995.

–, *Die versteckte Gruppe. Ein jüdischer Lehrer erinnert sich an Deutschland*, Berlin 1988.

Segev, Tom, *Es war einmal in Palästina. Juden und Araber vor der Staatsgründung Israels*, München 2005.

–, *Die siebte Million. Der Holocaust und Israels Politik der Erinnerung*, Reinbek 1995.

Söhnker, Hans, *... und kein Tag zuviel*, Frankfurt am Main 1976.

Sonke, Monika, »Die Israelitische Taubstummen-Anstalt in Berlin-Weißensee«, in: *»Öffne deine Hand für die Stummen«. Die Geschichte der Israelitischen Taubstummen-Anstalt Berlin-Weißensee 1873 bis 1942*, hg. von Vera Bendt und Nicola Galliner, Berlin 1993, S. 43-77.

Statistisches Reichsamt (Hg.), *Volkszählung. Die Bevölkerung des Deutschen Reichs nach den Ergebnissen der Volkszählung 1939*, Heft 4: *Die Juden und jüdischen Mischlinge im Deutschen Reich*, Berlin 1944.

–, *Volkszählung. Die Bevölkerung des Deutschen Reichs nach den Ergebnissen der Volkszählung 1933*. Heft 5: *Die Glaubensjuden im Deutschen Reich*, Berlin 1936.

Stiftung Jüdisches Museum Berlin und Stiftung Haus der Geschichte der Bundesrepublik Deutschland (Hg.), *Heimat und Exil. Emigration der deutschen Juden nach 1933*, Frankfurt am Main 2006.

Stone, I. F., *Underground to Palestine*, New York 1946.

Strzelecka, Irena: »Frauen im KL Auschwitz«, in: *Auschwitz 1940-1945. Studien zur Geschichte des Konzentrations- und Vernichtungslagers Auschwitz* (5 Bde.), hg. von Wacław Długoborski und Franciszek Piper, Oświęcim 1999, Bd. 2, S. 213-250.

Tausendfreund, Doris, *Erzwungener Verrat. Jüdische »Greifer« im Dienst der Gestapo 1943-1945*, Berlin 2006.

Urban, Susanne, »*Rettet die Kinder!« Die Jugend-Aliyah 1933 bis 2003*, Ausstellungskatalog, Frankfurt am Main o. J. [2003].

Verein der Freunde und Förderer des Berlin Museums (Hg.), *Kultur, Pojoks und Care-Pakete. Eine Berliner Chronik 1945-1949*, Berlin 1990.

Vilnay, Zev, *Israel Guide*, Jerusalem 1958.

Walk, Joseph (Hg.), *Das Sonderrecht für die Juden im NS-Staat*, Heidelberg 1996.

Wippermann, Wolfgang, »Nationalsozialistische Zwangslager in Berlin II. Das ›Arbeitserziehungslager‹ Wuhlheide«, in: *Berlin-Forschungen II*, hg. von Wolfgang Ribbe, Berlin 1987, S. 179-188.

Wulf, Josef, *Kultur im Dritten Reich. Musik*, Frankfurt am Main 1989.

–, *Kultur im Dritten Reich. Theater und Film*, Frankfurt am Main 1989.

Wyden, Peter, *Stella*, Göttingen 1993.

Zertal, Idith, *From Catastrophe to Power. Holocaust Survivors and the Emergence of Israel*, Berkeley 1998.

Dank

Dieses Buch hätte nicht geschrieben werden können ohne die Hilfe vieler Menschen und Institutionen. Ganz besonders bedanken möchte ich mich bei Leonie und Walter Frankenstein für ihr Vertrauen. Es ist ihre Geschichte, und sie waren immer wieder bereit, meine Fragen zu beantworten und meine Recherchen zu unterstützen.

Ich danke
Martina Voigt (Gedenkstätte Deutscher Widerstand, Berlin); Zeev Brunner (Haifa); Stamatia Dagakis (Press and Information Office, Nikosia); Klaus Dettmer (Landesarchiv Berlin); Heinz Eick (Kirjat Motzkin); Michael Federmann (Tel Aviv); Jan Feddersen (taz, Berlin); Michael und Uri Frankenstein (Stockholm und Öland); Dorothea Hahn (Paris); Ulrike Harnisch (Berlin); Gabriela Henschel de Stossl (Buenos Aires); Heribert Hübsch (Greifenberg); Arnold Julius (Berlin); Peter Klein (Hamburger Institut für Sozialforschung; Berlin); Christina Klotkowska (Złotów); Margarete König (Gröningen); Klaudia Krenn (Israelitische Religionsgemeinde zu Leipzig); Maren Krüger (Jüdisches Museum Berlin); Gabriela Lesser (Warschau); Peter Oliver Loew (Deutsches Polen-Institut, Darmstadt); Ilse Löwenstern; Karola Mehlhorn (Gröningen); Dieter Müller (Gröningen); Ursula Müller (Gröningen); Eva Maria Plans (Barcelona); Hans-Rainer Sandvoß (Gedenkstätte Deutscher Widerstand, Berlin); Barbara Schieb (Gedenkstätte Deutscher Widerstand, Berlin); Klaus-Werner Schulz (Berlin); Ines Sonder (Moses Mendelssohn Zentrum, Potsdam); Monika Sonke-Weidenbacher (Berlin); Barbara Welker (Centrum Judaicum, Berlin); Yehoshua Zeevi (Technion, Haifa)

Amtsgericht Charlottenburg, Berlin; Atlit Detention Camp for Illegal Immigrants Museum, Atlit; Bayerisches Hauptstaatsarchiv, München;

Botschaft des Staates Israel, Berlin; Botschaft von Uruguay, Berlin; Bundesministerium für Verteidigung, Militärgeschichtliches Forschungsamt, Potsdam; Clandestine Immigration and Naval Museum, Haifa; Deutscher Wetterdienst, Offenbach; Israel Central Bureau of Statistics, Tel Aviv; Jüdisches Museum Berlin; Kreuzberg-Museum, Archiv, Berlin; Landesamt für Bürger- und Ordnungsangelegenheiten Berlin; Leo Baeck Institut, Berlin; Marseille Provence Chambre Commerce et Industrie; Nueva Congregación Israelita, Montevideo; Staatliches Israelisches Verkehrsbüro, Berlin; Stadt Leipzig, Amt für Statistik und Wahlen, Stadtarchiv, Standesamt; Stadt Złotów, Stadtverwaltung, Kreisverwaltung, Amtsgericht, Heimatmuseum; Stephanus-Stiftung, Berlin; Wilhelm-Leuschner-Stiftung, Bayreuth.

Bildnachweis

Abb. 9: Karola Mehlhorn, Gröningen
Abb. 19: Haganah Archives, Tel Aviv
Abb. 23: Thomas Füting

Alle anderen Bilder: Privatbesitz Leonie und Walter Frankenstein